Zi (Payen)
182

Exemplaire unique d'une édition qui, avec les commentaires de Coste, devait paraître à Paris en 1724, en sept volumes in 12, mais qui fut supprimée, et ne parut qu'à Genève en 1725, et à la Haye en 1727, en six volumes in 12, et presque avec les mêmes suppressions dans les commentaires de Coste; que les Églises réformées rejettèrent également, en partie.

Le censeur Blanchard (Élie) de l'académ. des inscriptions et mort en 1753, afin de conserver son exemplaire plus facilement, retrancha les titres et les remplaça par d'autres à la main, dans des cartouches gravées, et il fit mettre par le relieur, sur les pièces de titre, ou étiquettes au dos des volumes : Lettres de la Montagne, au lieu de Essais de Montaigne.

Le 7.e et dernier volume, terminé par une table des matières, est celui qui contient seulement les lettres. Voir pag. 2. de ce 7.e volume l'appro=bation dudit censeur Blanchard, pour les 9 lettres qu'il renferme.

J'ai dans mes notes une réponse à ce galimathias bibliographique où la stupidité le dispute au mensonge il y a là autant de inexactitudes que de mots

5 L 6

Martinet fecit.
Paris Chez Martinet Rue de Bievre la 7.e Porte Cocher à droite en entrant par la Place Maubert.

ESSAIS DE MONTAIGNE.

LIVRE PREMIER.

CHAPITRE I.

Par divers moyens on arrive à pareille fin.

LA plus commune façon d'amollir les cœurs de ceux qu'on a offensez, lors qu'ayans la vengeance en main, ils nous tiennent à leur mercy, c'est de les esmouvoir par submission, à commiseration & à pitié. Toutesfois la braverie, la constance, & la resolution, moyens tous contraires, ont quelquesfois servy à ce mesme effect. *Edouard*

Par la Soumission l'on amollit ceux qu'on a offensez.

Et quelquefois par une ferme resolution.

Tome I.   A

(1) Prince de Galles, celuy qui regenta si long-temps nostre Guienne, personnage duquel les conditions & la fortune ont beaucoup de notables parties de grandeur, ayant esté bien fort offensé par les Limosins, & prenant leur ville par force, ne put estre arresté par les cris du peuple, & des femmes, & enfans abandonnez à la boucherie, luy criants mercy, & se jettans à ses pieds : jusqu'à ce que passant tousjours outre dans la ville, il apperceut trois (2) Gentils-hommes François, qui d'une hardiesse incroyable soustenoient seuls l'effort de son armée victorieuse. La consideration & le respect d'une si notable vertu, reboucha premierement la pointe de sa cholere, & commença par ces trois, à faire misericorde à tous les au-

(1) Que les Anglois nomment communement *The black Prince*, Le Prince noir, fils d'*Edouard III*. Roi d'Angleterre, & pere de l'infortuné *Richard II*.

(2) Froissart les nomme *Messire Jean de Villemur, Messire Hugues de la Roche, & Roger de Beaufort, fils au Comte de Beaufort, Capitaines de la Cité. Quand ils virent*, dit cet Historien, *la tribulation & la pestilence qui ainsi couroit sur eux & sur leurs gens, ils dirent*, Nous sommes morts, si nous ne nous défendons. Or nous vendons cherement, ainsi que tous Chevaliers doivent faire. *Et firent ces trois François plusieurs appertises d'armes, —— Le Prince en son chariot vint celle part ; & les regarda moult volontiers : & se rappaisa & adoucit, en eux regardant, moult fort*, &c. Froissart, Vol. I. ch. 289. p. 368. 369.

tres habitans de la ville. *Scanderberch*, Prince de l'Epire, fuyvant un foldat des fiens pour le tuer, & ce foldat ayant effayé par toute efpece d'humilité & de fupplication de l'appaifer, fe refolut à toute extremité de l'attendre l'efpée au poing : cette fienne refolution arrefta fus bout la furie de fon maiftre, qui pour luy avoir veu prendre un fi honorable party, le receut en grace. Cet exemple pourra fouffrir autre interpretation de ceux qui n'auront leu la prodigieufe force & vaillance de ce Prince-là.

L'Empereur *Conrad* troifiefme, ayant affiegé (3) Guelphe Duc de Bavieres, ne voulut condefcendre à plus douces conditions, quelques viles & lafches fatisfactions qu'on luy offrift, que de permettre feulement aux gentils-femmes qui eftoient affiegées avec le Duc, de fortir leur honneur fauve, à pied, avec ce qu'elles pourroient emporter fur elles. Elles d'un cœur magnanime, s'adviferent de charger fur leurs efpaules leurs maris, leurs enfans, & le Duc mefme. L'Empereur prit fi grand plaifir à voir la gentilleffe de leur courage, qu'il en

Inimitié diffipée par un mouvement de pitié.

(3) En 1140. dans *Winsberg*, Ville de la Haute Baviere : *Calvifius*.

pleura d'aise, & amortit toute cette aigreur d'inimitié mortelle & capitale qu'il avoit portée contre ce Duc : & dès lors en avant traita humainement luy & les siens. L'un & l'autre de ces deux moyens m'emporteroit aysement : car j'ay une merveilleuse lascheté vers la misericorde & mansuetude : Tant y a, qu'à mon advis, je serois pour me rendre plus naturellement à la compassion, qu'à l'estimation. Si est la pitié passion vitieuse aux Stoïques : Ils veulent qu'on secoure les affligez, mais non pas qu'on flechisse & compatisse avec eux. Or ces exemples me semblent plus à propos, d'autant qu'on voit ces ames assaillies & essayées par ces deux moyens, en soustenir l'un sans s'esbranler, & courber sous l'autre. Il se peut dire, que (4) de rompre son cœur à la commiseration, c'est l'effect de la facilité, debonnaireté, & mollesse, d'où il advient que les natures plus foibles, comme celles des femmes, des enfans, & du vulgaire, y sont plus subjettes : Mais ayant

___

(4) Ou, comme il y a dans l'Edition in 4 to d'*Abel L'Angelier*, imprimée à Paris en 1588. *se laisser aller à la compassion & à la pitié*. L'autre expression a paru plus forte & plus hardie à Montagne, & par consequent préférable. Si elle est obscure, celle-ci pourra lui servir de commentaire.

Livre I. Chap. I.

eu à desdaing les larmes & les pleurs de se rendre à la seule reverence de la saincte image de la Vertu, que c'est l'effect d'une ame forte & imployable, ayant en affection & en honneur une vigueur masle & obstinée.

Toutesfois és ames moins genereuses, l'estonnement & l'admiration peuvent faire naistre un pareil effect : Tesmoin le Peuple Thebain, lequel ayant mis en justice d'accusation capitale, ses Capitaines, pour avoir continué leur charge outre le temps qui leur avoit esté prescript & préordonné, absolut à toute peine Pelopidas, qui plioit sous le faix de telles objections, & n'employoit à se garantir que requestes & supplications : & au contraire *Epaminondas*, (5) qui vint à raconter magnifiquement les choses par luy faites, & à les reprocher au Peuple d'une façon fiere & (6) arrogante, il n'eut pas le cœur de prendre seulement les balotes en main ; & se departit l'assemblée, louant grandement la hautesse du courage de ce personnage.

Les Thebains desarmez par la fermeté d'Epaminondas.

(5) Plutarque dans son Traité, où il examine *Comment on se peut loüer soy-mesme*, chap. 5.
(6) Ou *asseurée*, comme dans l'Edition de 1588. & dans la premiere de toutes, faite à Bourdeaux en 1580.

Cruauté obstinee du vieux Denys, Tyran de Syracuse.

Dionysius le vieil, après des longueurs & difficultés extremes, ayant pris la ville de Rhege, & en icelle le Capitaine Phyton, grand homme de bien, qui l'avoit si obstinément defenduë, (7) voulut en tirer un tragique exemple de vengeance. Il luy dict premierement, comment le jour avant, il avoit faict noyer son fils, & tous ceux de sa parenté. A quoy Phyton respondit seulement, *qu'ils en estoient d'un jour plus heureux que luy.* Apres il le fit despouiller, & saisir à des Bourreaux, & le traîner par la ville, en le fouëtant tres ignominieusement & cruellement : & en outre le chargeant de felonnes parolles & * contumelieuses. Mais il eut le courage tousjours constant, sans se perdre. Et d'un visage ferme, alloit au contraire ramentevant à haute voix, l'honorable & glorieuse cause de sa mort, pour n'avoir voulu rendre son Pays entre les mains d'un tyran : le menaçant d'une prochaine punition des Dieux. Dionysius lisant dans les yeux de la commune de son armée, qu'au lieu de s'animer des bravades de cet ennemy vaincu, au mespris de leur

(7) *Diodore de Sicile*, L. XIV. chap. 29.
* *Outrageantes.*

LIVRE I. CHAP. I.

chef, & de son triomphe, elle alloit s'amollissant par l'estonnement d'une si rare vertu, & marchandoit de se mutiner, & mesmes d'arracher Phyton d'entre les mains de ses sergens, fit cesser ce martyre : & à cachettes l'envoya noyer en la Mer.

Certes c'est un subject merveilleusement vain, divers, & ondoyant, que l'homme : il est malaisé d'y fonder jugement constant & uniforme. Voyla Pompeius qui pardonna à toute la ville des Mamertins, contre laquelle il estoit fort animé, (8) en consideration de la vertu & magnanimité du citoyen Zenon, qui se chargeoit seul de la faute publique, & ne requeroit autre grace que d'en porter seul la peine. Et l'hoste de Sylla, ayant usé en la ville de (9) Pe-

L'homme Animal variable.

Pompée respecte l'intercession d'un Citoyen, qui veut mourir pour sa ville.

Sylla s'irrite

(8) Plutarque : *Instruction pour ceux qui manient afaires d'Estat*, chap. 17. où ce Citoyen n'est pas nommé *Zenon*, mais *Sthenon*, Σθένων. Dans les *Dits notables des anciens Rois, Princes & Capitaines*, où Plutarque a inséré la même histoire, à l'article de *Pompée*, ce généreux Citoyen est appellé *Stennius*, Σθέννιος. Mais dans *la Vie de Pompée*, ch. 3. le même Plutarque nous dit, que Pompée traita humainement toutes les villes de Sicile, excepté celle des Mamertins, & qu'ayant résolu de châtier aussi celle des Himeriens, il fut désarmé par la générosité de *Sthenis* l'un des Gouverneurs de la ville, qui se chargeoit tout seul de la faute publique.

(6) Plutarque d'où ceci a été tiré, dit *Préneste*,

A 4

rufe de femblable vertu, n'y gaigna rien, ny pour foy, ny pour les autres.

Et directement contre mes premiers exemples, le plus hardy des hommes & fi gracieux aux vaincus Alexandre, forçant après beaucoup de grandes difficultez la ville de Gaza, rencontra Betis qui y commandoit, de la valeur duquel il avoit, pendant ce fiege, fenty des preuves merveilleufes ; lors feul, abandonné des fiens, fes armes defpecées, tout couvert de fang & de playes, combatant encores au milieu de plufieurs Macedoniens, qui le chamailloient de toutes parts : & luy dit, tout piqué d'une fi chere victoire (car entre autre dommage, il avoit receu deux frefches bleffures fur fa perfonne) (10.) *Tu ne mourras pas comme tu as voulu, Betis : fais eftat qu'il te faut fouffrir toutes les fortes de tourmens qui fe pourront inventer contre un captif.* L'autre, d'une mine non feulement affeurée,

contre une pareille générofité.
Feroce inhumanité d'Alexandre le Grand, contre un Ennemi d'une valeur intrépide.

ville du Latium : ἑλὼν Πραίνεσον, ὁ Σύλλας, &c. *Inftruction pour ceux qui manient afaires d'Eftat,* chap. 17. Perufe eft dans la Tofcane.

(10) Quint. Curt. L. IV. c. 6. num. 26. 27. 28. *Non, ut voluifti, morieris, Beti: fed quidquid tormentorum in captivum inveniri poteft, paffurum te cogita. Ille non interrito modo, fed contumaci quoque vultu intuens Regem, nullam ad minas ejus reddidit vocem. Tum Alexander, Videfne obftinatum ad tacendum? inquit. Num genu pofuit?* &c.

mais rogue & altiere, se tint sans mot dire à ces menaces. Lors Alexandre voyant l'obstination à se taire: "A-il flechy un genouil? luy est-il eschappé quelque voix suppliante? Vrayement je vainquerai ce silence: & si je n'en puis arracher parole, j'en arracheray au moins du gemissement." Et tournant sa cholere en rage, commanda qu'on luy perçast les talons; & le fit ainsi trainer tout vif, deschirer & desmembrer au cul d'une charrette. Seroit-ce que la force de courage luy fust si naturelle & commune, que pour ne l'admirer point, il la respectast moins? ou qu'il l'estimast si proprement sienne, qu'en cette hauteur il ne peust souffrir de la voir en un autre, sans le despit d'une passion envieuse? ou que l'impetuosité naturelle de sa cholere fust incapable d'opposition? De vray, si elle eust receu bride, il est à croire, qu'en la prise & desolation de la ville de Thebes elle l'eust receüe, à voir cruellement mettre au fil de l'espée tant de vaillans hommes, perdus, & n'ayans plus moyens de defence publique. Car il en fut tué bien six mille, desquels nul ne fut veu (11) ny fuiant, ny deman-

Et contre la Ville de Thebes.

(11) *Diodore de Sicile*, L. XVII. chap. 4.

dant mercy: au rebours cherchans, qui çà, qui là, par les ruës, à affronter les ennemis victorieux: les provoquans à les faire mourir d'une mort honorable. Nul ne fut veu, qui n'essaiast en son dernier souspir, de se venger encores: & (12) à tout les armes du desespoir consoler sa mort en la mort de quelque ennemy. Si ne trouva l'affliction de leur vertu aucune pitié, & ne suffit la longueur d'un jour à assouvir sa vengeance. Ce carnage dura jusques à la derniere goute de sang espandable, & ne s'arresta qu'aux personnes desarmées, vieillards, femmes & enfants, pour en tirer trente mille esclaves.

CHAPITRE II.

De la Tristesse.

Tristesse, affion meprisable.

JE suis des plus exempts de cette passion, & ne l'ayme ny l'estime : quoy que le monde ayt entrepris, comme à prix faict, de l'honorer de faveur particuliere. Ils en habillent la sagesse, la vertu, la conscience : Sot & vilain

---

(12) Ou, *avec les armes*, comme on a mis dans les dernieres Editions.

LIVRE I. CHAP. II. 11

ornement. Les Italiens ont * plus sortablement baptifé de fon nom (1) la malignité. Car c'eft une qualité tousjours nuifible, tousjours folle : & comme tousjours couarde & baffe, les Stoïciens en defendent le fentiment à leurs fages. Mais le conte dit, (2) que *Pfammenitus* Roi d'Ægypte, ayant efté deffait & pris par Cambyfes Roy de Perfe, voyant paffer devant luy fa fille prifonniere habillée en fervante, qu'on envoyoit puifer de l'eau, tous fes amis pleurans & lamentans autour de luy, fe tint coy fans mot dire, les yeux fichez en terre : & voyant encore tantoft qu'on menoit fon fils à la mort, fe maintint en cette mefme contenance : mais qu'ayant apperceu un de fes domeftiques conduit entre les captifs, il fe mit à battre fa tefte, & mener un dueil extreme. Cecy fe pourroit apparier à ce qu'on vid dernierement d'un Prince des noftres, qui ayant oüy à Trente, où il eftoit, nouvelles de la mort de fon frere aifné, mais un frere en qui confiftoit l'appuy

Ses effets.

* *Plus convenablement, plus à propos.* —— *Sortablement* n'eft pas même dans le Dictionaire de Nicot, où l'on trouve *forsable*, que l'Ufage nous conferve encore.
(1) Le mot Italien *Triftezza* veut dire *malignité*.
(2) *Herodot.* L. III. p. 187, 188. Edit. *Stephan.* an. 1592.

& l'honneur de toute sa Maison, & bien-tost après d'un puisné, sa seconde esperance, & ayant soustenu ces deux charges d'une constance exemplaire, comme quelques jours après un de ses gens vint à mourir, il se laissa emporter à ce dernier accident; & quittant sa resolution, s'abandonna au dueil & aux regrets; en maniere qu'aucuns en prindrent argument, qu'il n'avoit esté touché au vif que de cette derniere secousse: mais à la verité ce fut, qu'estant d'ailleurs plein & comblé de tristesse, la moindre sur-charge brisa les barrieres de la patience. Il s'en pourroit (dis-je) autant juger de nostre histoire, n'estoit qu'elle adjouste, que Cambyses s'enquerant à Psammenitus, pourquoi ne s'estant esmeu au malheur de son fils & de sa fille, il portoit si impatiemment celuy d'un de ses amis: (3) *C'est*, respondit-il, *que ce seul dernier desplaisir se peut signifier par larmes, les deux premiers surpassans de bien loin tout moyen de se pouvoir exprimer.*

Tristesse ex- A l'aventure reviendroit à ce propos

---

(3) Ὦ παῖ Κύρου, τὰ μὲν οἰκήϊα ἦν μέζω κακὰ ἢ ὥστε ἀνακλαίειν. τὸ δὲ τοῦ ἑταίρου πάθος, ἄξιον ἦν δακρύων. *Herodot.* L. III. p. 188.

l'invention de cet ancien Peintre, (4) *trême ne se peut exprimer.* lequel ayant à representer au sacrifice de Iphigenia le dueil des assistans, selon les degrez de l'interest que chacun apportoit à la mort de cette belle fille innocente : ayant espuisé les derniers efforts de son art, quand ce vint au pere de la Vierge, il le peignit le visage couvert, comme si nulle contenance ne pouvoit rapporter ce degré de dueil. Voyla pourquoy les Poëtes feignent cette miserable mere *Niobé*, ayant perdu premierement sept fils, & puis de suite autant de filles, sur-chargée de pertes, avoir esté enfin transmuée en rocher,

[a] *diriguisse malis :*

pour exprimer cette morne, muette & sourde stupidité, qui nous transit, lors que les accidens nous accablent, surpassans nostre portée. De vrai, l'effort d'un desplaisir, pour estre extreme, doit estonner toute l'ame, & luy empescher la liberté de ses actions : Comme il nous advient à la chaude alarme d'une bien mauvaise nouvelle, de nous sentir saisis, transis, & comme perclus de tous mou-

---

(4) *Valer. Maxim L. VIII. c. 11. In Externis §. 6.*
[a] *Par ses malheurs en Rocher endurcie.* Ovid. Metamorph. L. VI. Fab. 4.

vemens : de façon que l'ame se relaschant après aux larmes & aux plaintes, semble se despredre, se desmesler, & se mettre plus au large, & à son aise.

(b) *Et via vix tandem voci laxata dolore est.*

Tristesse, cause d'une mort subite.

En la guerre que le Roy Ferdinand mena contre la veufve du Roy Jean de Hongrie, autour de Bude, un gendarme fut particulierement remarqué de chacun, pour avoir excessivement bien faict de sa personne, en certaine meslée : & incognu, hautement loué, & plaint y estant demeuré : mais de nul tant que de *Raïsciac* Seigneur Allemand, espris d'une si rare vertu. Le corps estant rapporté, cetui-cy d'une commune curiosité, s'approcha pour voir qui c'estoit : & les armes ostées au trespassé, il reconnut son fils. Cela augmenta la compassion aux assistans : luy seul, sans rien dire, sans siller les yeux, se tint debout, contemplant fixement le corps de son fils : jusques à ce que la vehemence de la tristesse, ayant accablé ses esprits vitaux, le porta roide mort par terre.

[b] *Et la douleur à peine à la Voix fit passage.* Virg. *Eneid.* L. XI. 151.

LIVRE I. CHAP. II.

[c] *Chi puo dir com' egli arde, è in picciol fuoco,*

disent les amoureux, qui veulent representer une passion insupportable.

[d] ———— *misero quod omnes*
Eripit sensus mihi. Nam simul te,
Lesbia, aspexi, nihil est super mî
    Quod loquar amens.
Lingua sed torpet, tenuis sub artus
Flamma dimanat, sonitu suopte
Tinniunt aures, gemina teguntur
    Lumina nocte.

Aussi n'est-ce pas en la vive, & plus cuysante chaleur de l'accès, que nous sommes propres à desployer nos plaintes & nos persuasions : l'ame est lors aggravée de profondes pensées, & le corps abbatu & languissant d'amour : Et delà s'engendre par fois la defaillance fortuite, qui surprent les amoureux si hors

[c] Qui peut dire à quel point il est enflammé, ne sent qu'une ardeur médiocre. *Petrarque*, fol. 70. *di Gab. Giolito, in Vinegia*, an. 1545.
[b] *Chere Lesbie, Amour qui m'asservit*
    A tes beaux yeux, tous mes sens me ravit.
        Interdit à ta vuë,
Le trouble se répand dans mon ame éperduë.
    Je n'ai ni langue ni voix :
Par tout mon corps je sens une flamme soudaine
    Courir de veine en veine :
        Je n'entens, ni ne vois. CATULL. Epigr. 40.

de saison ; & cette glace qui les saisit par la force d'une ardeur extreme, au giron (5) mesme de la jouïssance. Toutes passions qui se laissent gouster & digerer, ne sont que mediocres:

[e] *Curæ leves loquuntur, ingentes stupent.*

Autres effets de la tristesse. La surprise d'un plaisir inesperé nous estonne de mesme.

[f] *Ut me conspexit venientem, & Troïa circùm*
Arma amens vidit, magnis exterrita monstris,
Diriguit visu in medio, calor ossa reliquit,
Labitur, & longo vix tandem tempore fatur.

Outre la femme Romaine (6), qui mou-

---

(5) Dans l'Edition in 4. d'Abel L'Angelier, publiée à Paris en 1588. du vivant de Montagne, après le mot *jouissance*, on lit : *Accident qui ne m'est pas inconnu*. Mais ces mots ne paroissent point dans les Editions suivantes, où Montagne a fait d'autres changemens, que je suivrai, sans en avertir, à moins que je n'y sois obligé par quelque raison particuliere. Il doit être permis à un Ecrivain de corriger ses Ouvrages, & je ne croi pas qu'on ait droit de tenir registre des fautes qu'il a eu soin de proscrire lui-même.

[e] *Legers Soucis fort aisément babillent,*
  Mais les grands sont muets.
        SENEQ. *Hippol. Act.* II. *sc.* 3.

[f] Lorsqu'elle me vit venir, armé à la Troyenne, toute hors d'elle-même, & effrayée d'une rencontre si extraordinaire, elle devint immobile à cet aspect : toute sa chaleur l'abandonne, elle tombe évanouie, & enfin après bien du temps, à peine peut-elle m'adresser la parole. *Æneid.* L. III. 306. &c.

(6) *Plin. Nat. Hist.* L. VII. c. 54. —— Tite Live raconte un accident tout pareil, arrivé après la Bataille de Trasimene, L. XXII. c. 7.

LIVRE I. CHAP. II. 17

rut surprise d'aise de voir son Fils revenu de la routte de Cannes, Sophocles & de Denys le Tyran (7), qui trespasserent d'aise, & Talva (8) qui mourut en Corsegue, lisant les nouvelles des honneurs que le Senat de Rome luy avoit decernez, nous tenons en nostre siecle, que le Pape Leon dixiesme ayant esté adverty de la prise de Milan, qu'il avoit extremement souhaitée, (6) entra en tel excez de joye, que la fievre l'en

(7) Pline assure positivement que la joye d'avoir emporté le Prix de la Tragedie fit mourir Sophocle & le vieux Denys, Tyran de Sicile : *Gaudio obiere — Sophocles, & Dionysius Siciliæ Tyrannus, uterque accepto tragicæ victoriæ nuncio,* Natur. Histor. L. VII. c. 53. Mais à l'égard de Denys, si nous en croyons *Diodore de Sicile*, la joye qu'il eut d'avoir remporté le prix de la Tragedie, l'engagea dans des excez qui furent la veritable cause de sa mort. *Il fut si joyeux de cette nouvelle*, dit cet Historien, *qu'il en feit un grand sacrifice aux Dieux, & des Festins fort sumptueux esquels il convia tous ses amis, & y beut tant & si excessivement qu'il en tumba en une grosse maladie*, L. XV. c. 20. de la Traduction d'Amyot.

(8) Dans *Valere Maxime*, L. IX. c. 12. in Romanis, §. 3. où il est nommé M. *Juventius Thalna*. Pline qui s'est contenté de dire qu'il mourut en sacrifiant, *cùm sacrificaret*, l'appelle M. *Juventius Talva*, L. VII. C. 53. Ed. *Variorum d'Hackius* ; mais on marque à la marge que deux Mss. portent *Thalna*, & le P. Hardoüin, qui a suivi cette derniere leçon, prouve que c'est ainsi qu'il faut lire. Voyez sa Note sur cet endroit, Tom. I. pag. 409. seconde Edit. Paris 1723.

(9) *Francesco Guicciardini*, Historia d'Italia, Lib. XIV. p. 394. Vol. 2. — *Le Pape Leon fut bien aise de mourir de joye*, dit assez plaisamment Martin Du Bellay dans les *Memoires*, Liv. II. fol. 46.

print, & en mourut. Et pour un plus notable tesmoignage de l'imbecilité humaine, il a esté remarqué par les anciens, que Diodorus le Dialecticien (10) mourut sur le champ, espris d'une extreme passion de honte, pour en son Escole, & en public, ne se pouvoir desvelopper d'un argument qu'on luy avoit faict. Je suis peu en prise de ces violentes passions : J'ay l'apprehension naturellement dure ; & l'encrouste & espessis tous les jours (11) par discours.

CHAPITRE III.

Nos affections s'emportent au-delà de nous.

L'Homme trop occupé de l'Avenir.

CEux qui accusent les hommes d'aller tousjours beant apres les choses futures, nous apprennent à nous saisir des biens presens, & nous rasseoir en ceux-là : comme n'ayants aucune prise sur ce qui est à venir, voire assez moins que nous n'avons sur ce qui est passé, touchent la plus commune des

---

(10) *Plin. Natur. Hist. L. VII. c. 53. Pudore Diodorus Sapientiæ Dialecticæ Professor, lusoriâ quæstione non protinus ad interrogationes Stilponis dissolutâ.*

11 C'est-à-dire, *par raison.* Montagne employe souvent le mot de *discours* en ce sens-là.

humaines erreurs : s'ils oſent appeller erreur, choſe à quoy Nature meſme nous achemine, pour le ſervice de la continuation de ſon ouvrage, nous imprimant, comme aſſez d'autres, cette imagination fauſſe : plus jalouſe de noſtre action, que de noſtre ſcience. Nous ne ſommes jamais chez nous, nous ſommes touſjours au delà. La crainte, le deſir, l'eſperance, nous eſlancent vers l'advenir : & nous deſrobent le ſentiment & la conſideration de ce qui eſt, pour nous amuſer à ce qui ſera, voire quand nous ne ſerons plus. [a] *Calamitoſus eſt animus futuri anxius.*

Ce grand precepte eſt ſouvent allegué en Platon, (1) *Fay ton faict, & te cognoy.* Chaſcun de ces deux membres enveloppe generalement tout noſtre devoir : & ſemblablement enveloppe ſon compagnon. Qui auroit à faire ſon

En quoy conſiſte le devoir de l'Homme.

[a] CHAP. III. Tout Eſprit qui s'inquiette de l'Avenir, eſt malheureux. *Seneq.* Epiſt. XCVIII.

(1) *Un beau mot,* dit Platon, *court depuis longtems dans le monde, c'eſt qu'il ne convient qu'à l'Homme ſage de s'attacher à ſes propres affaires, & de ſe connoître ſoi-même:* Εὖ καὶ πάλαι λέγεται, τὸ πράτ[τ]ειν καὶ γνῶναι τά τε αὑτῦ καὶ ἑαυτὸν, σώφρονι μόνῳ προσήκειν ; In *Timæo* P. 544. Edit. Læmarianæ, Lugd. an. 1590. Cet ancien mot ſuffit pour apprendre à qui voudroit en douter, que dans nos Païs civiliſez le nombre des Sots eſt infini.

faict, verroit que sa premiere leçon ; c'est cognoistre ce qu'il est, & ce qui luy est propre. Et qui se cognoist, ne prend plus l'estranger faict pour le sien : s'ayme, & se cultive avant toute autre chose : refuse les occupations superfluës, & les pensées & propositions inutiles. Comme la Folie quand on luy octroyera ce qu'elle desire, ne sera pas contente : aussi est la Sagesse contente de ce qui est present, & ne se desplait jamais de soy. Epicurus dispense son Sage de la prevoyance & soucy de l'advenir.

La Loi qui ordonne d'examiner la conduite des Princes après leur mort, est très-raisonnable.

Entre les loix qui regardent les trespassez, celle icy me semble autant solide, qui oblige les actions des Princes (2) à estre examinées après leur mort. Ils sont compagnons, * sinon maistres des loix : ce que la Justice n'a peu sur leurs testes, c'est raison qu'elle l'ayt sur leur reputation, † & biens de leurs successeurs : choses que souvent nous preferons à la vie. C'est une usance qui apporte des commoditez singulieres aux Nations où elle est observée, & desira-

---

(2) *Diodore de Sicile*, L. I. C. 6.
* *Pour ne pas dire maistres des Loix.*
† *Je ne sçai quel est ce pouvoir que Montagne donne à la Justice sur les biens des successeurs d'un méchant Prince.*

ble à tous bons Princes : qui ont à se plaindre de ce qu'on traite la mémoire des meschants comme la leur. Nous devons la subjection & obeïssance également à tous Rois : car elle regarde leur office : mais l'estimation, non plus que l'affection, nous ne la devons qu'à leur vertu. Donnons à l'ordre politique de les souffrir patiemment, indignes : de celer leurs vices : d'aider de nostre recommandation leurs actions indifferentes, pendant que leur auctorité a besoin de nostre appuy. Mais nostre commerce finy, ce n'est pas raison de refuser à la justice, & à nostre liberté, l'expression de nos vrays ressentiments. Et nommément de refuser aux bons subjects, la gloire d'avoir reveremment & fidellement servi un maistre, les imperfections duquel leur estoient si bien cognues : frustrant la posterité d'un si utile exemple. Et ceux qui, par respect de quelque obligation privée, espousent iniquement la memoire d'un Prince mesloüable, font justice particuliere aux despens de la justice publique. Titus Livius dict vray (3) que le langage

---

(3) Lib. XXXV. C. 48. num. 2. Is, (Legatus Antiochi) *ut plerique quos opes regiæ alunt, vaniloquus, maria terrásque inani sonitu verborum complevit.*

des hommes nourris sous la Royauté, est tousjours plein de vaines ostentations & faux tesmoignages : chascun eslevant indifferemment son Roy, à l'extreme ligne de valeur & grandeur souveraine. On peut reprouver la magnanimité de ces deux soldats, qui respondirent à Neron, à sa barbe, l'un enquis de luy, pourquoy il luy vouloit mal : (4) *Je t'aimois quand tu le valois : mais depuis que tu és devenu parricide, boutefeu, basteleur, cocher, je te hay, comme tu merites* : l'autre, pourquoy il le vouloit tuer ; (5) *Parce que je ne trouve autre remede à tes continuels malefices.* Mais les publics & universels tesmoignages, qui après sa mort ont esté rendus, & le seront à tout jamais, à luy, & à tous meschans comme luy, de ses tyranniques & vilains deportements, qui de sain entendement les peut reprouver ?

Vaine ceremonie des Lacedemoniens à la mort de leurs Rois.

Il me desplaist, qu'en une si saincte police que la Lacedemonienne, se fust

(4) Interrogatusque à Nerone quibus causis ad oblivionem sacramenti processisset : *Oderam te*, inquit, *nec quisquam tibi fidelior militum fuit, dum amari meruisti. Odisse cœpi, postquam parricida matris & uxoris, auriga, & histrio, & incendiarius extitisti.* Tacit. Annal. L. XV. C. 67. num. 2.

(5) Breviter respondens, *Non aliter tot flagitiis ejus subveniri posse.* Id. ibid. C. 68. num. 1.

meſlée une ſi feinte ceremonie à la mort des Roys. Tous les confedrez & voiſins, & tous les Ilotes, hommes, femmes, peſlemeſle, ſe deſcoupoient le front, pour teſmoignage de deuil: & diſoient en leurs cris & lamentations, (6) que celuy-là, quel qu'il euſt eſté, eſtoit le meilleur Roy de tous les leurs: attribuants au rang, le los qui appartenoit au merite, * &, qui appartient au premier merite, au poſtreme & dernier rang.

Ariſtote, qui remue toutes choſes, s'enquiert ſur le mot de Solon, (7) *Que nul avant mourir ne peut eſtre dict heureux*, Si celuy-là meſme, qui a veſcu, & qui eſt mort à ſouhait, peut eſtre dict heureux, ſi ſa renommée va mal, ſi ſa poſterité eſt miſerable. Pendant que nous nous remuons, nous nous portons par preoccupation où il nous plaiſt: mais eſtant hors de l'eſtre, nous n'avons au-

Réfléxions ſur le mot de Solon, que nul homme ne peut être dit heureux avant ſa mort.

_____

(6) Herodot. L. 6. p. 401 φάμενοι τὸν ὕϛατον αἰεὶ ἀπογενόμενον τῶν Βασιλήων, τῦτον δὴ γενέϑαι ἄριϛον.

* *Et le los qui appartient au premier*, c'eſt-à-dire, au plus excellent *merite*, ils le donnoient *au poſtreme & dernier rang*. — *Poſtreme & dernier* ſont parfaitement ſynonymes. Le premier qui vient du Latin *poſtremus*, & en a retenu le ſens, ſignifie *dernier* en bon François.

(7) *Herodot.* L. I. p. 14.

cune communication avec ce qui est. Et seroit meilleur de dire à Solon, que jamais homme n'est donc heureux, puisqu'il ne l'est qu'après qu'il n'est plus.

[b] *quisquam*
Vix radicitùs è vitâ se tollit, & eicit:
Sed facit esse sui quaddam super inscius ipse,
Nec removet satis à projecto corpore sese, &
Vindicat.

Morts réputez vivans.

Bertrand du Glesquin mourut au siege du chasteau de Rancon, pres du Puy en Auvergne : les assiegez s'estans rendus, (9) furent obligez de porter les clefs de la place sur le corps du trespassé. Barthelemy d'Alviane, General de l'armée des Venitiens, estant mort au service de leurs guerres en la Bresse, & son corps ayant esté rapporté à Venise par le Veronois, terre ennemie, la pluspart de ceux de l'armée estoient d'advis, qu'on demandast sauf-conduit pour le passage à ceux de Verone : mais Theodore Trivulce y contredit, & choisit

---

[b] A peine se trouve-t-il une personne qui s'arrache totalement à la vie. L'Homme, tout ignorant qu'il est de son état après le trépas, s'imagine qu'il y a quelque chose qui lui survit. Il ne peut se détacher & s'affranchir entierement de son Corps terrassé par la mort. *Lucret. L. III. 890. &c.*

(9) Memoires de *Brantôme*, Tom. II. p. 220. *Des Hommes illustres & grands Capitaines étrangers*

(10) *Brantôme*

fit pluftoft de le paffer par vive force, au hazard du combat : *n'eſtant convenable*, difoit-il, (10) *que celuy qui en ſa vie n'avoit jamais eu peur de ſes ennemis, eſtant mort fiſt demonſtration de les craindre.* De vray, en choſe voiſine, par les loix Grecques, celui qui demandoit à l'ennemy un corps pour l'inhumer, renonçoit à la victoire, & ne luy eſtoit plus loiſible d'en dreſſer trophée : à celuy qui en eſtoit requis, c'eſtoit tiltre de gain. Ainſi perdit Nicias (11) l'avantage qu'il avoit nettement gaigné ſur les Corinthiens : & au rebours, (12) Ageſilaus aſſeura celuy qui luy eſtoit bien douteuſement acquis ſur les Bœotiens.

Ces traits ſe pourroient trouver eſtranges, s'il n'eſtoit receu de tout temps, non ſeulement d'eſtendre le ſoing de nous au delà cette vie, mais encore de croire, que bien ſouvent les faveurs celeſtes nous accompagnent au tombeau, & continuent à nos reliques. Dequoy il y a tant d'exemples anciens, laiſſant à part les noſtres, qu'il n'eſt be-

Les hommes ont crû que les faveurs du Ciel les accompagnoient dans le tombeau.

---

(10) *Brantome* à l'Article de *Barthelemi d'Alviane*, Tom. II. p. 219. & Guicciardin, que Montagne a traduit ici fort exactement, Lib. XII. p. 105. & 106.
(11) *Plutarque* dans la *Vie de Nicias*, Chap. 2.
(12) Le même, dans la *Vie d'Ageſilaus*, Chap. 6.

soing que je m'y eſtende. *Edouard* premier Roy d'Angleterre, ayant eſſayé aux longues guerres d'entre luy & *Robert* Roy d'Eſcoſſe, combien ſa preſence donnoit d'advantage à ſes affaires, rapportant tousjours la victoire de ce qu'il entreprenoit en perſonne ; mourant, obligea ſon fils par ſolemnel ſerment, à ce qu'eſtant treſpaſſé, il fiſt bouillir ſon corps pour deſprendre ſa chair d'avec les os, laquelle il fiſt enterrer : & quant aux os, qu'il les reſervaſt pour les porter avec luy, & en ſon armée, toutes les fois qu'il luy adviendroit d'avoir guerre contre les Eſcoſſois : comme ſi la deſtinée avoit fatalement attaché la victoire à ſes membres. *Jean Ziſcha*, qui troubla la Boheme pour la deffenſe des erreurs de Wiclef, voulut qu'on l'eſcorchaſt après ſa mort, & de ſa peau qu'on fiſt un tabourin à porter à la guerre contre ſes ennemis : eſtimant que cela ayderoit à continuer les advantages qu'il avoit eus aux guerres, par luy conduictes contre eux. Certains Indiens portoient ainſi au combat contre les Eſpagnols, les oſſemens d'un de leurs Capitaines, en conſideration de l'heur qu'il avoit eu en vivant. Et d'autres Peuples en ce meſme monde, trainent à la guerre les corps des vaillans hommes, qui sont morts en leurs batailles, pour leur servir de bonne fortune & d'encouragement. Les premiers exemples ne reservent au tombeau, que la reputation acquise par leurs actions passées : mais ceux-cy y veulent encore mesler la puissance d'agir.

Le faict du Capitaine Bayard est de meilleure composition, lequel se sentant blessé à mort d'une harquebusade dans le corps, conseillé de se retirer de la meslée, respondit qu'il ne commenceroit point sur sa fin à tourner le dos à l'ennemy : & ayant combattu autant qu'il eut de force, se sentant defaillir, & eschapper du cheval, (13) commanda à son maistre d'hostel, de le coucher au pied d'un arbre, mais que ce fust en façon qu'il mourust le visage tourné vers l'ennemy : comme il fit. *Fermeté du Capitaine Bayard à rendre l'esprit.*

Il me faut adjouster cet autre exemple aussi remarquable pour cette consideration, que nul des precedens. L'Empereur Maximilian bisayeul du Roy Philippes, qui est à present, estoit Prince doué de tout plein de grandes qualitez, & entre autres d'une beauté de corps singuliere : mais parmy ses *Pudeur très-particuliere de l'Empereur Maximilien.*

(13) Memoires de Martin du Bellay, L. II. p. 79.

humeurs, il avoit ceste-cy bien contraire à celle des Princes, qui pour despescher les plus importants affaires, font leur throsne de leur chaire percée: c'est qu'il n'eut jamais valet de chambre, si privé, à qui il permist de le voir en sa garderobbe. Il se desroboit pour * tomber de l'eau, aussi religieux qu'une pucelle à ne descouvrir ny à Medecin n'y à qui que ce fust les parties qu'en a accoustumé de tenir cachées. Moy qui ay la bouche si effrontée, suis pourtant par complexion touché de cette honte: Si ce n'est à une grande suasion de la necessité ou de la volupté, je ne communique gueres aux yeux de personne, les membres & actions, que nostre coustume ordonne estre couvertes: J'y souffre plus de contrainte que je n'estime bien-seant à un homme, & sur tout à un homme de ma profession. Mais luy en vint à telle superstition, qu'il ordonna par parolles expresses de son testament, qu'on luy attachast des caleçons, quand il seroit mort. Il devoit adjouster par codicille, que celuy qui les luy monteroit, eust les yeux bandez. L'ordonnance que Cy-

* Expression purement Gasconne, pour dire *faire de l'eau.*

LIVRE I. CHAP. III.

rus faict à ses enfans (14) que ny eux, ny autre, ne voye & touche son corps, apres que l'ame en sera separée, je l'attribue à quelque sienne devotion : Car & son Historien & luy, entre leurs grandes qualitez, ont semé par tout le cours de leur vie, singulier soing & reverence à la Religion.

Ce conte me despleut, qu'un Grand me fit d'un mien allié, homme assez cogneu & en paix & en guerre. C'est que mourant bien vieil en sa Cour, tourmenté de douleurs extremes de la pierre, il amusa toutes ses heures dernieres avec un soing vehement, à disposer l'honneur & la ceremonie de son enterrement : & somma toute la Noblesse qui le visitoit, de luy donner parolle d'assister à son convoy. A ce Prince mesme, qui le vid (15) sur ses derniers traits, il fit une instante supplication que sa maison fust commandée de s'y trouver; employant plusieurs exemples & raisons, à prouver que c'estoit chose qui appartenoit à un homme de

Trop grand soin de ses propres funerailles, vanté ridicule.

(14) *Xenophon* dans la Cyropedie, L. VIII. c. 7. vers, la fin : ὅταν δ' ἐγὼ ἐγκαλύψωμαι, αἰτοῦμαι ὑμᾶς, ὦ παῖδες, μηδεὶς ἔτ' ἀνθρώπων τοὐμὸν σῶμα ἰδέτω, μηδ' αὐτοὶ ὑμεῖς.

(15) Sur le point de rendre l'esprit.

sa sorte : & sembla expirer content ayant retiré cette promesse, & ordonné à son gré la distribution, ordre (16) de sa montre. Je n'ay guere veu de vanité si perseverante.

Funerailles ne doivent être ni mesquines, ni trop pompeuses.

Cette autre curiosité contraire, en laquelle je n'ay point aussi faute d'exemple domestique, me semble germaine à ceste-cy : d'aller se soignant & passionnant à ce dernier poinct, à regler son convoy, à quelque particuliere & inusitée parsimonie, à un serviteur & une lanterne. Je voy louer cett'humeur, & l'ordonnance de Marcus Æmilius Lepidus, (17) qui deffendit à ses heritiers d'employer pour luy les ceremonies qu'on avoit accoustumé en telles choses. Est-ce encore temperance & frugalité, d'eviter la despense & la volupté, desquelles l'usage & la cognoissance nous est imperceptible ? Voila une aisée reformation & de peu de coust. S'il estoit besoin d'en ordonner, je serois d'avis, qu'en celle-là, comme en toutes actions de la vie chascun en rapportast la regle, au degré de sa fortune. Et le

(16) De sa pompe funebre.
(17) In Epitome Livianâ Lib. XLVIII. *Marcus Æmilius Lepidus, antequam exspiraret, præcepit filiis, lecto se sterno sine linteis, sine purpura efferrent*, &c.

Philosophe Lycon (18) prescrit sagement à ses amis, de mettre son corps où ils adviseront pour le mieux : & quant aux funerailles, de les faire ny superfluës ny mechaniques. Je lairrois purement la coustume ordonner de cette ceremonie, & m'en remettray à la discretion des premiers à qui je tomberay en charge. [c] *Totus hic locus est contemnendus in nobis, non negligendus in nostris.* Et est sainctement dict à un Sainct : [d] *Curatio funeris, conditio sepulturæ pompa exsequiarum, magis sunt vivorum solatia, quàm subsidia mortuorum.* Pourtant Socrates à Criton, qui sur l'heure de sa fin luy demande, comment il veut estre enterré : *Comme vous voudrez*, (19) respond il. Si j'avois à m'en empescher plus avant, je trouverois plus galand, d'imiter ceux qui entreprennent vivans & respirans, jouyr de l'ordre & honneur de leur se-

(18) *Diogene Laënce* dans la Vie de Lycon, L. V. Segm. 74 Wetst. Amstelod. an. 1692.

[c] A l'égard de la Sepulture, c'est un point qu'il faut mépriser pour soi-même, & ne pas négliger pour les siens. *Cic.* Tusc. Quæst. L. I. c. 45.

[d] Le soin de l'enterrement, la qualité de la sepulture, & la pompe des obseques, regardent plûtôt la consolation des Vivans que le besoin des Morts. *Augustinus*, De Civit. Dei, L. I. c. 12.

(19) Platon dans son *Phædon*, vers la fin : Ὅπως ἂν, ἔφη, βύλησθε.

pulture : & qui se plaisent de voir en marbre leur morte contenance. Heureux qui sachent resjouyr & gratifier leurs sens par l'insensibilité, & vivre de leur mort !

Cruelle & puerile superstition des Atheniens sur la Sépulture des Morts.

A peu que je n'entre en haine irreconciliable contre toute Domination Populaire, quoy qu'elle me semble la plus naturelle & équitable, quand il me souvient de cette inhumaine injustice du Peuple Athenien, de faire mourir sans remission, & sans les vouloir seulement ouïr en leurs defenses, ces braves Capitaines, venants de gaigner contre les Lacedemoniens (20) la Bataille navalle près les Isles (21) Arginenses : la plus contestée, la plus forte Bataille, que les Grecs aient onques donnée en mer de leurs forces : parce qu'après la victoire ils avoient suivy les occasions que la loy de la guerre leur presentoit, plustost que de s'arrester à recueillir & inhumer leurs morts. Et rend cette execution plus odieuse, le faict de *Diomedon.* Cettuy-cy est l'un des condamnez, homme de notable vertu, & militaire & politique : lequel se tirant avant pour parler, après

(20) *Diodore de Sicile*, L. XIII. c. 31.

(21) Ou *Arginuses*, Ἀργινοῦσαι, trois Isles au Sud-Est de l'Isle de Lesbos, qui s'appellent en Latin *Arginusæ.*

avoir ouy l'arrest de leur condemnation, & trouvant seulement lors temps de paisible audience, au lieu de s'en servir au bien de sa cause, & à descouvrir l'evidente iniquité d'une si cruelle conclusion, (22) ne representa qu'un soin de la conservation de ses Juges : priant les Dieux de tourner ce jugement à leur bien ; & afin que, par faute de rendre les vœux que luy & ses compagnons avoient voué, en recognoissance d'une si illustre fortune, ils n'attirassent l'ire des Dieux sur eux, les advertissant quels vœux c'estoient. Et sans dire autre chose, & sans marchander, s'achemina de ce pas courageusement au supplice.

La Fortune quelques années après les punit de mesme pain souppe. Car *Chabrias*, Capitaine general de leur armée de mer, ayant eu le dessus du combat contre Pollis Admiral de Sparte, en l'isle de Naxe, perdit le fruict (23) tout net & comptant de sa victoire, tres-important à leurs affaires, pour n'encourir le malheur de cet exemple ; & pour ne perdre peu de corps morts de ses amis, qui flottoyent en mer, laissa voguer en

Commens punie.

(22) *Diodore de Sicile*, L. XIII. c. 32.
(23) C'est ce que dit expressément *Diodore de Sicile*, L. XV. c. 9.

sauveté un monde d'ennemis vivants, qui depuis leur firent acheter cette importune superstition.

[e] *Quæris, quo jaceas, post obitum loco?*
Quo non nata jacent.

Cet autre redonne le sentiment du repos, à un corps sans ame :

[f] *Neque sepulchrum, quò recipiat, habeat*
portum corporis :
Ubi, remissâ humanâ vitâ, corpus requiescas
à malis.

Tout ainsi que nature nous faict voir que plusieurs choses mortes ont encore des relations occultes à la vie. Le vin s'altere aux caves, selon aucunes mutations des saisons de la vigne. Et la chair de venaison change d'estat aux saloirs & de goust, selon les loix de la chair vive, à ce qu'on dit.

[e] Veux tu sçavoir en quel lieu tu seras gisant aprés ta mort? C'est où gisent les choses qui ne sont pas encore nées. Senec. Troas. Chor. Act. II. vs. 30.
[f] N'aura-t-il donc point de Sepulchre où son Corps étant reçu comme dans un Port puisse se reposer à l'abri de tous maux aprés avoir quitté la vie? Cic. Tusc. Quæst. Lib. I. c. 44.

CHAPITRE IV.

Comme l'Ame descharge ses passions sur des objects faux, quand les vrais lui defaillent.

UN Gentil-homme des nostres merveilleusement subject à la goutte, estant pressé par les Medecins de laisser du tout l'usage des viandes salées, avoit accoustumé de respondre plaisamment, que sur les efforts & tourments du mal, il vouloit avoir à qui s'en prendre ; & que s'escriant & maudissant tantost le cervelat, tantost la langue de bœuf & le jambon, il s'en sentoit d'autant allegé. Mais en bon escient, comme le bras estant haussé pour frapper, il nous deult si le coup ne rencontre, & qu'il aille au vent : aussi que pour rendre une veuë plaisante, il ne faut pas qu'elle soit perduë & escartée dans le vague de l'air, ains qu'elle ayt butte pour la soustenir à raisonnable distance ;

[a] *Ventus ut amittit vires, nisi robore densæ Occurrant silvæ spatio diffussus inani :*

[a] Comme le Vent perd ses forces en se répandant dans une espace vuide, à moins que des Fo-

L'Ame doit avoir quelque Objet vrai ou faux, dont elle puisse s'occuper. de mesme il semble que l'Ame esbranlée & esmuë se perde en soy-mesme, si on ne luy donne prise : & faut tousjours luy fournir d'objet où elle s'abutte & agisse. Plutarque dit à propos (1) de ceux qui s'affectionnent aux guenons & petits chiens, que la partie amoureuse qui est en nous, à faute de prise legitime, plustost que de demeurer en vain, s'en forge ainsi une fausse & frivole. Et nous voyons que l'ame en ses passions se pipe plustost elle-mesme, se dressant un faux subject & fantastique, voire contre sa propre creance, que de n'agir contre quelque chose. Ainsi emporte les bestes leur rage à s'attaquer à la pierre & au fer, qui les a blessées : & à se venger à belles dents sur soy-mêmes du mal qu'elles sentent.

[b] *Pannonis haud aliter post ictum sævior Ursa*
Cui jaculum parva Libys amentavit habena,
Se rotat in vulnus, telúmque irata receptum
Impetit, & secum fugientem circuit hastam.

Quelles causes n'inventons-nous des

rets touffuës ne s'opposent à son passage. *Lucan.* L. III. vs. 362, 363. *De mesme il semble que l'Ame* &c.

(1) *Dans la Vie de Pericles, dès le commencement.*

[b] *Ainsi l'Ourse plus feroce après le coup qu'elle*

LIVRE I. CHAP. IV.

malheurs qui nous adviennent ? à quoy ne nous prenons-nous à tort ou à droit, pour avoir où nous escrimer ? Ce ne sont pas ces tresses blondes que tu deschires, ny la blancheur de cette poictrine que despitée tu bas si cruellement, qui ont perdu d'un malheureux plomb ce frere bien-aymé : prens t'en ailleurs. Livius parlant de l'armée Romaine en Espaigne après la perte des deux Freres ses grands Capitaines. [c] *Flere omnes repentè, & offensare capita* : C'est un usage commun. Et le Philosophe Bion, de ce Roy, qui de dueil s'arrachoit le poil, (2) fut plaisant, *Cetuy-cy pense-il que la pelade soulage le dueil* ? Qui n'a veu mascher & engloutir les cartes, se gorger d'une bale de dez, pour avoir où se venger de la perte de son argent ? Xerxes fouetta (3) la Mer, & escrivit un cartel de deffi au mont Athos, & Cyrus amusa toute une armée (4) plusieurs jours à se venger

prend à d s choses inanimées pour amuser ses passions.

a reçu, se roule sur sa playe, & toute fureur se jettant sur le dard dont elle est percée, le fait tourner fuyant avec elle. *Lucan.* L. VI. vs. 220, &c.

[c] Chacun se prit aussi-tôt à pleurer, & à se battre la tête, *Lib.* XXV. c. 37. num. 9.

(2) *Cic.* Tusc. Quæst. L. III. c. 26. *In quo facetum illud Bionis, perinde stultissimum Regem in luctu capillum sibi evellere, quasi calvitio mœror levaretur.*

(3) *Herodot.* L. VII. p. 452.

(4) *Herodot.* Lib. I. p. 86, 87. & *Senec.* de Ira,

de la riviere de (5) Gyndus, pour la peur qu'il avoit eu en la passant : & Caligula (6) ruina une tres-belle mai-

Lib. 3. c. 21 Herodote dit expressement que Cyrus perdit tout l'Eté, (τὴν θερείην πᾶσαν) à cette belle expedition : & *Paul Orose*, aussi peu exact que Montagne, quoique dans un sens contraire, dit que Cyrus employa toutes ses Troupes à cet Ouvrage, une année entiere, *perperi anno*, L. II. c. 6.

(5) Ou *Gyndes*, Γύνδης, comme la nomment Herodote, Seneque, & Tibulle L. IV. Carm. I. vs. 141. ——— *rapidus, Cyri dementia, Gyndes.*

(6) *Senec.* de Irâ, L. III. c. 22. *C. Cæsar villam in Herculanensi pulcherrimam, quia sua mater aliquando in illa custodita erat, diruit.* Je ne sai si Montagne a bien pris le sens de Seneque : Peut-être avoit-il écrit d'abord, *pour le déplaisir que sa Mere y avoit eu*, ce qui s'accorderoit fort bien avec ce que dit Seneque, *qu'elle y avoit été gardée comme dans une prison*; & qu'on aura mis par inadvertance *plaisir* pour *déplaisir* dans une des premieres Editions des *Essais*, d'où cette faute aura passé dans toutes les Editions suivantes. Elle est du moins dans toutes celles que j'ai pû consulter. Mais comme dans une Edition publiée à Paris en 1587. chez *Jean Richer*, laquelle ne contient que les deux premiers Livres, il y a ici, *& Caligula ruina une tres-belle maison, pour le plaisir que sa mere y avoit reçu*, je commence à croire que Montagne a effectivement mal pris la pensée de Seneque, parceque dans la premiere Edition des *Essais*, imprimée à Bourdeaux en 1580. il est dit aussi, que *Caligula ruina cette maison pour le plaisir que sa Mere y avoit receu*; & qu'on ne s'est point avisé de toucher à cet endroit dans un *Errata* assez exact qui a été fait sur cette premiere Edition. C'est apparemment le cœur malin & dénaturé de Caligula qui a fait tomber Montagne dans cette méprise. —— *Pansæ quidem adeo suspecta mors fuit, ut Glyco Medicus custoditus sit*, dit Suetone dans la Vie d'Auguste, Ch. XI. *quasi venenum vulneri indidisset. Custoditus sit* signifie visiblement ici, que ce Medecin fut mis en prison ou aux arrêts; & c'est dans ce sens que ce mot a été employé par plusieurs autres bons Ecrivains.

son, pour le plaisir que sa mere y avoit eu.

Le peuple disoit en ma jeunesse, qu'un Roy de nos voysins, ayant receu de Dieu une bastonade, jura de s'en venger: ordonnant que de dix ans on ne le priast, ny parlast de luy, ny autant qu'il estoit en son auctorité, qu'on ne creust en luy. Par où on vouloit peindre non tant la sottise, que la gloire naturelle à la Nation, de quoy estoit le conte. Ce sont vices tousjours conjoincts: mais telles actions tiennent, à la verité, un peu plus encore d'outrecuidance, que de bestise. Augustus Cesar ayant esté battu de la tempeste sur mer, (7) se print à deffier le Dieu Neptunus, & en la pompe des Jeux Circenses fit oster son image du rang où elle estoit parmy les autres Dieux, pour se venger de luy. En quoy il est encore moins excusable que les precedens, & moins qu'il ne fut depuis, lorsqu'ayant perdu une bataille sous Quintilius Varus, en Allemagne, (8) il alloit de colere & de desespoir, choquant sa teste contre la muraille, en s'escriant: *Varus, rens-moy mes soldats:*

Vanité impertinente d'un Roi.

---

(7) *Suetone* dans la Vie d'Auguste, §. 16.
(8) *Id.* ibid. §. 23. *Ut caput interdum foribus illideret, vociferans: Quintili Vare, Legiones redde.*

car ceux-là surpassent toute follie, d'autant que l'impieté y est joincte, qui s'en adressent à Dieu mesmes, ou à la Fortune, comme si elle avoit des oreilles subjectes à nostre batterie : à l'exemple des Thraces, qui, quand il tonne ou esclaire, (9) se mirent à tirer contre le Ciel d'une vengeance Titanienne, pour renger Dieu à raison, à coup de fleche. Or, comme dit cet ancien Poëte (10) chez Plutarque,

Point ne se faut courroucer aux affaires :
Il ne leur chaut de toutes nos coleres.

Mais nous ne dirons jamais assez d'injures au desreglement de nostre Esprit.

CHAPITRE V.
Si le Chef d'une Place assiegée doit sortir pour parlementer.

LUcius (1) Marcius Legat des Romains, en la guerre contre *Perseus* Roy de Macedoine, voulant gaigner le

─────

(9) *Herodot.* L. 4. c. 189. τοξεύοντες ἄνω πρὸς τὸν οὐρανὸν, ἀπειλέουσι τῷ Θεῷ.

(10) Dans son Traité, *Du contentement, ou repos de l'esprit*, c. 4. de la Traduction d'Amyot.

CHAP. V. (1) Tite Live nomme ce Legat des Romains *Quintus Marcius*, L. XLII. c. 37, &c.

LIVRE I. CHAP. V. 41

temps qu'il luy falloit encore à mettre en point son armée, sema des (2) entregets d'accord, desquels le Roy endormy, accorda treve pour quelques jours : (3) fournissant par ce moyen son ennemy d'opportunité & loisir pour s'armer : d'où le Roy encourut sa derniere ruine. Si est-ce que les vieux du Senat, memoratifs des mœurs de leurs peres, accuserent cette pratique, comme ennemie de leur stile ancien : qui fut, disoient-ils, combattre de vertu, non de finesse, ny par surprises & rencontres de nuict, ny par fuittes apostées, & recharges inopinées ; n'entreprenans guerre, qu'après l'avoir denoncée, & souvent après avoir assigné l'heure & lieu de la Bataille. De cette conscience ils renvoyerent à Pyrrhus son traistre Medecin, & aux Phalisques leur desloyal Maistre d'escole. C'estoient les formes vrayement Romaines, non de la Grecque subtilité & * astuce Punique, où le vaincre par force est moins glorieux que par fraude. Le tromper peut servir pour le coup : mais celuy seul se tient pour surmonté, qui

Finesse contre un Ennemi, blâmée, & avec raison.

---

(2) Ou comme on a mis dans une des dernieres Editions, *interjets* ; c'est-à-dire, *propositions, ouvertures*. Entreject, *interpositio, interjectio*, Nicot.
(3) Tite Live, L. XII. c. 43 — 47.
* Ruso.

sçait l'avoir esté ny par ruse, ny de sort, mais par vaillance, de troupe à troupe, en une franche & juste guerre. Il appert bien par ce langage de ces bonnes gens, qu'ils n'avoient encore receu cette belle sentence,

[a] —— *dolus an virtus quis in hoste requirat?*

Les Achaïens, dit Polybe, (4) detestoient toute voye de tromperie en leurs guerres, n'estimants victoire, sinon où les courages des ennemis sont abbatus. [b] *Eam vir sanctus & sapiens sciet veram esse victoriam, quæ salvâ fide, & integrâ dignitate parabitur,* dit un autre:

[c] *Vos ne velit, an me regnare hera: quidve ferat fors*
Virtute experiamur.

\ *Peuples qui n'attaquent jamais leurs Ennemis, qu'ils ne leur ayent déclaré la guerre.*

Au Royaume de (5) Ternate, parmi ces Nations que si à pleine bouche nous appellons Barbares, la coustume

[a] Qu'importe qu'on surmonte ses Ennemis par ruse ou par valeur? *Æneid.* L. II. *vs.* 390.
(4) Livre XIII. c. 1.
[b] Un homme sage & vertueux doit savoir qu'il n'y a point de veritable victoire que celle qu'on gagne sans blesser son honneur & sa dignité. *Florus*, L. I. c. 12. num. 6.
[c] Eprouvons par la force, si c'est à vous ou à moi que la Fortune, maîtresse des évenemens, destine l'Empire. *Ennius* apud *Cic.* L. I. De Offic. c. 12.
(5) La principale Isle des *Molucques.*

porte, qu'ils n'entreprennent guerre sans l'avoir denoncée : y adjouftans ample declaration des moyens qu'ils ont à y employer, quels, combien d'hommes, quelles munitions, quelles armes, offenfives & defenfives. Mais auffi cela faict, ils fe donnent loy de fe fervir à leur guerre, fans reproché, de tout ce qui aide à vaincre.

Les anciens Florentins eftoient fi *Florentins* efloignés de vouloir gaigner advantage *qui denon-* fur leurs ennemis par furprife, qu'ils *çoient la* les advertiffoient un mois avant que de *d'une Cloche.* mettre leur * exercite aux champs, par le continuel fon de la cloche qu'ils nommoient *Martinella*.

Quant à nous moins fuperftitieux, *Les rufes les* qui tenons celuy avoir l'honneur de la *plus injuftes* guerre, qui en a le profit, & qui après *autorifées.* (6) Lyfander, difons que, où la peau du Lyon ne peut fuffire, il y faut coudre un lopin de celle du Renard, les plus ordinaires occafions de furprife fe tirent de cette pratique : & n'eft heure, difons-nous, où un Chef doive avoir plus l'œil au guet, que celle des par-lemens & traités d'accord.

---

* Armée.
(6) Voyez fa *Vie* par Plutarque, ch. 4. *Verfion d'Amyot.*

Si le Gouverneur d'une Place assiegée en doit sortir pour parlementer.

Et pour cette cause, c'est une regle en la bouche de tous les hommes de nostre temps, *Qu'il ne faut jamais que le Gouverneur en une place assiegée sorte lui-mesme pour parlementer.* Du temps de nos peres cela fut reproché aux Seigneurs de Montmord & de l'Assigni, deffendans Mouson contre le Comte de Nansau. Mais aussi à compte, celuy-là seroit excusable, qui sortiroit en telle façon, que la seureté & l'advantage demeurast de son costé, comme fit en la ville de Regge, le Comte Guy de Rangon (s'il en faut croire du Bellay, car Guicciardin dit que ce fut * luy-mesmes) lors que le Seigneur de l'Escut s'en approcha pour parlementer : car il abandonna de si peu son Fort, † qu'un trouble s'estant esmeu pendant ce parlement, non seulement Monsieur de l'Escut & sa trouppe, qui estoit approchée avec luy, se trouva le plus foible, de façon (7) qu'Alexandre Trivulce y

---

* Lui Guicciardin, pour lors Gouverneur de Reggio. On peut voir dans son Histoire le plan & le succès de l'entreprise du Seigneur de l'Escut, qui s'étoit proposé de surprendre la Ville de Reggio à la faveur de ce pourparler, *Lib. XIV. p.* 183, 184. *Ici Guicciardin doit être cru sans doute, préferablement à Du Bellay.*

† Memoires de *Martin Du Bellay*, Liv. I. fol. 39.

(7) *Morſ fra due giorni, indegno certamente di queſta calamità*, dit Guicciardin, *perche Raveva diſſuaſo il venire a Reggio.*

fut tué, mais luy-mesme fut contrainct, pour le plus seur, de suivre le Comte, & se jetter sur sa foy à l'abri des coups dans la ville. Eumenes en la ville de Nora pressé par Antigonus qui l'assiegeoit, de sortir pour luy parler, alleguant que c'estoit raison qu'il vinst devers lui, attendu qu'il estoit le plus grand & le plus fort : après avoir faict cette (8) noble reponse : *Je n'estimeray jamais homme plus grand que moy, tant que j'auray mon espée en ma puissance*, n'y consentit, qu'Antigonus ne luy eust donné Ptolomæus son propre nepveu en ostage, comme il demandoit. Si est-ce qu'encores en y a-il, qui se sont tresbien trouvez de sortir sur la parole de l'assaillant : Tesmoing Henry de Vaux, Chevalier Champenois, lequel estant assiegé dans le Chasteau de Commercy par les Anglois ; & Barthelemy (9) de Bonnes, qui commandoit au siege, ayant par dehors faict sapper la plus part du Chasteau, si qu'il ne restoit que le feu pour accabler les assiegez sous les ruines, somma ledit Henry de sortir à parlementer pour son profict, com-

___

(8) Plutarque dans la *Vie d'Eumenes*, ch. 5.
(9) *Froissart*, de qui Montagne a pris tout ceci, le nomme *Barthelemy de Brunes*.

me il fit luy quatriefme ; & fon evidente ruyne lui ayant efté montrée à l'œil, il s'en fentit (10) fingulierement obligé à l'ennemy : à la difcretion duquel, apres, qu'il fe fut rendu & fa trouppe, le feu eftant mis à la mine, les eftanfons de bois venus à faillir, le Chafteau fut emporté de fons en comble. Je me fie ayfement à la foy d'autruy : mais mal-ayfement le ferois-je, lorfque je donrois à juger l'avoir pluftoft faict par defefpoir & faute de cœur, que par franchife & fiance de fa loyauté.

CHAPITRE VI.

L'heure des parlemens dangereufe.

La parole des gens de guerre peu certaine.

Toutes-fois je vis dernierement en mon voifinage de (1) Muffidan, que ceux qui en furent délogez à force

(10) Quand le Chevalier vit le peril, il dit à Meffire Barthelemy : *Certainement vous avez bonne caufe : ce que fait en avez, vient de grand' gentilleffe : Si nous rendons à voftre volonté.* Là les print Meffire Barthelemy comme fes prifonniers : & les fit lors hors de la Tour partir, & uns & autres, & leurs biens auffi : & puis, fit bouter le feu en la mine. Si ardirent les étançons : & puis, quand ils furent tous ars, la Tour (qui eftoit mallement groffe) ouvrit, & fe partit en deux, & renverfa d'autre part. *Froiffart*; Vol. I. ch. 209.

CHAP. VI. (1) Petite Ville du *Perigord*.

par nostre armée, & autres de leur party, crioyent comme de trahison, de ce que pendant les entremises d'accord, & le traicté se continuant encores, on les avoit surpris & mis en pieces : chose qui eust eu à l'avanture apparence en autre siecle. Mais, comme je viens de dire, nos façons sont entierement esloignées de ces regles : & ne se doit attendre fiance des uns aux autres, que le dernier seau d'obligation n'y soit passé : encores y a-t-il lors assez affaire. Et a toujours esté conseil hazardeux, de fier à la licence d'une armée victorieuse l'observation de la foy, qu'on a donnée à une Ville, qui vient de se rendre par douce & favorable composition, & d'en laisser sur la chaude, l'entrée libre aux soldats. L. Æmilius Regillus Preteur Romain, ayant perdu son temps à essayer de prendre la ville de Phocées à force, pour la singuliere proüesse des habitants à se bien defendre, fit pache avec eux, de les recevoir pour amis du Peuple Romain, & d'y entrer comme en ville confederée : leur ostant toute crainte d'action hostile. Mais y ayant quant & luy introduict son armée, pour s'y faire voir en plus de pompe, il ne fut en sa puissance,

(1) quelque effort qu'il y employast, de tenir la bride à ses gens : & veit devant ses yeux fourrager bonne partie de la ville : les droicts de l'avarice & de la vengeance (3) suppeditant ceux de son autorité, & de la discipline militaire. Cleomenes disoit, * que quelque mal qu'on peust faire aux ennemis en guerre, cela estoit par dessus la justice, & non subject à icelle, tant envers les Dieux, qu'envers les hommes : ayant faict treve avec les Argiens pour sept jours, la troisiesme nuict apres il les alla charger tous endormis, & les défict, alleguant qu'en sa treve il n'avoit pas esté parlé des nuicts : Mais les Dieux vengerent cette perfide subtilité.

L'heure des Pendant le parlement, & qu'ils musoient

(2) Tite Live, L. XXXVII. c. 32.
(3) C'est-à-dire, *les droits de l'avarice & de la vangeance prévalant sur ceux de son autorité*, &c. ce que Tite Live exprime ainsi, *Posteaquam ira & avaritia imperio potenciora erant.* Ibid. num. 13. Suppediter, *subjuguer, domter, fouler aux pieds*, Cotgrave dans son *Dictionaire François & Anglois.* Suppediter, *vaincre*, Nicot. —— *Suppediter* est fort ancien dans la Langue, comme il paroît par ce beau passage d'*Amadis de Gaule*, Liv. 5. ch. 42. *Ce n'est de moindre vertu d'user de gracieux traitemens envers les vaincus, que de combatre &* suppediter *les plus grands*; c'est-à-dire, *que de combatre & terrasser l'Ennemi le plus redoutable.*

* Voyez les *Dits notables des Lacedemoniens* à l'Article CLEOMENES, Version d'*Amyot* dont Montagne a transcrit les propres paroles.

foient fur leurs feurtez, (4) la ville de *pourparlers dangereuse.* Cafilinum fuft faifie par furprife. Et cela pourtant au fiecle & des plus juftes Capitaines & de la plus parfaicte milice Romaine: Car il n'eft pas dict, qu'en temps & lieu il ne foit permis de nous prevaloir de la fottife de nos ennemis, comme nous faifons de leur lafcheté. Et certes la guerre a naturellement beaucoup de privileges raifonnables au prejudice de la raifon ; & icy faut la reigle, [a] *neminem id agere, ut ex alterius prædetur infcitiâ.* Mais je m'eftonne de l'eftendue que Xenophon leur donne, (5) & par les propos, & par divers exploicts de fon parfaict Empereur: autheur des merveilleux poids en telles chofes, comme grand Capitaine & Philofophe des premiers difciples de Socrates, & ne confens pas à la mefure de fa difpenfe en tout & par tout.

Monfieur d'Aubigny affiegeant Capoüe, & apres y avoir fait une furieufe baterie, le Seigneur Fabrice Colonne Capitaine de la ville, ayant commencé à parlementer de deffus un baftion, & fes gens faifants plus molle garde, les

(4) Tite Live, L. XXIV. c. 19.
[a] Que perfonne ne doit chercher à faire fon profit de la fottife d'autrui. *Cic.* de Offic. L. 3. c. 17.
(5) Dans fa *Cyropedie.*

noſtres s'en emparerent, & mirent tout en pieces. Et de plus freſche memoire (6) à Yvoy, le Seigneur Julian Rommero ayant fait ce pas de clerc de ſortir pour parlementer avec Monſieur le Conneſtable, trouva au retour ſa Place ſaiſie. Mais afin que nous ne nous en allions pas ſans revanche, le Marquis de Peſquaire aſſiegeant Genes, où le Duc Octavian Fregoſe commandoit ſous notre protection, & l'accord entre eux ayant eſté pouſſé ſi avant, qu'on le tenoit pour fait, ſur le point de la concluſion, les Eſpagnols s'eſtans coullés dedans, (7) en uſerent comme en une victoire planiere : & depuis à Ligny en Barrois, où le Comte de Brienne commandoit, l'Empereur l'ayant aſſiegé en perſonne, & Bertheville Lieutenant dudict Comte eſtant ſorty pour parlementer, (8) pendant le parlement la ville ſe trouva ſaiſie.

[b] Fù il vincer ſempre mai laudabil coſa,
    Vincaſi ò per fortuna ò per ingegno,

(6) Petite Ville dans le Luxembourg François ſur la Riviere de Chiers.
(7) Memoires de Martin Du Bellay, Liv. II. fol. 57. dans le revers.
(8) Memoires de Guillaume Du Bellay, L. X. fol. 495.
[b] La Victoire a toûjours été une choſe louable, ſoit que le hazard ou l'habileté nous y

disent-ils: Mais le Philosophe Chrysippus n'eust pas esté de cet advis: & moy aussi peu. Car il disoit que ceux qui courent à l'envy, doivent bien employer toutes leurs forces à la vistesse, (9) mais il ne leur est pourtant aucunement loisible de mettre la main sur leur adversaire pour l'arrester, ni de luy tendre la jambe pour le faire cheoir. Et plus genereusement encore ce grand Alexandre, à Polypercon, qui lui suadoit de se servir de l'avantage que l'obscurité de la nuict lui donnoit pour assaillir Darius. Point, dit-il, ce n'est pas à moy de chercher des victoires desrobées: [c] *malo me fortuna pœniteat, quàm victoriæ pudeat.*

[d] *Atque idem fugientem haud est dignatus*
  Orodem

Sternere, nec jactâ cæcum dare cuspide vulnus:
Obvius, adversóque occurrit, séque viro vir
Contulit, haud furto melior, sed fortibus armis.

conduise. *Ariosto*, Cant. 15. vs. 1. 2.

(9) Cic. de Offic. L. III. c. 10. *Supplantare eum quicum certet, aut manu depellere, nullo modo debet.*

[c] J'aime mieux me plaindre de la fortune que de rougir de ma victoire. *Quinte Curce*, L. 4. c. 13. num. 9.

[d] Il ne daigna pas terrasser Orodes qui fuyoit, en lui lançant son javelot pour le blesser furtivement par derriere. Il alla se présenter à lui; & le combattant tête à tête il le vainquit, non par fraude ou artifice, mais par sa propre valeur. *Æneid.* L. X. vers. 732.

C 2

CHAPITRE VII.

Que l'intention juge nos actions.

En quel sens la Mort nous acquitte de toutes nos obligations.

LA mort, dit-on, nous acquitte de toutes nos obligations. J'en sçay qui l'ont pris en diverse façon. *Henry septiesme* Roy d'Angleterre fit composition avec Dom Philippe, fils de l'Empereur Maximilian, ou pour le confronter plus honnorablament, pere de l'Empereur Charles cinquiesme, que le dict Philippe remettroit entre ses mains le Duc de Suffolc de la Rose Blanche, son ennemy, lequel s'en estoit fuy & retiré au Pays-Bas, (1) moyennant qu'il promettoit de n'attenter rien sur la vie dudict Duc : toutesfois venant à mourir, il commanda par son testament à son fils de le faire mourir, soudain apres qu'il seroit decedé. Dernierement en cette tragedie que le Duc d'Albe nous fit voir à Bruxelles és Comtes de Horne & d'Ai-

---

(1) Moyennant quoi lui (*Henry Roi d'Angleterre*) promettoit —— *Vray est*, dit Martin Du Bellay dans ses *Memoires*, Liv. I. fol. 9. *qu'il promit audit Roy Dom Philippe de ne faire mourir le Duc de Suffolc, ce qu'il ne feit : mais à son trepas & derniere volonté ordonna à son fils le Roi Henry huictiesme qu'incontinent lui decedé, il lui fist trencher la teste, chose qui fut executée.*

guemond, il y eut tout plein de choses remarquables : & entre autres que le dict Comte d'Aiguemond, sous la foy & asseurance duquel le Comte de Horne s'estoit venu rendre au Duc d'Albe, requit avec grande instance, qu'on le fist mourir le premier, affin que sa mort l'affranchist de l'obligation qu'il avoit au dict Comte de Horne. Il semble que la mort n'ayt point deschargé le premier de sa foy donnée, & que le second en estoit quitte, mesmes sans mourir. Nous ne pouvons estre tenus au delà de nos forces & de nos moyens. A cette cause, parce que les effects & executions ne sont aucunement en nostre puissance, & qu'il n'y a rien (2) en bon escient en nostre puissance, que la volonté : en celle-là se fondent par necessité & s'etablissent toutes les reigles du devoir de l'homme. Par ainsi le Comte d'Aiguemond tenant son ame & volonté endebtée à sa promesse, bien que la puissance de l'effectuer ne fust pas en ses mains, estoit sans doute absous de son devoir, quand il eust survescu le Comte de Horne. Mais le Roi d'Angleterre faillant à sa parolle par son intention, ne se peut excuser pour avoir

(2) *Réellement & de fait.*

retardé jusques après sa mort l'execution de sa desloyauté: Non plus que le masson d'Herodote, lequel ayant loyallement conservé durant sa vie le secret des thresors du Roy d'Egypte son maistre, (3) mourant les descouvrit à ses enfans.

Satisfaction après la mort, de nul poids.

J'ai veu plusieurs de mon temps convaincus par leur conscience retenir de l'autruy, se disposer à y satisfaire par leur testament, & apres leur decés. Ils ne font rien qui vaille, ny de prendre terme à chose si pressante, ny de vouloir restablir une injure avec si peu de leur ressentiment & interest. Ils doivent (4) du plus leur. Et (5) d'autant qu'ils payent plus poisamment, & incommodéement, d'autant en est leur satisfaction plus juste & meritoire. La penitence demande à charger. Ceux-là font encore pis, qui reservent la declaration de quelque haineuse volonté envers (6) le proche à leur derniere volonté,

---

(3) Herodot. L. II. p. 151.
(4) C'est-à-dire, *de ce qui est immediatement entre leurs mains, & dont ils jouissent actuellement.* Cette pensée de Montagne ne paroit pas si distinctement dans quelques nouvelles Editions où l'on a mis: *Ils doivent plus du leur.*
(5) C'est-à-dire, *plus ils s'incommodent en rendant ce qu'ils avoient pris injustement, plus la restitution qu'ils font est parfaite & louable.*
(6) *Leur prochain.*

l'ayants cachée pendant la vie. Et monstrent avoir peu de soin du propre honneur, irritans l'offensé à l'encontre de leur memoire : & moins de leur conscience, n'ayants pour le respect de la mort mesme, sceu faire mourir leur maltalent : & (7) en estandant la vie outre la leur. Iniques juges, qui remettent à juger alors qu'ils n'ont plus cognoissance de cause. Je me garderay, si je puis, que ma mort die chose, que ma vie n'ayt premierement dit & apertement.

CHAPITRE VIII.

De l'Oysiveté.

COmme nous voyons des terres oysives, si elles sont grasses & fertiles, foisonner en cent mille sortes d'herbes sauvages & inutiles, & que pour les tenir en office, il les faut assubjettir & employer à certaines semences, pour nostre service : Et comme nous voyons, que les femmes produisent bien toutes

---

(7) *Faisant vivre ce maltalent, cette malignité, au delà de leur propre vie.* C'est-là le veritable sens de ces paroles, *en étendant la vie outre la leur* : paroles qui paroissent d'abord assez obscures.

seules, des amas & pieces de chair informes, mais que pour faire une generation bonne & naturelle, il les faut embesongner d'une autre semence: ainsi est-il des Esprits: si on ne les occupe à certain subject, qui les bride & contraigne, ils se jettent desreiglez, par-cy par-là, dans le vague champ des imaginations.

[a] *Sicut aqua tremulum labris ubi lumen ahenis*
Sole repercussum, aut radiantis imagine Lunæ,
Omnia pervolitat latè loca, jamque sub auras.
Erigitur, summique ferit laquearia tecti.

Et n'est folie ny rêverie, qu'ils ne produisent en cette agitation,

[b] *velut ægri somnia, vana*
Finguntur species.

L'ame qui n'a point de but estably, elle se perd: Car, comme on dict, *c'est n'estre en aucun lieu, que d'estre par tout:*

[a] Comme la Lumiere du Soleil ou de la Lune qui rejaillissant d'une Cuve d'airain pleine d'eau, vole tremblottant de tous côtez, & reflechissant dans l'air, va frapper le haut du plancher. *Æneid.* L. VIII. vs. 22, &c.
[b] Se forgeant des chimeres qui ressemblent aux songes d'un Malade. *Horat.* De Arte Poëtica, vs. 7. 8.

[c] *Quisque, ubique habitat, Maxime, nusquam habitat.*

Dernierement que je me retiray chez moy, deliberé autant que je pourrois, ne me mesler d'autre chose, que de passer en repos, & à part, ce peu qui me reste de vie : il me sembloit ne pouvoir faire plus grande faveur à mon Esprit, que de le laisser en pleine oysiveté, s'entretenir soy-mesmes, & s'arrester & rasseoir en soy : Ce que j'esperois qu'il peust, (1) meshuy faire plus ayſément, devenu avec le temps, plus (2) poisant, & plus meur : Mais je trouve, (3) comme

L'Oisiveté jette l'Esprit dans l'egarement.

[d] *variam semper dant otia mentem,*

qu'au rebours (4) faisant le cheval eschappé, il se donne cent fois plus de carriere à soy-mesmes, qu'il n'en

---

[c] Martial, L. VII. Epigr. 72. Montagne a traduit le Vers de Martial, avant que de le citer.
(1) *Desormais.*
(2) *Solide.*
(3) Ce *comme* qui sert de liaison à ce qui suit, se trouve dans une Edition de 1587. chez *Jean Richer*, & dans la premiere de toutes, publiée à Bourdeaux par S. Millanges, en 1580. Il a été omis dans les Editions suivantes, ou par méprise, ou par l'ignorance de quelque Correcteur, à qui ce *comme* a paru tout-à-fait inutile.
[d] L'oisiveté nous balotte incessamment de pensée en pensée. *Lucan.* L. IV. vs. 704.
(4) *Mon esprit faisant le cheval échapé se donne, &c.*

prenoit pour autruy : & m'enfante tant de chimeres & monstres fantasques les uns sur les autres, sans ordre, & sans propos, que pour en contempler à mon ayse l'ineptie & l'estrangeté, j'ay commencé de les mettre en rolle, esperant, avec le temps, lui en faire honte à luy-mesmes.

✧✧✧✧✧✧✧✧✧✧✧✧✧✧✧✧✧

CHAPITRE IX.

Des Menteurs.

Montagne reconnoit qu'il n'a pas la memoire fort heureuse.

IL n'est homme à qui il (1) siese si mal de se mesler de parler de memoire. Car je n'en recognoy quasi trace en moy, & ne pense qu'il y en ayt au monde, une autre si merveilleuse en defaillance. J'ay toutes mes autres parties viles & communes, mais en cette-là je pense estre singulier & tres-rare, & digne de gaigner nom & reputation. Outre l'inconvenient naturel que j'en souffre (car certes, veu sa necessité, Platon a raison de la nommer *une grande & puissante Déesse*) si en mon

---

CHAP. IX. (1) *Siese* se trouve dans les plus anciennes Editions qui ont paru tant avant qu'après la mort de Montagne. On a mis *seye* dans les dernieres; & c'est comme on parle aujourd'hui.

Pays on veut dire qu'un homme n'a point de sens, ils disent, qu'il n'a point de memoire : & quand je me plains du defaut de la mienne, ils me reprennent & mescroyent, comme si je m'accusois d'estre insensé. Ils ne voyent pas de chois entre memoire & entendement. C'est bien empirer mon marché. Mais ils me font tort : car il se voit par experience pluftot au rebours, que les memoires excellentes se joignent volontiers aux jugemens debiles. Ils me font tort en cecy, qui ne sçay rien si bien faire qu'estre amy, que les mesmes paroles qui accusent ma maladie, representent l'ingratitude. On se prend de mon affection à ma memoire, & d'un defaut naturel, on en faict un defaut de conscience. " Il a oublié, *dict-on*, " cette priere ou cette promesse : il ne se " souvient point de ses amys : il ne s'est " point souvenu de dire, ou faire, ou " taire cela, pour l'amour de moy. " Certes je puis aisément oublier : mais de mettre à nonchalloir la charge que mon amy m'a donnée, je ne le fay pas. Qu'on se contente de ma misere, sans en faire une espece de malice ; & de la malice autant ennemye de mon humeur.

Avantages qu'il tire de son manque de memoire. Je me console aucunement : Premierement sur ce que c'est un mal duquel principallement j'ay tiré la raison de corriger un mal pire, qui se fust facilement produit en moy, sçavoir est l'ambition : car cette defaillance est insupportable à qui s'empestre des negociations du monde. Que comme disent plusieurs pareils exemples du progrez de nature, elle a volontiers fortifié d'autres facultés en moy, a mesure que cette-cy s'est affoiblie, & irois facilement couchant & allanguissant mon esprit & mon jugement, sur les traces d'autruy, sans exercer leurs propres forces, si les inventions & opinions estrangeres m'estoient presentes par le benefice de la memoire. Que mon parler en est plus court : Car le magasin de la memoire est volontiers plus fourny de matiere, que n'est celui de l'invention. Si elle m'eust tenu bon, j'eusse assourdi tous mes amys de babil : les subjects esveillans cette telle quelle faculté que j'ay de les manier & employer, eschauffant & attirant mes discours. C'est pitié : (2) je l'essaye par la preuve d'aucuns de mes privez amys : à mesure que la memoire leur fournit la chose entiere & presen-

(2) *Je le vois par l'exemple d'aucuns*, &c.

te, ils reculent si arriere leur narration, & la chargent de tant de vaines circonstances, que si le conte est bon, ils en estouffent la bonté : s'il ne l'est pas, vous estes à maudire ou l'heur de leur memoire, ou le malheur de leur jugement. Et c'est chose difficile, de fermer un propos, & de le coupper depuis (3) qu'on est arrouté : & n'est rien, où la force d'un cheval se cognoisse plus, qu'à faire un arrest rond & net. Entre (4) les pertinents mesmes, j'en voy qui veulent & ne se peuvent deffaire de leur course. Cependant qu'ils cherchent le point de clorre le pas, ils s'en vont balivernant & trainant comme des hommes qui defaillent de foiblesse. Sur tout les vieillars sont dangereux, à qui la souvenance des choses passées demeure, & ont perdu la souvenance de leurs redites. J'ay veu des recits bien plaisants, devenir tres-ennnuyeux, en la bouche d'un Seigneur, chascun de l'assistance en ayant esté abbreuvé cent fois. (5) Secondement qu'il me souvient moins des offenses receuës, ainsi que

---

(3) *Qu'on est en train* ——— *Arrouter*, c'est, dit Nicot, mettre en chemin, acheminer.
(4) *Les habiles gens mêmes,* &c.
(5) *Je me console, en second lieu, de mon peu de memoire, sur ce qu'il me souvient moins,* &c.

disoit cet ancien. Il me faudroit un protocolle : comme Darius, pour n'oublier l'offense qu'il avoit receue des Atheniens, faisoit qu'un page à tous les coups qu'il se mettoit à table, (6) luy vinst rechanter par trois fois à l'oreille, *Sire, souvienne-vous des Atheniens* ; & que les lieux & les livres que je revoy, me rient tousjours d'une fresche nouvelleté.

Un menteur doit avoir bonne memoire.

Ce n'est pas sans raison qu'on dit, que qui ne se sent point assez ferme de memoire, ne se doit pas mesler d'estre menteur. Je sçay bien que les Grammairiens font difference, entre *dire mensonge,* & *mentir :* & disent que dire mensonge, c'est dire chose fausse, mais qu'on a pris pour vraye ; & que la definition du mot de *mentir* en Latin, d'où nostre François est party, porte autant comme (7) *aller contre sa conscience :* & que par consequent cela ne touche que ceux qui disent contre ce qu'ils sçavent, desquels je parle. Or ceux-cy, ou ils inventent marc & tout, ou ils déguisent & alterent un fons veritable. Lors qu'ils déguisent & chan-

(6) *Herodot.* L. V. p. 374. Δέσποτα, μέμνεο τῶν Ἀθηναίων.

(7) *Mentiri*, quasi contra mentem ire.

gent, à les remettre souvent en ce mesme conte, il est mal-aisé qu'ils ne se desferrent : parce que la chose, comme elle est, s'estant logée la premiere dans la memoire, & s'y estant empreincte, par la voye de la connoissance & de la science, il est mal-aisé qu'elle ne se represente à l'imagination, délogeant la fausseté, qui n'y peut avoir le pied si ferme, ny si rassis : & que les circonstances du premier aprentissage, se coulant à tous coups dans l'esprit, ne facent perdre le souvenir des pieces raportées fausses ou abastardies. En ce qu'ils inventent tout à faict, d'autant qu'il n'y a nulle impression contraire, qui choque leur fausseté, ils semblent avoir d'autant moins à craindre de se mesconter. Toutefois encore cecy, parce que c'est un corps vain, & sans prise, eschappe volontiers à la memoire, si elle n'est bien asseurée. De quoi j'ay souvent veu l'experience, & plaisamment, aux despens de ceux qui font profession de ne former autrement leur parole, que selon qu'il sert aux affaires qu'ils negocient, & qu'il plaist aux Grands à qui ils parlent. Car ces circonstances à quoy ils veulent asservir leur foy & leur conscience, estants subjettes à plusieurs changements, il faut que leur parole se diversifie quant & quant : d'où il advient que de mesme chose, ils disent, tantost gris, tantost jaune : à tel homme d'une sorte, à tel d'une autre : & si par fortune ces hommes rapportent en butin leurs instructions si contraires, que devient cette belle art ? Outre ce qu'imprudemment ils se desferrent eux-mesmes si souvent : car quelle memoire leur pourroit suffire à se souvenir de tant de diverses formes, qu'ils ont forgées en un mesme subject ? J'ay veu plusieurs de mon temps, envier la reputation de cette belle sorte de prudence : qui ne voyent pas, que si la reputation y est, l'effect n'y peut estre.

Le mensonge, vice très-odieux.

En verité le mentir est un maudit vice. Nous ne sommes hommes, & ne nous tenons les uns aux autres que par la parole. Si nous en connoissions l'horreur & le poids, nous le poursuivrions à feu, plus justement que d'autres crimes.

Le mensonge & l'opiniâtreté, deux vices qu'il faut reprimer d'abord dans les Enfans.

Je trouve qu'on s'amuse ordinairement à chastier aux Enfans des erreurs innocentes, tres mal à propos, & qu'on les tourmente pour des actions temeraires, qui n'ont ny impression ny suitte. La menterie seule, & un peu au-desfous, l'opiniaſtreté, me ſemblent eſtre celles deſquelles on devroit à toute inſtance combattre la naiſſance & le progrez : elles croiſſent quant & eux : & depuis qu'on a donné ce faux train à la langue, c'eſt merveille combien il eſt impoſſible de l'en retirer. Par où il advient, que nous voyons des honneſtes hommes d'ailleurs, y eſtre ſubjects & aſſervis. J'ay un bon garçon de tailleur, à qui je n'ouy jamais dire une vérité, non pas quand elle s'offre pour luy ſervir utilement. Si comme la verité, le menſonge n'avoit qu'un viſage, nous ſerions en meilleurs termes : car nous prendrions pour certain l'oppoſé de ce que diroit le menteur. Mais le revers de la vérité à cent mille figures, & un champ indefiny. Les Pythagoriens font le Bien certain & finy, le Mal infiny & incertain. Mille routtes deſvoyent du blanc : une y va. Certes je ne m'aſſeure pas, que je peuſſe (8) venir à bout de moi, à guarentir un danger evident & extreſme, par une effrontée & ſolennelle menſonge. Un ancien Pere dit, que nous ſommes mieux en la compagnie d'un chien cognu, qu'en celle d'un

(8) *Obtenir de moi-même de me garantir d'un danger*, &c.

homme, duquel le langage nous est inconnu : [a] *Ut externus alieno non sit hominis vice.* Et de combien est le langage faux moins sociable que le silence ?

Ambassadeur surpris dans un mensonge par François 1.

Le Roy François premier se vantoit d'avoir mis au rouet par ce moyen, *Francisque Taverna*, Ambassadeur de François Sforce Duc de Milan, homme tres-fameux en science de parlerie. Cettuy-cy avoit esté depesché pour excuser son maistre envers sa Majesté, d'un fait de grande consequence, qui estoit tel. Le Roy pour maintenir tousjours quelques intelligences en Italie, d'où il avoit esté dernierement chassé, mesme au Duché de Milan, avoit advisé d'y tenir pres du Duc un Gentilhomme de sa part, Ambassadeur par effect, mais par apparence homme privé, qui fist la mine d'y estre pour ses affaires particulieres : d'autant que le Duc, qui dependoit beaucoup plus de l'Empereur (lors principallement qu'il estoit

---

[a] *De sorte que deux personnes de diverses Nations ne sont point hommes l'un à l'égard de l'autre.* —— C'est un passage de Pline, mais que Montagne a tronqué pour l'adapter à sa pensée. Il y a dans Pline, *ut externus alieno pene non sit hominis vice*, Nat. Hist. L. VII. c. 1. « de sorte que deux personnes de differens Païs ne sont presque pas des hommes l'un à l'égard de l'autre. »

en traicté de mariage avec sa niepce, fille du Roy de Dannemarc, qui est à present douairiere de Lorraine) ne pouvoit descouvrir avoir aucune pratique & conference avecques nous, (9) sans son grand interest. A cette commission se trouva propre un Gentilhomme Milannois, escuyer d'escurie chez le Roy, nommé *Merveille*. Cettuy-cy depesché avecques lettres secrettes de creance, & instructions d'Ambassadeur ; & avec d'autres lettres de recommandation envers le Duc, en faveur de ses affaires particulieres ; pour le masque & la montre, fut si long temps aupres du Duc, qu'il en vint quelque ressentiment à l'Empereur : qui donna cause à ce qui s'ensuivit apres, comme nous pensons : Ce fut, que (10) sous couleur de quelque meurtre, voilà le Duc qui luy faict trancer la teste de belle nuict, & son procez faict en deux jours. Messire Francisque estant venu prest d'une longue deduction contrefaicte de cette histoire ; car le Roy s'en estoit adressé,

─────────────

(9) *Qu'à son grand prejudice.* — Interêt signifie ici *domage, préjudice* ; & ce mot se prend encore aujourdhui dans ce sens-là, comme quand on dit : Il a été condamné à tous les dépens, domages & intérêts.

(10) *Memoires de Martin Du Bellay*, L. IV. fol. 156. & suiv. Edit. de Paris, an. 1586.

pour demander raiſon, à tous les Princes de Chreſtienté, & au Duc meſmes: fut ouy aux affaires du matin, & ayant eſtably pour le fondement de ſa cauſe, & dreſſé à cette fin, pluſieurs belles apparences du faict: Que ſon maiſtre n'avoit jamais pris noſtre homme, que pour Gentil-homme privé, & ſien ſubject, qui eſtoit venu faire ſes affaires à Milan, & qui n'avoit jamais veſcu là ſous autre viſage: deſavouant meſme avoir ſceu qu'il fuſt en eſtat de la maiſon du Roy, ny connu de luy, tant s'en faut qu'il le priſt pour Ambaſſadeur. Le Roy à ſon tour le preſſant de diverſes objections & demandes, & le chargeant de toutes parts, l'acculla enfin ſur le point de l'execution faicte de nuict, & comme à la deſrobée. A quoy le pauvre homme embarraſſé, reſpondit, pour faire l'honneſte, que (11) pour le reſpect de ſa Majeſté, le Duc euſt eſté bien marry, que telle execution ſe fuſt faicte de jour. Chacun peut penſer, comme il fut relevé, s'eſtant ſi lourdement couppé, à l'endroit d'un tel nez que celuy du Roy François.

Autre Ambaſſadeur ſurpris en Le Pape Jule ſecond, ayant envoyé un Ambaſſadeur vers le Roy d'Angle-

(11) *Id. ibid.* fol. 162.

terre, pour l'animer contre le Roy François, l'Ambassadeur ayant esté ouy sur sa charge, & le Roi d'Angleterre s'estant arresté en sa response, aux difficultez qu'il trouvoit à dresser les preparatifs qu'il faudroit pour combattre un Roi si puissant, & en alleguant quelques raisons : l'Ambassadeur repliqua mal à propos, (12) qu'il les avoit aussi considerées de sa part, & les avoit bien dites au Pape. De cette parole si esloignée de sa proposition, qui estoit de le pousser incontinent à la guerre, le Roi d'Angleterre prit le premier argument de ce qu'il trouva depuis par effect, que cet Ambassadeur, de son intention particuliere pendoit du costé de France, & en ayant adverty son maistre, ses biens furent confisquez, & ne tint à guere qu'il n'en perdist la vie.

faute par Henri VIII. Roi d'Angleterre.

---

(12) *Erasme* dans un de ses Livres intitulé LINGUA, raconte ce fait comme arrivé dans le temps qu'il étoit lui-même en Angleterre. *Ea vox excepta*, dit-il, *mox suspicionem injecit Magnatibus, quòd Pontificis Oratorem professus, nonnihil faveret Gallo. Deinde cùm observatus, deprehenderetur cum Oratore Gallorum nocturnis horis miscere colloquium, abductus est in carcerem, omnibúsque fortunis exutus est, ne vitâ quidem incolumi si venisset in manus Julii. Atqui hic lingua lapsus effecit, ut Rex qui forte prorogando negotio dissidium compositurus erat, bellum acceleraret.* OPERUM ERASMI in folio, Lugd. Batav. an. 1703. Tom. IV. Col. 684. C.

CHAPITRE X.

Du parler prompt ou tardif.

1 ONC ne furent à tous toutes graces données.

Auſſi voyons-nous qu'au don d'eloquence, les uns ont la facilité & la promptitude, & ce qu'on dict, le boutehors ſi aiſé, qu'à chaſque bout de champ ils ſont preſts : les autres plus tardifs ne parlent jamais rien qu'elabouré & premedité.

Le parleur tardif, propre pour être Prédicateur.

Comme on donne des regles aux Dames de prendre les jeux & les exercices du corps, ſelon l'advantage de ce qu'elles ont le plus beau : ſi j'avois à conſeiller de meſmes, en ces deux divers advantages de l'eloquence, de laquelle il ſemble en noſtre ſiecle, que les Preſcheurs & les Advocats facent principale profeſſion, le tardif ſeroit

---

(1) Dans un Recueil que Montagne fit imprimer à Paris en 1572. ſous ce titre, VERS FRANÇOIS de feu Eſtienne de la BOETIE, Conſeiller du Roy en ſa Cour de Parlement à Bourdeaux, il y a vingt-cinq Sonnets qui font la meilleure partie de ce Recueil ; & le Vers par où Montagne a trouvé bon de commencer ce Chapitre eſt le dernier du quatorziéme Sonnet.

mieux Prescheur, ce me semble, & l'autre mieux Advocat : Parce que la charge de celuy-là luy donne autant qu'il luy plaist de loisir pour se preparer ; & puis sa carriere se passe d'un fil & d'une suite, sans interruption : là où les commoditez de l'Advocat le pressent à toute heure de se mettre en lice : & les responses improuveuës de sa partie adverse, le rejettent de son branle, où il luy faut sur le champ prendre nouveau party. Si est-ce qu'à l'entreveuë du Pape Clement & du Roy François à Marseille, il advint tout au rebours, (2) que Monsieur Poyet, homme toute sa vie nourry au barreau, en grande reputation ; ayant charge de faire la Harangue au Pape, & l'ayant de longue main pourpensée, voire, à ce qu'on dict, apportée de Paris toute preste, le jour mesme qu'elle devoit estre prononcée, le Pape se craignant qu'on luy tinst propos qui peust offenser les Ambassadeurs des autres Princes qui estoient autour de luy, manda au Roy l'argument qui lui sembloit estre le plus propre au temps & au lieu ; mais de fortune, tout autre que celuy, sur lequel

Le prompt pour estre Avocat.

---

(2) Memoires de *Martin Du Bellay*, Liv. IV. fol. 163. & suiv. *Edit. de Paris*, an. 1586.

Monsieur Poyet s'estoit travaillé: de façon que sa harangue demeuroit inutile, & luy en falloit promptement refaire une autre. Mais s'en sentant incapable, il fallut que Monsieur le Cardinal du Bellay en prist la charge. La part de l'Advocat est plus difficile que celle du Prescheur: & nous trouvons pourtant, ce m'est advis, plus de passables Advocats que Prescheurs, au moins en France. Il semble que ce soit plus le propre de l'ésprit, d'avoir son operation prompte & soudaine, & plus le propre du jugement, de l'avoir lente & posée. Mais qui demeure du tout muet, s'il n'a loisir de se preparer: & celuy aussi, à qui le loisir ne donne advantage de mieux dire, ils sont en pareil degré d'estrangeté.

Severus Cassius parloit mieux sans préparation.

On recite de Severus Cassius, (3) qu'il disoit mieux sans y avoir pensé: qu'il devoit plus à la fortune qu'à sa diligence: qu'il luy venoit à profit d'estre troublé en parlant: & que ses adversaires

---

(3) Ut præsentis animi & majoris ingenii quàm studii, magis placebat in his quæ inveniebat, quàm in his quæ attulerat. —— Iratus commodiùs dicebat. Ideò diligentissimè cavebant homines, ne dicentem interpellarent. —— Meliùs semper fortuna quàm cura, de illo merebat. *Epitoma Controversarum* M. Senecæ PRÆF. L. III. p. 274. Genevæ an. 1626.

versaires craignoyent de le picquer, de peur que la colere ne lui fist redoubler son eloquence. Je cognois par experience cette condition de nature, qui ne peut soustenir une vehemente premeditation & laborieuse : si elle ne va gayement & librement, elle ne va rien qui vaille. Nous disons d'aucuns ouvrages qu'ils puent à l'huyle & à la lampe, pour certaine aspreté & rudesse, que le travail imprime en ceux où il a grande part. Mais outre cela, la solicitude de bien faire, & cette contention de l'ame trop bandée & trop tendue à son entreprise, la rompt & l'empesche, ainsi qu'il advient à l'eau, qui par force de se presser de sa violence & abondance, ne peut trouver issuë en un goulet ouvert. En cette condition de nature, dequoy je parle, il y a quant & quant aussi cela, qu'elle demande à estre non pas esbranlée & picquée par ces passions fortes, comme la colere de Cassius, (car ce mouvement seroit trop aspre) elle veut estre non pas secouée, mais sollicitée : elle veut estre eschauffée & resveillée par les occasions estrangeres, presentes & fortuites. Si elle va toute seule, elle ne fait que trainer & languir : l'agitation est sa vie

& sa grace. Je ne me tiens pas bien en ma possession & disposition : le hazard y a plus de droit que moy : l'occasion, la compaignie, le branle mesme de ma voix, tire plus de mon esprit, que je n'y trouve lorsque je le sonde & employe à part moy. Ainsi les paroles en valent mieux que les escrits, s'il y peut avoir chois (4) où il n'y a point de prix. Cecy m'advient aussi, que je ne me trouve pas où je me cherche : & me trouve plus par rencontre, que par l'inquisition de mon jugement. J'auray eslancé quelque subtilité en escrivant. J'entens bien, (5) mornée pour un autre, affilée pour moy. Laissons toutes ces honnestetez. Cela se dit par chacun selon sa force. Je l'ay si bien perdue que je ne sçay ce que j'ay voulu dire : & l'a l'estranger descouverte parfois avant moy. Si je portois le rasoir par tout où cela m'advient, je me desferois tout. Le rencontre (6) m'en offrira le jour quelque autre fois,

---

(4) *Où il n'y a rien de fort estimable.* Montagne avoit mis dans les premieres Editions, *où il n'y a point de valeur.*

(5) *C'est-à-dire,* imparfaite & sans force pour un autre, fine & délicate pour moi. — *Morné,* dit Nicot, *avorton, né devant son terme, abortivus.*

(6) *Une autre fois le hazard m'en offrira le sens plus clair que le soleil en plein midi.*

plus apparent que celuy du midy : & me fera eſtonner de ma heſitation.

CHAPITRE XI.

Des Prognoſtications.

QUant-aux Oracles, il eſt certain que (1) bonne piece avant la venuë de Jeſus-Chriſt, ils avoyent commencé à perdre leur credit : car nous voyons que Cicero ſe met en peine de trouver la cauſe de leur defaillance. Et ces mots ſont à luy : [a] *Cur iſto modo jam Oracula Delphis non eduntur, non modò noſtrâ ætate, ſed jamdiu, ut nihil poſſit eſſe contemptius?* Mais quant aux autres prognoſtiques, qui ſe tiroyent de l'anatomie des beſtes aux ſacrifices auſquels Platon attribue en partie la conſtitution naturelle des membres internes d'icelles, du trepignement des poulets, du vol des oyſeaux, [b] *Aves*

(1) *Long temps*, ou comme on a mis dans les dernieres Editions, *dès long-tems*.

[a] D'où vient qu'il ne ſe rend plus d'Oracles à Delphes, non-ſeulement à preſent, mais depuis fort long-temps, de ſorte qu'on ne peut rien voir de plus mépriſé? *Cic. de Divinat. L. II. c. 52.*

[b] Nous croyons qu'il y a des Oiſeaux qui naiſſent exprès pour ſervir à l'Art des Augures. *Cic. de*

quasdam rerum augurandarum causâ natas esse putamus) des foudres, du tournoyement des rivieres : [c] *Multa cernunt Aruspices : multa Augures provident : multa Oraculis declarantur : multa Vaticinationibus : multa somniis : multa portentis*, & autres sur lesquels l'ancienneté appuyoit la plufpart des entreprifes, tant publicques que privées; noftre Religion les a abolies. Et encore qu'il refte entre nous quelques moyens de divination és aftres, és efprits, és figures du corps, és fonges, & ailleurs ; notable exemple de la forcenée curiofité de noftre nature, s'amufant à (2) preoccuper les chofes futures, comme fi elle n'avoit pas affez affaire à digerer les prefentes,

[d] *Cur hanc tibi, rector Olympi,*
Sollicitis visum mortalibus addere curam,
Noscant venturas ut dira per omnia clades?
. . . .
. . . .
Sit subitum quodcunque paras, sic cæca futuri
Mens hominum fati, liceat sperare timenti :

Natura Deorum. Lib. II. cap. 64.

[c] Les Arufpices voyent quantité de chofes : les Augures en prevoyent auffi bon nombre : plufieurs chofes font manifeftées par les Oracles, & plufieurs par les Devins, par les Songes, & les Prodiges. *Id. ibid. c.* 65.

(2) C'eft-à-dire, *Anticiper :* Mais aujourd'hui *preoccuper* ne s'employe plus dans ce fens-là.

[d] Pourquoi, Souverain Maître des Dieux, as-

[e] *Ne utile quidem est scire quid futurum sit : Miserum est enim nihil proficientem angi :* Si est-ce (3) qu'elle est de beaucoup moindre auctorité. Voylà pourquoy l'exemple de François Marquis de Salluffe m'a semblé remarquable : Car Lieutenant du Roy François en son armée delà les monts, infiniment favorisé de nostre Cour, & obligé au Roy du Marquisat mesmes, qui avoit été confisqué de son frere : au reste ne se presentant occasion (4) de le faire, son affection mesme y contredisant, (5) se laissa si fort espouvanter,

tu voulu ajoûter ce souci à tant d'autres qui tourmentent les pauvres Mortels, qu'ils puissent connoître leurs malheurs à venir par de funestes présages ? ―― Fais plûtôt que tout ce que tu leur prépares, arrive à l'improviste ; & que l'esprit de l'Homme ne voye rien de l'avenir, afin qu'au milieu de ses craintes il lui soit permis d'esperer. *Lucan.* L. II. 4, 5, 6, ―― 14, 15.

[e] On ne gagne rien à savoir ce qui doit nécessairement arriver : car il est triste de se tourmenter pour neant. *Cic.* de Nat. Deor. L. III. c. 6.

(3) *Que la Divination est aujourd'hui de beaucoup*, &c.

(4) C'est à dire, *de changer de parti*, comme Montagne le dit immédiatement après. Dans les dernieres Editions quelqu'un choqué de cette suspension de sens, a mis ici, *au reste ne se présentant occasion de tourner sa robbe, son affection même y contredisant*, &c.

(5) *Il estoit homme* (dit *Guillaume du Bellay* dans ses Memoires, *Liv.* VI. fol. 276.) *qui adjoustoit foy aux Devins, lesquels lui avoient predit que l'Empereur devoit cette année deposseder le Roy de son Royaume.*

comme il a esté adveré, aux belles prognostications qu'on faisoit lors courir de tous costez à l'advantage de l'Empereur Charles cinquiesme, & à notre desadvantage (mesmes en Italie, où ces folles propheties avoyent trouvé tant de place, (6) qu'à Rome fut baillée grande somme d'argent au change, pour cette opinion de notre ruine) qu'après s'estre souvent condolu à ses privez, des maux qu'il voyoit inevitablement preparez à la Couronne de France, & aux amis qu'il y avoit, (7) il se revolta, & changea de party : à son grand dommage pourtant, quelque contestellation qu'il y eust. Mais il s'y conduisit en homme combattu de diverses passions : car ayant & villes & forces en sa main, l'armée ennemie sous Antoine de Leve à trois pas de luy, & nous sans soupçons de son faict, il estoit en lui de faire pis qu'il ne fit : Car pour sa trahison nous ne perdismes ny homme, ny ville que Fos-

---

(6) *Id. ibid.* Liv. VIII. fol. 354.
(7) En 1536.
[f] Jupiter enveloppe exprès dans une Nuit obscure tous les évenemens à venir ; & se rit d'un Mortel qui porte ses inquietudes plus loin qu'il ne devroit. —— Celui-là sera veritablement maître de lui-même, & vivra content, qui à la fin de chaque jour peut dire, J'ai passé agréablement cet-

san, encore apres l'avoir long-temps contestée.

[f] *Prudens futuri temporis exitum*
Caliginosâ nocte premit Deus,
Ridetque si mortalis ultra
Fas trepidat.
——— *Ille potens sui*
Letúsque deget, cui licet in diem
Dixisse, vixi, cras vel atrâ
Nube polum, pater occupato,
Vel sole puro.

[g] *Latus in præsens animus, quod ultra est,*
Oderit curare.

(8) Et ceux qui croyent ce mot au

te journée, soit que demain Jupiter charge l'air d'épais nuages, où qu'il l'éclaire d'un beau Soleil. *Horat.* Od. 29. L. III. *vs.* 29, &c. ——— 41, &c.

[g] Un Esprit satisfait du present n'aimera point de s'embarrasser de l'avenir. *Horat.* Od. 16. L. II. *vs.* 25, 26.

(8) Ce que Montagne dit ici, paroît d'abord obscur, & il n'est pas aisé d'en voir la liaison avec ce qui précede. Mais cet embarras vient surtout de la transposition hardie & inusitée qu'il a fait de ces deux mots, *au contraire*, qui devroient être placez ainsi : *Et au contraire, ceux qui croyent ce mot, le croyent à tort.* On s'y est mepris dans la derniere Traduction Angloise de Montagne assez fidele d'ailleurs, & très-élegante. Jusqu'ici Montagne avoit condamné assez ouvertement les prognostiques qu'on tire de plusieurs signes de l'Avenir, fondez sur la pure fantaisie des hommes : & maintenant il se déclare contre ce Principe des Stoïciens, cité par Ciceron, que *S'il y a une Divination, il y a des Dieux; & que s'il y a des Dieux, il y a une Divination*, De Divinat. L. III. c. 6. ——— J'explique-

contraire, le croyent à tort. *Ista sic reciprocantur ; ut & si divinatio sit, Dii sint : & si Dii sint, sit divinatio.* Beaucoup plus sagement Pacuvius,

[h] *Nam istis qui linguam avium intelligunt,*
Plusque ex alieno jecore sapiunt, quam ex suo,
Magis audiendum quàm auscultandum censeo.

Etrange origine de l'Art de deviner.

Cette tant celebrée art de deviner des Toscans nasquit ainsi : Un laboureur perçant de son coultre profondement la terre, (9) en vid sourdre *Tages* Demidieu, d'un visage enfantin, mais de senile prudence. Chacun y accourut, & furent ses paroles & science recueillie & conservée à plusieurs siecles, contenant les principes & moyens de cet art : Naissance conforme à son progrez. J'aymerois bien mieux reigler mes affaires par le sort des dez que par

rai plus particuliérement dans la Préface la raison du défaut de liaison qu'on a tant blâmé dans le stile de Montagne. Il est certain que la liaison de ses pensées doit souvent échapper à la vûe d'un Lecteur peu attentif : mais j'espere faire voir à l'œil, qu'elle est pourtant très-réelle pour l'ordinaire.

[h] Car pour ceux qui entendent le langage des Oiseaux, & qui sont plus éclairez par le foye d'un Animal que par leur propre Raison, je pense qu'il vaut mieux les écouter que les croire. *Pacuvius apud Cic. De Divinatione.* L. I. c. 57.

(9) *Cic. De Divinat.* L. II. c. 23.

ces songes. Et de vray en toutes Republiques on a tousjours laissé bonne part d'auctorité au sort. Platon en la police qu'il forge à discretion, lui attribue la decision de plusieurs effects d'importance, & veut entre autres choses, (10) que les mariages se façent par sort entre les bons. Et donne si grand poids à cette election fortuite, que les enfans qui en naissent, il ordonne qu'ils soyent nourris au païs : ceux qui naissent des mauvais, en soyent mis hors : Toutesfois si quelqu'un de ces bannis venoit par cas d'adventure à montrer en croissant quelque bonne esperance de soy, qu'on le puisse rappeller, & exiler aussi celuy d'entre les retenus, qui montrera peu d'esperance de son adolescence. J'en voy qui estudient & glosent leurs Almanacs, & nous en alleguent l'authorité aux choses qui se passent. A

(10) C'est dans sa *Republique*, Liv. V. où il veut que les Chefs de sa Republique fassent en sorte que les excellens hommes soient mariez avec les plus excellentes femmes, & au contraire que les hommes les plus méprisables soient mariez avec des femmes de leur caractere; mais que la chose soit décidée par une espece de sort, ménagé avec tant d'artifice (κλῆροι----ποιητέοι κομψοί) que ces derniers s'en prennent à la fortune, & non pas à leurs Gouverneurs. *Ce n'est point là un exemple d'une élection fortuite : & par consequent Montagne pouvoit bien se passer de nous le citer ici.*

tant dire, il faut qu'ils dient & la verité & le menſonge. [i] *Quis eſt enim, qui totum diem jaculans, non aliquando conlineet?* Je ne les eſtime de rien mieux, pour les voir tomber en quelque rencontre. Ce ſeroit plus de certitude s'il y avoit regle & verité à mentir tousjours. Joint que perſonne ne tient regiſtre de leurs meſcontes, d'autant qu'ils ſont ordinaires & infinis : & fait-on valoir leurs divinations de ce qu'elles ſont rares, incroyables, & prodigieuſes. Ainſi reſpondit *Diagoras*, qui fut ſurnommé l'Athée, eſtant en la Samothrace, à celuy qui en luy montrant au Temple force vœux & tableaux de ceux qui avoyent eſchappé le naufrage, luy dit : Et bien vous, qui penſez que les Dieux mettent à nonchaloir les choſes humaines, que dittes-vous de tant d'hommes ſauvez par leur grace ? (11) *Il ſe fait ainſi*, reſpondit-il : *Ceux-là ne ſont pas peints qui ſont demeurez noyez, en bien plus grand nombre.* Cicero dit, (12) que le ſeul Xenophanes Colopho-

---

[i] Qui eſt-ce qui s'exerçant tout le jour à tirer, ne donne pas quelquefois au but ? *Cicer*. de Divinat. L. II. c. 59.

(11) *Ita fit*, inquit, *illi enim nuſquam picti ſunt qui naufragium fecerunt, in marique perierunt.* Cic. de Natur. Deor. L. I. c. 37.

(12) *Cic.* de Divinat. L. I. c. 3.

nien entre tous les Philosophes, qui ont advoué les Dieux, a essayé de desraciner toute sorte de divination. D'autant est-il moins de merveille, si nous avons veu par fois à leur dommage, aucunes de nos ames Principesques s'arrester à ces vanitez. Je voudrois bien avoir reconnu de mes yeux ces deux merveilles, du livre de *Joachim* Abbé Calabrois, qui prédisoit tous les Papes futurs; leurs noms & formes : Et celuy de *Leon* l'Empereur qui prédisoit les Empereurs & Patriarches de Grece. Cecy ay-je reconnu de mes yeux, qu'és confusions publiques, les hommes estonnez de leur fortune, se vont rejettant, comme à toute superstition, à rechercher au Ciel les causes & menaces anciennes de leur malheur : & y sont si estrangement heureux de mon temps, qu'ils m'ont persuadé, qu'ainsi que c'est un amusement d'esprits aigus & oisifs, ceux qui sont duicts à cette subtilité de les replier & desnouer, seroyent en tous escrits capables de trouver tout ce qu'ils y demandent. Mais sur tout leur preste beau jeu, le parler obscur, ambigu & fantastique du jargon prophetique, auquel leurs autheurs ne donnent aucun sens clair, afin que la posterité y en

84 ESSAIS DE MONTAIGNE,
puisse appliquer de tel qu'il luy plaira.

L'opinion de Montagne sur le Demon de Sociate.
Le Demon de Socrates estoit à l'advanture certaine impulsion de volonté, qui se presentoit à luy sans le conseil (13) de son discours. En une ame bien espurée, comme la sienne, & preparée par continu exercice de sagesse & de vertu; il est vray-semblable que ces inclinations, quoy que temeraires & indigestes, estoyent toujours importantes & dignes d'estre suivies. Chacun sent en soy quelque image de telles agitations d'une opinion prompte, vehemente & fortuite. C'est à moy de leur donner quelque authorité, qui en donne si peu à nostre prudence. Et en ay eu de pareillement foibles en raison, & violentes en persuasion, ou en dissuasion qui estoit plus ordinaire à Socrates, ausquelles je me laissay emporter si utilement & heureusement, qu'elles pourroyent estre jugées tenir quelque chose d'inspiration divine.

(13) *De sa raison.*

CHAPITRE XII.

De la Constance.

LA loy de la résolution & de la constance ne porte pas que nous ne nous devions couvrir, autant qu'il est en nostre puissance, des maux & inconveniens qui nous menacent, ny par consequent d'avoir peur qu'ils nous surprennent. Au rebours, tous moyens honnestes de se garantir des maux, sont non seulement permis ; mais louables. Et le jeu de la constance se jouë principalement à porter de pied ferme, les inconveniens où il n'y a point de remede. De maniere qu'il n'y a soupplesse de corps, ny mouvement aux armes de main, que nous trouvions mauvais, s'il sert à nous garantir du coup qu'on nous rue. Plusieurs Nations tresbelliqueuses se servoyent en leurs faits d'armes, de la fuite, pour advantage principal, & montroyent le dos à l'ennemy plus dangereusement que leur visage. Les Turcs en retiennent quelque chose. Et Socrates (1) en Platon se mocque de Laches, qui avoit definy la

Où gist la constance & la resolution

___

(1) Dans son Dialogue, intitulé *Lachès*.

fortitude, se tenir ferme en son rang contre les ennemis. Quoy, fit-il, seroit-ce donc lascheté de les battre en leur faisant place? Et luy allegue Homere, qui loüe en Æneas la science de fuir. Et parce que Laches se r'advisant, advoüe cet usage aux Scythes, & enfin generallement à tous gens de cheval: il luy allegue encore l'exemple des gens de pied Lacedemoniens (Nation sur toutes duitte à combattre de pied ferme) qui en la journée de Platées, ne pouvant ouvrir la phalange Persienne, s'adviserent de s'escarter & (2) sier arriere: pour, par l'opinion de leur fuitte, faire rompre & dissoudre cette masse, en les poursuivant. Par où ils se donnerent la victoire. Touchant les Scythes, on dit d'eux, quand Darius alla pour les subjuguer, qu'il manda à leur Roy force reproches, pour le voir tousjours reculant devant luy, (3) & gauchissant la meslée. A quoy Indathyrses (car ainsi se nommoit-il) fit responce, (4) ,, que ,, ce n'estoit pour avoir peur de luy, ny ,, d'homme vivant: mais que c'estoit la ,, façon de marcher de sa Nation: n'ayant

(2) *Sier*, terme de marine qui veut dire, *tourner, virer*.
(3) *Et évitant d'en venir aux mains*.
(4) Herodot. L. IV. p. 300, 301.

» ny terre cultivée, ny ville, ny maison
» à deffendre, & à craindre que l'enne-
» my en peust faire profit. Mais s'il avoit
» si grand' faim d'en manger, qu'il ap-
» prochast pour voir le lieu de leurs an-
» ciennes sepultures, & que là il trouve-
» roit à qui parler tout son soul. Toutefois aux canonades, depuis qu'on leur
est planté en butte, comme les occasions
de la guerre portent souvent, il est mes-
seant de s'esbranler pour la menace du
coup : d'autant que par sa violence &
vitesse nous le tenons inevitable : & en
y a maint un qui pour avoir ou haussé
la main, ou baissé la teste, en a pour le
moins appresté à rire à ses compagnons.
Si est-ce qu'au voyage que l'Empereur
Charles cinquiesme fit contre nous en
Provence, *le Marquis de Guast* estant
allé reconnoistre la ville d'Arles, & s'estant jetté hors du couvert d'un moulin
à vent, à la faveur duquel il s'estoit ap-
proché, fut apperceu par les Seigneurs
de Bonneval & Seneschal d'Agenois,
qui se promenoyent sur le theatre aux
arenes : lesquels l'ayant montré au Sieur
de Villiers Commissaire de l'artillerie,
il braqua si à propos une coulevrine,
(5) que sans ce que le dict Marquis

(5) Memoires de *Guillaume Du Bellay*, Liv. VII.
fol. 342. verso.

voyant mettre le feu se lança à quartier, il fut tenu qu'il en avoit dans le corps. Et de mesmes quelques années auparavant, *Laurent de Medecins*, Duc d'Urbin, pere de la Reyne mere du Roy, assiegeant Mondolphe, place d'Italie, aux terres qu'on nomme du Vicariat, voyant mettre le feu à une piece qui le regardoit, bien luy servit de faire la cane : car autrement le coup, qui ne luy rasa que le dessus de la teste, luy donnoit sans doute dans l'estomach. Pour en dire le vray, je ne croy pas que ces mouvemens se fissent (6) avecques discours : car quel jugement pouvez vous faire de la mire haute ou basse en chose si soudaine ? & est bien plus aisé à croire, que la fortune favorisa leur frayeur; & que ce seroit moyen une autre fois aussi bien pour se jetter dans le coup, que pour l'eviter. Je ne me puis deffendre si le bruit esclatant d'une harquebusade vient à me frapper les oreilles à l'improuveu, en lieu où je ne le deusse pas attendre, que je n'en tressaille : ce que j'ay veu encores advenir à d'autres qui valent mieux que moy. Ny

(6) *Par raison.* Montagne se sert souvent du mot de *discours* en ce sens-là, comme je le remarque ailleurs, & le remarquerai encore lorsque je jugerai nécessaire d'en avertir le Lecteur.

n'entendent les Stoïciens, que l'ame de leur Sage puisse resister aux premieres visions & fantasies qui luy surviennent : ains comme à une subjection naturelle consentent qu'il cede au grand bruit du ciel, ou d'une ruine, pour exemple, jusques à la palleur & contraction (ainsi aux autres passions) pourveu que son opinion demeure sauve & entiere, & que l'assiette (7) de son discours n'en souffre atteinte ni alteration quelconque, & qu'il ne preste nul consentement à son effroy & souffrance. De celuy qui n'est pas sage, il en va de mesmes en la premiere partie, mais tout autrement en la seconde. Car l'impression des passions ne demeure pas en luy superficielle : ains va penetrant jusques au siege de sa Raison, l'infectant & la corrompant. Il juge selon icelles, & s'y conforme. Voyez bien disertement & plainement l'estat du sage Stoïque :

Premiers mouvemens des Passions, permis au Sage.

[a] *Mens immota manet, lacrymæ volvuntur inanes.*

Le sage Peripateticien ne s'exempte pas des perturbations, mais il les modere.

(7) *De sa Raison.*
[a] *Les pleurs ont beau couler, son Ame est inflexible.* Virg. Æneid. L. IV. v. 449.

CHAPITRE XIII.

Ceremonie de l'entreveuë des Rois.

Devoir du Gentilhomme envers un Grand qui va le visiter.

IL n'est subject si vain, qui ne merite un rang en cette rapsodie. A nos reigles communes, ce seroit une notable discourtoisie & à l'endroit d'un pareil, & plus à l'endroit d'un Grand, de faillir à vous trouver chez vous, quand il vous auroit adverty d'y devoir venir : Voire, adjoustoit la Royne de Navarre Marguerite à ce propos, que c'estoit incivilité à un Gentilhomme de partir de sa maison, comme il se faict le plus souvent, pour aller au devant de celuy qui le vient trouver, pour grand qu'il soit : & qu'il est plus respectueux & civil de l'attendre, pour le recevoir, ne fust que de peur de faillir sa route : & qu'il suffit de l'accompagner à son partement. Pour moy j'oublie souvent l'un & l'autre de ces vains offices : comme je retranche en ma maison autant que je puis de la ceremonie. Quelqu'un s'en offense : qu'y ferois-je ? Il vaut mieux que je l'offense pour une fois, que moy tous les jours : ce seroit une subjection continuelle. A quoy faire fuit-on la servitude des Cours, si on l'entraine jusques en sa taniere? C'est aussi une reigle commune en toutes assemblées, qu'il touche aux moindres de se trouver les premiers à l'assignation, d'autant qu'il est mieux deu aux plus apparens de se faire attendre.

Ceremonie ordinaire à l'entreveuë des Princes.

Toutesfois à l'entreveuë qui se dressa du Pape (1) Clement, & du Roy François à Marseille, le Roy y ayant ordonné les apprests necessaires, s'esloigna de la ville, & donna loisir au Pape de deux ou trois jours pour son entrée & refreschissement, avant qu'il le vinst trouver. Et de mesmes à l'entrée aussi (2) du Pape & de l'Empereur à Bouloigne, l'Empereur donna moyen au Pape d'y estre le premier & y survint apres luy. C'est, disent-ils, une ceremonie ordinaire aux abouchemens de tels Princes, que le plus grand soit avant les autres au lieu assigné, voire avant celuy chez

---

(1) Septiéme du nom, en 1533.
(2) Du même Pape *Clement* VII. & de *Charles-Quint*, sur la fin de l'an 1532. —— *Nel qual tempo essendo giunto il Pontefice a Bologna, Cesare, secondo l'uso de Principi grandi, vivenne doppo lui : perche è costume, che quando due Principi, hanno a convenirsi, quello di più dignità si presenta prima al luogo deputato ; giudicandosi segno di riverenza che quello che è inferiore, vadi a trovarlo.* Hist. di Guicciardini, Lib. XX. p. 535.

qui se fait l'assemblée : & le prennent de ce biais, que c'est afin que cette apparence tesmoigne, que c'est le plus grand que les moindres vont trouver, & le recherchent, non pas luy eux.

Trop d'exactitude dans la Civilité est blâmable.

Non seulement chasque païs, mais chasque cité & chasque vacation a sa civilité particuliere. J'y ay esté assez soigneusement dressé en mon enfance, & ay vescu en assez bonne compaignie, pour n'ignorer pas les loix de la nostre Françoise : & en tiendrois eschole. J'aime à les ensuivre, mais non pas si couardement, que ma vie en demeure contraincte. Elles ont quelques formes penibles, lesquelles pourveu qu'on oublie par discretion, non par erreur, on n'en a pas moins de grace. J'ay veu souvent des hommes incivils par trop de civilité, & importuns de courtoisie.

Avantages d'une Civilité bien entenduë.

C'est au demeurant une très-utile science que la science de l'entregent. Elle est, comme la grace & la beauté, conciliatrice des premiers abords de la societé & familiarité ; & par consequent nous ouvre la porte à nous instruire par les exemples d'autruy, & à exploiter & produire nostre exemple, s'il a quelque chose d'instruisant & communicable.

CHAPITRE XIV.

On est puny pour s'opiniastrer en une Place sans raison.

LA vaillance a ses limites, comme les autres vertus : lesquels franchis, on se trouve dans le train du vice : en maniere que par chez elle on se peut rendre à la temerité, obstination & folie, qui n'en sçait bien les bornes, malaisez en verité à choisir sur leurs cousins. *Vaillance & ses limites.*

De cette consideration est née la coustume, que nous avons aux guerres, de punir, voire de mort, ceux qui s'opiniastrent à deffendre une Place, qui par les regles militaires ne peut estre soustenue. Autrement sous l'esperance de l'impunité il n'y auroit poullier qui n'arrestast une armée. Monsieur le Connestable de Mommorency au siege de Pavie, ayant esté commis pour passer le Tesin, & se loger aux fauxbourgs Saint Antoine, (1) estant empesché d'une tour au bout du pont, qui s'opiniastra jusques à se faire battre, fit pendre tout ce qui estoit dedans : Et encore depuis accom- *Défense trop opiniastre dans une Place, pourquoy punie.*

(1) Memoires de *Martin Du Bellay*, L. II. fol. 82.

pagnant Monsieur le Dauphin au voyage delà les monts, ayant pris par force le chasteau de Villane, & tout ce qui estoit dedans ayant esté mis en pieces par la furie des soldats, horsmis le Capitaine & l'Enseigne, (2) il les fit pendre & estrangler pour cette mesme raison : Comme fit aussi le Capitaine Martin du Bellay lors Gouverneur de Turin, (3) en cette même contrée, le Capitaine de S. Bony : le reste de ses gens ayant esté massacré à la prise de la place. Mais d'autant que le jugement de la valeur & foiblesse du lieu, se prend par l'estimation & contrepois des forces qui l'assaillent (car tel s'opiniastreroit justement contre deux coulevrines, qui feroit l'enragé d'attendre trente canons) où se met encore en compte la grandeur du Prince conquerant, sa reputation, le respect qu'on luy doit, il y a danger qu'on presse un peu la balance de ce costé-là. Et en advient par ces mesmes termes, que tels ont si grande opinion d'eux & de leurs moyens, que ne leur semblant raisonnable qu'il y ait rien digne de leur faire teste, ils passent le

(2) Memoires de *Guillaume du Bellay*, Liv. VIII. fol. 402.
(3) *Id. ibid.* Liv. IX. fol. 425.

cousteau par tout où ils trouvent resistance, autant que fortune leur dure :
Comme il se voit par les formes de som-
mation & deffi, que les Princes d'Orient
& leurs successeurs, qui sont encores,
ont en usage, fiere, hautaine & pleine
d'un commandement barbaresque. Et au
quartier par où les Portugais escornerent
les Indes, ils trouverent des Estats avec
cette loy universelle & inviolable, que
tout ennemy vaincu par le Roy en presence, ou par son Lieutenant, est hors
de composition de rançon & de mercy.
Ainsi sur tout il se faut garder, qui peut,
de tomber entre les mains d'un Juge ennemy, victorieux & armé.

CHAPITRE XV.

De la punition de la coüardise.

J'Ouy autrefois tenir à un Prince, & *Lâcheté com-*
trefgrand Capitaine, que pour las- *ment doit*
cheté de cœur un soldat ne pouvoit estre *un soldat.*
condamné à mort : luy estant à table fait
recit du proces du Seigneur de Vervins,
qui fut condamné à mort (1) pour avoir

(1) Au Roi d'Angleterre *Henry* VIII. qui l'assiegeoit en personne. Voyez sur la pauvre manœuvre

rendu Boulogne. A la verité c'est raison qu'on face grande difference entre les fautes qui viennent de nostre foiblesse, & celles qui viennent de nostre malice. Car en celles icy nous nous sommes bandez à nostre escient contre les regles de la raison, que Nature a empreintes en nous : & en celles-là, il semble que nous puissions appeller à garant cette mesme Nature pour nous avoir laissé en telle imperfection & deffaillance. De maniere que prou de gens ont pensé qu'on ne se pouvoit prendre à nous, que de ce que nous faisons contre nostre conscience. Et sur cette regle est en partie fondée l'opinion de ceux qui condamnent les punitions capitales aux heretiques & mescreans, & celle qui establit qu'un Advocat & un Juge ne puissent estre tenus de ce que par ignorance ils ont failly en leur charge.

Comment on punit communément la poltronnerie.

Mais quant à la coüardise, il est certain que la plus commune façon est de la chastier par honte & ignominie. Et tient-on que cette regle a esté premierement mise en usage par le Legislateur Charondas : & qu'avant luy les loix de Grece

du *Seigneur de Vervins*, les Memoires de *Martin du Bellay*, Liv. X. fol. 506. & *suiv.*

(2) *Diodore*

Grece punissoyent de mort ceux qui s'en estoyent fuis d'une bataille : là où il ordonna seulement (2) qu'ils fussent par trois jours assis (3) emmy la place publicque, vestus de robe de femme : esperant encore s'en pouvoir servir, leur ayant fait recevoir le courage par cette honte. [a] *Suffundere malis hominis sanguinem quàm effundere.* Il semble aussi que les Loix Romaines punissoyent anciennement de mort, ceux qui avoyent fuy. Car Ammianus Marcellinus dit que l'Empereur Julien (4) condamna dix de ses soldats, qui avoyent tourné le dos à une charge contre les Parthes, à estre degradez, & apres à souffrir mort, *suivant*, dit-il, *les loix anciennes*. Toutesfois ailleurs pour une pareille faute il en

---

(2) *Diodore de Sicile*, L. XII. c. 4.

(3) *Au milieu de la place.* — *Emmy d'in medio.* De *medium* nous avons fait *mi*, dit Menage dans son Dictionnaire Etymologique. Ainsi de *medius dies* nous avons fait midi ; & *minuit* de *media nox*, &c.

[a] Songez plûtot à faire monter le sang au visage d'un homme qu'à le lui tirer des veines. *Tertull.* in Apologet. p. 583. Tom. Edit. *Beati Rhenani*, Parisiis an. 1566. Dans cet endroit Tertullien parle d'une Loi trop cruelle contre les Debiteurs, que l'Empereur Severe annulla en substituant à la peine de mort la vente des Biens : ,, & in pudoris notam, dit ,, *Tertullien*, capitis pœna conversa, bonorum ad- ,, hibitâ proscriptione : Suffundere maluit homi- ,, nis sanguinem quàm effundere.

(4) *Decem milites ex his qui fugerant exauctoratos capitali addixit supplicio, secutus veteres Leges*, Lib.

Tome I.

condamne d'autres, (5) seulement à se tenir parmi les prisonniers sous l'enseigne du bagage. L'aspre chastiment du Peuple Romain contre les soldats eschapez de Cannes, & en cette mesme guerre, contre ceux qui accompaignerent Cn. Fulvius en sa deffaite, ne vint pas à la mort. Si est-il à craindre que la honte les desespere, & les rende non froids amis seulement, mais ennemis.

Le Gouverneur d'une Place comment fut puni de sa lâcheté.

Du temps de nos Peres le Seigneur de Franget, jadis Lieutenant de la Compaignie de Monsieur le Mareschal de Chastillon, ayant par Monsieur le Mareschal de Chabannes esté mis Gouverneur de Fontarabie (6) au lieu de Monsieur du Lude, & l'ayant rendue aux Espagnols, fut condamné à estre degradé de noblesse, & tant luy que sa posterité declaré roturier, taillable, & incapable de porter armes: & fut cette rude sentence executée

XXIV. c. 4. Edit. *Francisci le Preux*, Lugd. 1660.

(5) *Omnes eos qui fugisse arguebantur, inter impedimenta & sarcinas, & captivos agere iter imposuit.* Amm. Marcell. L. XXV. c. 1.

(6) En 1523. —— Fontarabie fut rendue l'année suivante par *Frauget*, comme le nomme constamment le *Pere Daniel* dans son Histoire de France. Peut-être que *Franget* n'est qu'une faute d'impression: ce qui me le persuade, c'est que dans les Memoires de Martin Du Bellay, d'où Montagne a tiré tout ce qu'il nous dit ici, ce Gouverneur de Fontarabie est toûjours nommé *Frauget*, Liv. II. fol. 69. verso, & fol. 70. & suiv.

à Lyon. Depuis souffrirent pareille punition (7) tous les gentils-hommes qui se trouverent dans Guyse, lors que le Comte de (8) Nanssau y entra : & autres encore depuis. Toutesfois quand il y auroit une si grossiere & apparente ou ignorance ou couardise, qu'elle surpassast toutes les ordinaires, ce seroit raison de la prendre pour suffisante preuve de meschanceté & de malice, & de la chastier pour telle.

CHAPITRE XVI.

Un traict de quelques Ambassadeurs.

J'Observe en mes voyages cette practique, pour apprendre tousjours quelque chose par la communication d'autruy, (qui est une des plus belles escholes qui puisse estre) de ramener tousjours ceux avec qui je confere, aux propos des choses qu'ils sçavent le mieux.

Sage pratique de Montagne.

[a] Basti al nocchiero ragionar de' venti,

(7) En 1536. Memoires de *Guillaume du Bellay*, Liv. VII. fol. 324.
(8) Ou *Nassau*.
CHAP. XVI. [a] *Que le Pilote se contente de parler des Vents, le Bouvier des Taureaux, le Guerrier de ses blessures, & le Berger de ses troupeaux.*———J'apprens du dernier Traducteur Anglois de Montagne, que ces

Al bifolco dei tori, e le sue piaghe
Conti'l guerrier, conti'l pastor gli armenti.

Car il advient le plus souvent au contraire, que chacun choisit plustost à discourir du mestier d'un autre que du sien : estimant que c'est autant de nouvelle reputation acquise : tesmoin le reproche qu'Archidamus feit à Periander, (1) qu'il quittoit la gloire d'un bon medecin, pour acquerir celle de mauvais poëte. Voyez combien Cesar se desploye largement à nous faire entendre ses inventions à bastir ponts & engins : & combien au prix il va se serrant, où il parle des offices de sa profession, de sa vaillance, & conduite de sa milice. Ses exploicts le verifient assez capitaine excellent : il se veut faire connoistre ex-

---

trois Vers Italiens, dont je n'ai pû découvrir l'Auteur, ont été imitez de ces deux de *Properce*. Liv. II. Elegie I. *vs.* 43, 44.

Navita de Ventis, de Tauris narrat arator,
Enumerat miles vulnera, pastor oves.

Un Italien d'un très-bon Esprit, & très-habile dans la connoissance des Livres, & surtout des meilleurs qu'ait produit l'Italie, m'a assuré qu'il y a une Traduction Italienne en Vers de Properce, & que c'est de là que Montagne a pris ces trois Vers Italiens, qui sont très-bien & très-fidellement traduits du Latin de cet ancien Poëte.

(1) Plutarque dans son Traité des *Dits notables des Lacedemoniens*, à l'article, ARCHIDAMUS, FILS D'AGESILAUS.

cellent ingenieur : qualité aucunement estrangere. Le vieil Dionysius (2) estoit tres grand chef de guerre, comme il convenoit à sa fortune : mais il se travailloit à donner principale recommendation de soy, par la poësie : & si n'y sçavoit guere. Un homme de vacation juridique, mené ces jours passez voir une estude fournie de toutes sortes de livres de son mestier, & de tout autre mestier, n'y trouva nulle occasion de s'entretenir : mais il s'arresta à gloser rudement & magistralement une barricade logée sur la vis de l'estude, que cent capitaines & soldats reconnoissent tous les jours, sans remarque & sans offense.

[b] *Optat ephippia Bos piger, optat arare Caballus.*

Par ce train vous ne faictes jamais rien qui vaille. Ainsi, il faut travailler de rejetter tousjours l'architecte, le peintre, le cordonnier, & ainsi du reste, chacun a son gibier.

Et à ce propos, à la lecture des Histoires, qui est le subjet de toutes gens,

Combien il importe de connoître la

(2) *Diodore de Sicile*, L. XV. c. 6.
[b] *Le Bœuf voudroit porter la selle, & le Cheval labourer.* Horat. Epist. 14. L. I. vs. 43.

j'ay accoustumé de considerer qui en sont les escrivains. Si ce sont personnes, qui ne facent autre profession que de lettres, j'en apprens principalement le stile & le langage : si ce sont Medecins, je les croy plus volontiers en ce qu'ils nous disent de la temperature de l'air, de la santé & complexion des Princes, des blessures & maladies : si Jurisconsultes, il en faut prendre les controverses des droicts, les loix, l'establissement des polices, & choses pareilles : si Theologiens, les affaires de l'Eglise, censures Ecclesiastiques, dispences & mariages : si courtisans, les mœurs & les ceremonies : si gens de guerre, ce qui est de leur charge, & principalement les deductions des exploits où ils se sont trouvez en personne : si Ambassadeurs, les menées, intelligences, & praticques, & maniere de les conduire.

profession d'un Historien.

A cette cause, ce que j'eusse passé à un autre, sans m'y arrester, je l'ay poisé & remarqué en l'Histoire du Seigneur de Langey, très-entendu en telles choses. C'est qu'après avoir conté ces belles remonstrances de l'Empereur Charles cinquiesme, faictes au Consistoire à Rome, present l'Evesque de Macon, & le Seigneur de Velly nos Ambassa-

Si les Ambassadeurs d'un Prince lui doivent rien cacher de ses propres affaires.

deurs, où il avoit meslé plusieurs paroles outrageuses contre nous; & entre autres, (3) que si ses Capitaines & Soldats n'estoient d'autre fidelité & suffisance en l'art militaire, que ceux du Roy, tout sur l'heure il s'attacheroit la corde au col, pour lui aller demander misericorde: (Et de cecy il semble qu'il en creust quelque chose: car deux ou trois fois en sa vie depuis il lui advint de redire ces mesmes mots) aussi qu'il défia le Roy (4) de le combattre en chemise avec l'espée & le poignard, dans un batteau: le dit Seigneur de Langey suivant son histoire, adjouste que les dicts Ambassadeurs faisans une despesche au Roy de ces choses, (5) luy en dissimulerent la plus grande partie, mesmes lui celerent les deux articles precedens. Or j'ay trouvé bien estrange, qu'il fust en la puissance d'un Ambassadeur de se dispenser sur les advertissemens qu'il doit faire à son maistre, mesme de telle consequence, venant de telle personne, & dits en si grand' assemblée. Et m'eust semblé l'office du serviteur estre, de fidelement re-

(3) *Martin Du Bellay* dans ses Memoires, Liv. V. fol. 229.
(4) *Id.* ibid. fol. 227. *verso.*
(5) *Id.* ibid. fol. 234. *verso.*

presenter les choses en leur entier, comme elles sont advenuës: afin que la liberté d'ordonner, juger, & choisir demeurast au maistre. Car de lui alterer ou cacher la verité, de peur qu'il ne la prenne autrement qu'il ne doit, & que cela ne le pousse à quelque mauvais party, & cependant le laisser ignorant de ses affaires, cela m'eust semblé appartenir à celuy qui donne la loy, non à celuy qui la reçoit, au curateur & maistre d'eschole, non à celuy qui se doit penser inferieur, comme en authorité, aussi en prudence & bon conseil. Quoy qu'il en soit, je ne voudrois pas estre servy de cette façon en mon petit faict.

Rien de plus cher au Superieur que l'obeissance naïve de ses Sujets.

Nous nous soustrayons si volontiers du commandement sous quelque pretexte, & usurpons sur la maistrise: chascun aspire si naturellement à la liberté & authorité, qu'au Superieur nulle utilité ne doit être si chere, venant de ceux qui le servent, comme luy doit estre chere leur simple & naifve obeissance. On corrompt l'office du commander, (6) quand on y obeit par discretion,

_____

(6) Je viens d'apprendre de M. Barbeyrac sur Puffendorf, L. V. c. 4. *not.* 2. que cette pensée est prise d'Aulu-Gelle, dont voici les propres termes:

non par subjection. Et P. Crassus, celuy que les Romains estimerent (7) cinq fois heureux, lorsqu'il estoit en Asie Consul, (8) ayant mandé à un Ingenieur Grec, de luy faire mener le plus grand des deux mas de Navire, qu'il avoit veu à Athenes pour quelque engin de batterie, qu'il en vouloit faire: cettuy-cy sous titre de sa science, se donna loy de choisir autrement, & mena le plus petit, & selon la raison de l'art, le plus commode. Crassus ayant patiemment ouy ses raisons, lui fit très-bien donner le fouet: estimant l'interest de la discipline plus que l'interest de l'ouvrage. D'autre part pourtant on pourroit aussi considerer, que cette obeïssance si contrainte n'appartient qu'aux commandemens precis & prefix. Les Ambassadeurs ont une charge plus libre, qui en plusieurs parties dépend souverainement de leur disposition. Ils n'executent pas sim-

Corrumpi atque dissolvi officium omne imperantis ratus, si quis ad id, quod facere jussus est, non obsequio debito, sed consilio non desiderato respondeat. Aul. Gell. L. I. c. 13.

(7) *Quòd esset ditissimus, quòd nobilissimus, quòd eloquentissimus, quòd jurisconsultissimus, quòd Pontifex maximus.* ,, Parce qu'il étoit très-riche, très-,, noble, très-éloquent, fort sçavant dans le Droit, ,, & souverain Pontife. *Aul. Gellii* Noctes Atticæ, L. I. c. 13.

(8) *Id. ibid.*

plement, mais forment aussi & dressent par leur conseil, la volonté du Maistre. J'ay veu en mon temps des personnes de commandement, repris d'avoir plustost obey aux paroles des lettres du Roy, qu'à l'occasion des affaires qui estoient pres d'eux. Les hommes d'entendement accusent encore aujourd'huy l'usage des Roys de Perse, de tailler les morceaux si courts à leurs agents & lieutenans, qu'aux moindres choses ils eussent à recourir à leur ordonnance : ce delay, en une si longue estendue de domination, ayant souvent apporté des notables dommages à leurs affaires. Et Crassus escrivant à un homme du mestier, & luy donnant advis de l'usage auquel il destinoit ce mas, sembloit-il pas entrer en conference de sa deliberation, & le convier à interposer son decret ?

CHAPITRE XVII.

De la peur.

Estranges effets de la peur.

O*bstupui,* [a] *steteruntque comæ, & vox faucibus hæsit.*

Je ne suis pas bon Naturaliste

[a] Tout transi de peur, mes cheveux se herisse-

(1) (qu'ils disent) & ne sçay guere par quels ressorts la peur agit en nous, mais tant y a que c'est une estrange passion : & disent les Medecins qu'il n'en est aucune qui emporte plustost nôtre jugement hors de sa deuë assiette. De vray, j'ay veu beaucoup de gens devenus insensez de peur : & au plus rassis il est certain, pendant que son accès dure, qu'elle engendre de terribles esblouïssemens. Je laisse à part le Vulgaire, à qui elle represente tantost les bisayeulx sortis du tombeau enveloppez en leur suaire, tantost des Loups-garous, des Lutins, & des Chimeres. Mais parmi les soldats mesme, où elle devroit trouver moins de place, combien de fois a-elle changé un troupeau de brebis en esquadron de corselets? des roseaux & des cannes en gensdarmes & lanciers? nos amis en nos ennemis? & la Croix blanche à la rouge? Lorsque Monsieur de Bourbon (2) prit Rome, un port enseigne, qui estoit à la garde du Bourg saint Pierre, (3)

rent, & ma voix se glaça dans mon palais. *Æneid.* L. II. vſ. 774.

(1) C'est-à-dire, *comme ils parlent*. Montagne nous apprend par cette parenthese, que le terme de *Naturaliste* ne faisoit que de commencer à s'introduire dans notre Langue.
(2) En 1527.
(3) Memoires de *Martin du Bellay*, L. III. fol. 101.

fut saisi de tel effroy à la premiere alarme, que par le trou d'une ruine il se jetta, l'enseigne au poing, hors la ville droit aux ennemis, pensant tirer vers le dedans de la ville; & à peine enfin voyant la troupe de Monsieur de Bourbon se ranger pour le soustenir, estimant que ce fust une sortie que ceux de la ville fissent, il se recogneut, & tournant teste rentra par ce mesme trou, par lequel il estoit sorty plus de trois cens pas avant en la campagne. Il n'en advint pas du tout si heureusement à l'enseigne du Capitaine Julle, lorsque Sainct Paul fut pris sur nous par le Comte de Bures & Monsieur du Reu. Car estant si fort esperdu de frayeur, que de se jetter à tout son enseigne hors de la ville, par une canoniere, (4) il fut mis en pieces par les assaillans. Et au mesme siege, fut memorable la peur qui serra, saisit, & glaça si fort le cœur d'un gentil-homme, (5) qu'il en tomba roide mort par terre à la bresche, sans aucune blessure.

Effets oppo- Pareille rage pousse par fois toute une

(4) Memoires de Guillaume Du Bellay, Liv. VIII. fol. 384. verso. *Et cestuy cy je le vey*, dit Guillaume Du Bellay.

(5) Id. ibid. fol. 385. *Aussi*, dit encore Guillaume Du Bellay, *un Gentilhomme qui estoit auprès de moy, entra en telle frayeur qu'il tomba mort sans être frappé, car je le feis visiter.*

multitude. En l'une des rencontres de *Germanicus* contre les Allemans, deux grosses troupes prindrent d'effroy deux routes opposites, l'une fuyoit d'où l'autre partoit. Tantost elle nous donne des aisles aux talons, comme aux deux premiers : tantost elle nous cloüe les pieds, & les entrave, comme on lit de l'Empereur *Theophile*, lequel en une bataille qu'il perdit contre les *Agarenes*, devint si estonné & si transi, qu'il ne pouvoit prendre party de s'enfuyr : [b] *adeò pavor etiam auxilia formidat :* jusques à ce que *Manuel* l'un des principaux Chefs de son armée, l'ayant tirassé & secoüé, comme pour l'esveiller d'un profond somme, luy dit : (6) *Si vous ne me suyvez, je vous tueray : car il vaut mieux que vous perdiez la vie, que si estant prisonnier, vous veniez* (7) *perdre l'Empire.*

sez produits par la Peur.

[b] La peur s'effrayant même de ce qui pourroit lui donner du secours. *Quinte Curce*, L. III. c. 11. num. 12.

(6) *Zonaras*, d'où Montagne a tiré ce fait, dit, selon la vieille Traduction de J. Millet, *Si vous ne me suyvez, je vous tueray : car il vaut mieux que vous perdiez la vie, que si estant prisonnier vous procurez un si grand deshonneur à la Republique.* M. Barbeyrac m'a indiqué ce passage ; mais je n'ai pas été à portée de consulter l'Original Grec, que je cite présentement dans la Note suivante, faite en 1738.

(7) Montagne avoit mis dans les premieres Editions, *ruiner l'Empire.* —— *Perdre l'Empire* est une

110 ESSAIS DE MONTAIGNE,

La Peur pousse quelquefois à des actions de valeur.

Lors exprime-elle sa derniere force, quand pour son service elle nous rejette à la vaillance, qu'elle a soustraitte à nostre devoir & à nostre honneur. En la premiere juste bataille que les Romains perdirent contre Hannibal, sous le Consul Sempronius, une troupe de bien dix mille hommes de pied, qui prit l'espouvante, ne voyant ailleurs par où faire passage à sa lascheté, (8) s'alla jetter au travers le gros des ennemis : lequel elle perça d'un merveilleux effort, avec grand meurtre des Carthaginois : achetant une honteuse fuite, au mesme prix qu'elle eust eu une glorieuse victoire.

Suspend toute autre Passion.

C'est ce dequoi j'ay le plus de peur que la peur. Aussi surmonte-elle en aigreur tous autres accidents. Quelle affection peut estre plus aspre & plus juste, que celle des amis de Pompeius, qui

expression toute aussi défectueuse que la premiere, sans compter qu'elle est visiblement équivoque. Montagne auroit évité tout cet embarras s'il eût continué de transcrire la vieille Traduction, qui rend fort exactement la pensée de *Zonaras*, dont voici les propres termes : Ὁ Μανυὴλ τὸ ξίφος σπασάμενος, εἰ μὴ ἐποίῳ μοι φησὶν, αὐτίκα σε ἀνελῶ. Κρεῖσσον γάρ σε θανεῖν ἢ ληφθῆναι τοῖς ἐναντίοις αἰχμάλωτον, καὶ τούτου αἴσχος τῇ πολιτείᾳ Ῥωμαίων περιποιήσασθαι. *Joannis Zonaræ Monachi Tomus Historiarum III. p. 120. in folio, Basileæ, ann. 1557.*
(8) Tit. Liv. L. XXI. c. 56.

LIVRE I. CHAP. XVII.

estoient en son navire, spectateurs de cet horrible massacre ? Si est-ce que la peur des voiles Egyptiennes, qui commençoient à les approcher, l'estouffa de maniere, (9) qu'on a remarqué, qu'ils ne s'amuserent qu'à haster les mariniers de diligenter, & de se sauver à coups d'aviron; jusques à ce qu'arrivez à Tyr, libres de crainte, ils eurent loy de tourner leur pensée à la perte qu'ils venoient de faire, & lascher la bride aux lamentations & aux larmes, que cette autre plus forte passion avoit suspenduës.

[c] *Tum pavor sapientiam omnem mihi ex animo expectorat.*

Ceux qui auront esté bien frottés en quelque (10) estour de guerre, tous blessez encor & ensanglantez, on les ramene bien le lendemain à la charge. Mais ceux qui ont conceu quelque bonne

(9) *Cic.* Tusc. Quæst. L. III. c. 27. *Constabat eos qui concidentem vulneribus Cn. Pompeium vidissent, cùm illo ipso acerbissimo, miserrimóque spectaculo sibi timerent, quòd se classe hostium circumfusos viderent, nihil tùm aliud egisse, nisi ut remiges hortarentur, & ut salutem adipiscerentur fugâ: posteaquàm Tyrum venissent, tùm adflictari lamentarique cœpisse.*

[c] *La peur me prive alors de toute ma sagesse.* Cic. Tusc. Quæst. L. IV. c. 8.

(10) Un *estour*, dit Nicot, *c'est un conflict & combat: ainsi dit-on, l'estour de la bataille; c'est-à-dire, la menée & demenée de la bataille & du combat.*

pour des ennemis, vous ne leur feriez pas seulement regarder en face. Ceux qui sont en pressante crainte de perdre leur bien, d'estre exilez, d'estre subjuguez, vivent en continuelle angoisse, en perdent le boire, le manger, & le repos. Là où les pauvres, les bannis, les serfs, vivent souvent aussi joyeusement que les autres. Et tant de gens, qui de l'impatience des pointures de la peur, se sont pendus, noyez, & précipitez, nous ont bien appris, qu'elle est encores plus importune & plus insupportable que la mort.

Terreurs Paniques. Les Grecs en reconnoissent une autre espece, qui (11) est outre l'erreur de nostre discours : venant, disent-ils, sans cause apparente, & d'une impulsion celeste. Des Peuples entiers s'en voyent souvent frappez, & des Armées entieres. Telle fut celle qui apporta à Carthage une merveilleuse desolation. On n'y voyoit que cris & voix effrayées : on voyoit les habitans sortir de leurs maisons, (12) comme à l'alarme; & se charger, blesser & entretuer les uns les autres, comme si ce fussent ennemis,

---

(11) C'est-à-dire, *qui n'est pas causée par une erreur de notre jugement.*

(12) *Diodore de Sicile*, L. XV. c. 7.

qui vinssent à occuper leur ville. Tout y estoit en desordre, & en fureur : jusques à ce que par Oraisons & Sacrifices, ils eussent appaisé l'ire des Dieux. Ils nomment cela (13) *terreurs Paniques.*

CHAPITRE XVIII.
Qu'il ne faut juger de nostre heur, qu'après la mort.

Scilicet [a] *ulsima semper*   *La mort des*
  Expectanda dies homini est, dicique beatus   *hommes unique Juge de*
  Ante obitum nemo, supremáque funera   *leur bonheur.*
    debet.

Les enfans sçavent le conte du Roy Crœsus à ce propos : lequel ayant esté pris par Cyrus, & condamné à la mort, sur le point de l'execution, il s'escria, (1) *O Solon, Solon.* Cela rapporté à Cyrus, & s'estant enquis que c'estoit à dire, il luy fit entendre, qu'il verifioit lors à ses despends l'advertissement

---

(13. *Id. ibid.* Et Plutarque dans son *Traité d'Isis & d'Osiris*, c. 8.

Chap. XVIII. [a] Il faut toûjours attendre son dernier jour : car nul ne peut être estimé heureux avant sa derniere heure, & le point final du trépas. *Ovid. Metamorph. L. III. Fab. 2. vs. 5, &c.*

(1) *Herodot. L. I. p.* 40.

qu'autrefois luy avoit donné Solon: Que les hommes, quelque beau visage que fortune leur face, ne se peuvent appeller heureux, jusques à ce qu'on leur ayt veu passer le dernier jour de leur vie, pour l'incertitude & varieté des choses humaines, qui d'un bien leger mouvement se changent d'un estat en autre tout divers. Et pourtant Agesilaus, à quelqu'un qui disoit heureux le Roy de Perse, de ce qu'il estoit venu fort jeune à un si puissant estat: (2) *Ouy, mais*, dit-il, *Priam en tel aage ne fut pas malheureux.* Tantost des Roys de Macedoine, successeurs de ce grand Alexandre, il s'en faict des Menuysiers & Greffiers à Rome: des Tyrans de Sicile, des Pedants à Corinthe: d'un conquerant de la moitié du monde, & Empereur de tant d'armées, il s'en faict un miserable suppliant des belitres Officiers d'un Roy d'Egypte: tant cousta à ce grand Pompeius la prolongation de cinq ou six mois de vie. Et du temps de nos Peres ce Ludovic Sforce dixiesme Duc de Milan, soubs qui avoit si longtemps branslé toute l'Italie, on l'a veu mourir prisonnier (3) à Loches : mais

---

(2) Plutarque dans *les Dits notables des Lacedemoniens.*

apres y avoir vefcu dix ans, qui eſt le pis de ſon marché. La plus belle (4) Royne, vefve du plus grand Roy de la Chreſtienté, vient-elle pas de mourir par la main d'un Bourreau? Indigne & barbare cruauté! Et mille tels exemples. Car il ſemble que comme les orages & tempeſtes ſe piquent contre l'orgueil & hautaineté de nos baſtimens, il y ait auſſi là haut des Eſprits envieux de grandeurs de ça bas.

[b] *Uſque adeò res humanas vis abdita quædam*
   Obterit, & pulchros faſces ſavaſque ſecures
   Proculcare, ac ludibrio ſibi habere videtur.

Et ſemble que la fortune quelquefois

(3) En Touraine, ſous le Règne de *Louis* XIII. qui l'y avoit fait enfermer en 1500. *Nella Torre di Locies, nella quala*, dit Guicciardin, *ſtette circa dieci anni, e inſino alla fine della vita, prigione richiudendoſi in una anguſta carcere i penſieri & l'ambiciono di colui che prima apena capidano i termini di tutta l'Italia.* Hiſt. di Franceſco Guicciardini, à la fin du *Quatriéme Livre.*

(4) *Marie*, Reine d'Ecoſſe, & Mere de *Jaques* I. Roi d'Angleterre, décapitée en Angleterre par l'ordre de la Reine *Elizabeth*, en 1587. —— Montagne doit avoir écrit ceci long-tems après l'endroit du Chapitre ſuivant, où il nous dit, qu'il étoit parvenu juſqu'à l'an 1572. & on ne le trouve point encore dans l'Edition in 4to de 1588.

[b] Tant il eſt vrai qu'il y a une certaine Force ſecrete qui diſſipe les entrepriſes humaines; qui dompte l'orgueil des Grands, & ſe joue des marques les plus éclatantes de leurs Dignitez. Lucret. L. V. vſ. 1231, &c.

guette à point nommé le dernier jour de noftre vie, pour montrer fa puiffance, de renverfer en un moment ce qu'elle avoit bafty en longues années; & nous fait crier après Laberius, (c) *Nimirum hac die unâ plus vixi, mihi quàm vivendum fuit.* Ainfi fe peut prendre avec raifon, ce bon advis de Solon. Mais d'autant que c'eft un Philofophe, à l'endroit defquels les faveurs & difgraces de la fortune ne tiennent rang ny d'heur ny de malheur; & (5) font les grandeurs, & puiffances, accidens de qualité à peu pres indifferente, je trouve vrai-femblable, qu'il ayt regardé plus avant; & voulu dire que ce mefme bon-heur de noftre vie, qui dépend de la tranquillité & contentement d'un efprit bien né, & de la refolution & affeurance d'une ame reglée ne fe doive jamais attribuer à l'homme, qu'on ne luy ayt veu joüer le dernier acte de fa comedie : & fans doute le plus difficile. En tout le refte il y peut avoir du mafque : Ou ces beaux difcours de la Philofophie ne font en nous que par

[c] *J'ai donc aujourd'hui vécu Un jour de plus que je n'aurois dû vivre.* Macrob. L. II. c. 7.

(5) Dans l'Edition in 4to de 1588. il y a ici, *& font les grandeurs, richeffes, & puiffances, accidens de qualité,* &c.

Livre I. Chap. XVIII. 117

contenance, ou les accidens ne nous essayant pas jusques au vif, nous donnent loisir de maintenir tousjours nostre visage rassis. Mais à ce dernier rolle de la mort & de nous, il n'y a plus que feindre, il faut parler François ; il faut montrer ce qu'il y a de bon & de net dans le fond du pot.

[d] *Nam vera voces tum demum pectore ab imo
Ejiciuntur, & eripitur persona, manet res.*

Voyla pourquoy se doivent à ce dernier traict toucher & esprouver toutes les autres actions de nostre vie. C'est le maistre jour, c'est le jour juge de tous les autres : c'est le jour, dict un Ancien, qui doit juger de toutes mes années passées. Je remets à la mort l'essay du fruict de mes estudes. Nous verrons-là si mes discours me partent de la bouche, ou du cœur. J'ay veu plusieurs donner par leur mort reputation en bien ou en mal à toute leur vie. Scipion beau-pere de Pompeius (6) rabilla en bien mourant la mauvaise opinion qu'on avoit eu de

---

[d] Car alors on parle sincerement & du fond du cœur : le masque tombe, & l'homme paroît tel qu'il est véritablement. *Lucret.* L. III. *vs.* 57, 58.

(6) Cette refléxion est prise de Seneque, si je ne me trompe. Le passage est un peu long, mais si beau que je ne puis m'empêcher de le transcrire

luy jusques alors. Epaminondas interrogé lequel des trois il estimoit le plus, ou Chabrias, ou Iphicrates, ou soymesme: (7) *Il nous faut voir mourir, dit-il, avant que d'en pouvoir resoudre.* De vray on desroberoit beaucoup à celuy-là, qui le poiseroit sans l'honneur & grandeur de sa fin. Dieu l'a voulu comme il luy a pleu: mais en mon temps trois les plus execrables personnes, que je cogneusse en toute abomination de vie, & les plus infames, ont eu des morts reglées, & en toute circonstance composées jusques à la perfection. Il est des morts braves & fortunées. Je (8) luy ay veu trancher le fil d'un progrez de merveilleux avancé-

---

ici. Seneque voulant fortifier ici son ami contre ler terreurs de la mort, lui dit d'abord, *Facilius exortabor si ostendero non tantùm fortes viros hoc momentum efflandæ animæ contempsisse, sed quosdam ad alia ignavos, in hac re exæquasse animum fortissimorum:* & immédiatement après, il ajoûte, *sicut illum Cn. Pompeii socerum Scipionem, qui contrario in Africam vento relatus, cùm teneri navem suam videret ab hostibus, ferro se transverberavit: & quærentibus ubi Imperator esset: Imperator, inquit, bene se habet. Vox hæc illum parem majoribus fecit, & fatalem Scipionibus in Africâ gloriam non est interrumpi passa. Multum fuit Carthaginem vincere, sed amplius mortem.* Senec. Epist. 24.

(7) Plutarque dans *les Dits notables des anciens Roys, Princes & Capitaines.*

(8) Il y a grande apparence que Montagne veut parler ici de son Ami *La Boëtie*, à la mort duquel

ment, & dans la fleur de son croist, à quelqu'un, d'une fin si pompeuse, qu'à mon advis ses ambitieux & courageux desseins n'avoient rien de si hault que fut leur interruption. Il arriva sans y aller, où il pretendoit, plus grandement & glorieusement, que ne portoit son desir & esperance. Et devança par sa cheute, le pouvoir & le nom, où il aspiroit par sa course. Au jugement de la vie d'autruy, je regarde tousjours comment s'en est porté le bout, (9) & des principaux estudes de la mienne, c'est (10) qu'il se porte bien, c'est-à-dire quietement & sourdement.

il assista comme il paroît par un Discours que Montagne fit imprimer à Paris en 1571. où il a décrit les particularitez les plus remarquables de la maladie & de la mort de *La Boëtie*. Comme ce Discours fait honneur à ces deux illustres Amis, & qu'il est devenu fort rare, je le mettrai dans cette Edition.

(9) *Et des principaux*, c'est-à-dire, *& l'un des principaux*, &c. comme on a mis dans les dernieres Editions.

(10) *Que ce bout se porte bien*, &c.

CHAPITRE XIX.

Que Philosopher, c'est apprendre à mourir.

Ce que c'est que Philosopher.

CIceron dit (1) que Philosopher ce n'est autre chose que s'aprester à la mort. C'est d'autant que l'estude & la contemplation retirent aucunement nostre ame hors de nous, & l'embesognent à part du corps, qui est quelque apprentissage & ressemblance de la mort: Ou bien, c'est que toute la sagesse & discours du monde se resoult enfin à ce point, de nous apprendre à ne craindre point à mourir. De vray, ou la raison se mocque, ou elle ne doit viser qu'à nostre contentement, & tout son travail tendre en somme à nous faire bien vivre, & à nostre aise, comme (2) dict la Saincte Escriture. Toutes les opinions du monde en sont là, que le plaisir est nostre but, quoy qu'elles en prennent divers moyens; autrement on les chasseroit d'arrivée. Car qui escouteroit celuy, qui pour sa fin

---

(1) *Tota Philosophorum vita commentatio mortis est:* Tusc. Quæst. Lib. I. c. 30. 31.

(2) *Ecclesiastes*, c. 3. vs. 12. Et cognovi quòd non esset melius nisi lætari, & facere bene in vitâ suâ.

[a] Ne

fin establiroit nostre peine & mesaise? Les dissentions des sectes Philosophiques en ce cas, sont verbales. [a] *Transcurramus solertissimas nugas.* Il y a plus d'opiniastreté & de picoterie, qu'il n'appartient à une si saincte profession. Mais quelque personnage que l'homme entreprenne, il jouë tousjours le sien parmy.

Quoy qu'ils dient, en la Vertu mesme, le dernier but de nostre visée, c'est la volupté. Il me plaist de battre leurs oreilles de ce mot, qui leur est si fort à contre-cœur : Et s'il signifie quelque supreme plaisir, & excessif contentement, il est mieux deu à l'assistance de la Vertu, qu'à nulle autre assistance. Cette volupté pour estre plus gaillarde, nerveuse, robuste, virile, n'en est que plus serieusement voluptueuse. Et luy devions donner le nom du plaisir, plus favorable, plus doux & naturel, non celuy de la vigueur, duquel nous l'avons denommée. Cette autre volupté plus basse, si elle meritoit ce beau nom, ce devoit estre en concurrence, non par privilege. Je la trouve moins pure d'incommoditez & de traverses, que n'est la Vertu. Outre que son goust est plus

Comment la volupté est le but, & le fruit de la Vertu.

[a] Ne nous arrêtons point à ces subtiles fadaises, *Senec. Epist.* 117.

Tome I. F

momentanée, fluide & caduque, elle a ses veilles, ses jeusnes, & ses travaux, & la sueur & le sang : & en outre particulierement, ses passions trenchantes de tant de sortes ; & à son costé une satieté si lourde, qu'elle équipolle à penitence. Nous avons grand tort d'estimer que ses incommoditez luy servent d'aiguillon & (3) de condiment à sa douceur, comme en nature le contraire se vivifie par son contraire : & de dire, quand nous venons à la Vertu, que pareilles suittes & difficultez l'accablent, la rendent austere & inaccessible. Là où beaucoup plus proprement qu'à la volupté, elles anoblissent, elles aiguisent, & rehaussent le plaisir divin & parfaict, qu'elle nous (4) moyenne. Celuy là est certes bien indigne de son accointance, qui contrepoise son goust, à son fruit : & n'en connoist ny les graces ny l'usage. Ceux qui nous vont instruisant, que sa queste est scabreuse & laborieuse, sa jouïssance agreable : que nous disent-ils

(3) *D'assaisonnement.* — Du mot Latin *condimentum* qui signifie *sauffe*, *ragoût*, Montagne a fait celui de *condiment* que je ne trouve ni dans Nicot ni dans Cotgrave. Montagne empruntoit hardiment des mots & des phrases de la Langue Latine, qui lui étoit presque plus naturelle qu'aucune autre.

(4) *Procure.*

par là, sinon qu'elle est tousjours desagreable ? Car quel moyen humain arriva jamais à sa jouïssance ? Les plus parfaits se sont bien contentez d'y aspirer, & de l'approcher, sans la posseder. Mais ils se trompent ; veu que de tous les plaisirs que nous connoissons, la poursuite mesme en est plaisante. L'entreprise se sent de la qualité de la chose qu'elle regarde : car c'est une bonne portion de l'effect, & consubstancielle. L'heur & la beatitude qui reduit en la Vertu, remplit toutes ses appartenances & avenues, jusques à la premiere entrée, & extreme barriere.

Or (5) des principaux bienfaicts de la Vertu, c'est le mespris de la mort, moyen qui fournit nostre vie d'une molle tranquillité, & nous en donne le goust pur & amiable : sans qui toute autre volupté est esteinte. Voyla pourquoy (6) toutes les regles se rencontrent & conviennent à cet article. Et combien qu'elles nous conduisent aussi toutes d'un commun accord à mespriser la douleur, la pauvreté, & autres accidens, à quoy la vie humaine est sub-

Le mépris de la mort, l'un des principaux bienfaits de la vertu,

(5) Ou *l'un des principaux*, &c. comme on a mis dans les plus nouvelles Editions.
(6) Il y a dans l'Edition in 4to. de 1589. *toutes les Sectes des Philosophes*, &c.

jecte, ce n'est pas d'un pareil soin : tant parce que ces accidens ne sont pas de telle necessité, la pluspart des hommes passans leur vie sans gouster de la pauvreté, & tels encore sans sentiment de douleur & de maladie, comme Xenophilus le Musicien, (7) qui vescut cent & six ans d'une entiere santé: qu'aussi d'autant qu'au pis aller, la mort peut mettre fin, quand il nous plaira, & (8) coupper broche à tous autres inconveniens. Mais quant à la mort, elle est inevitable.

> [b] *Omnes eodem cogimur, omnium*
> *Versatur urna, seriùs ociùs*
> *Sors exitura, & nos in æternum.*
> *Exilium impositura cymbæ.*

Et par consequent, si elle nous faict peur, c'est un subject continuel de tourment, & qui ne se peut aucunement soulager. Il n'est lieu d'où elle ne nous vienne. Nous pouvons tourner sans cesse la teste çà & là, comme en pays suspect :

---

(7) *Omnis humani incommodi expers*, (dit Valere Maxime, L. VIII. c. 13. in Externis, §. 3.) *in summo perfectissima splendore doctrinæ extinctus est*.

(8) Terminer tous autres inconveniens.

[b] Nous sommes tous sujets à la même nécessité : l'Urne fatale remuë pour tous, & nos billets en sortiront tôt ou tard pour nous faire passer de la Barque fatale dans un exil éternel. *Horat.* L. II. Od. 3. vs. 25.

[c] *qua quasi saxum Tantalo semper impendet.* Nos Parlemens renvoyent souvent executer les criminels au lieu où le crime est commis : durant le chemin, promenez-les par de belles maisons, faictes-leur tant de bonne chere qu'il vous plaira,

[d] *Non Sicula dapes*
Dulcem elaborabunt saporem,
Non avium, cytharaque cantus
Somnum reducent.

Pensez-vous qu'ils s'en puissent resjouir? & que la finale intention de leur voyage leur estant ordinairement devant les yeux, ne leur ayt alteré & affadi le goust à toutes ces commoditez?

[e] *Audit iter, numeratque dies, spatioque*
viarum
Metitur vitam, torquetur peste futurâ.

Le but de nostre carriere c'est la mort,

---

[c] Elle nous pend sans cesse sur la tête, comme le Rocher sur celle de Tantale. *Cic.* de Finib. Bonor. & Malor. L. I. c. 18

[d] Les mets les plus exquis ne lui donneront aucun plaisir : le chant des Oiseaux, & les Instrumens de Musique les plus harmonieux ne lui feront point revenir le sommeil. *Horat.* L. III. Od. 1. *vs.* 18, &c.

[e] Il s'enquiert du chemin. Il compte les jours, & mesure sa vie sur la longueur du chemin, tourmenté sans cesse par l'idée du suplice qu'il attend. *Claudian.* in Ruff. L. II. *vs.* 137, 138.

c'est l'objet necessaire de nostre visée: si elle nous effraye, comme est-il possible d'aller un pas avant, sans fievre? Le remede du Vulgaire c'est de n'y penser pas. Mais de quelle brutale stupidité lui peut venir un si grossier aveuglement? Il luy faut faire brider l'asne par la queuë.

[f] *Qui capite ipse suo instituit vestigia retro.*

Ce n'est pas de merveille s'il est si souvent pris au piege. On fait peur à nos gens seulement de nommer la Mort, & la plusparts s'en seignent, comme du nom du Diable. Et parce qu'il s'en faict mention aux testamens, ne vous attendez pas qu'ils y mettent la main, que le medecin ne leur ayt donné l'extreme sentence. Et Dieu sçait lors entre la douleur & la frayeur, de quel bon jugement ils vous le (9) patissent. Parce

---

(f) Réduit par sa folie à retourner sur ses pas. *Lucret.* L. IV. vs. 474.

(9) On a mis *bastissent* dans une Edition in 12. Paris, 1669. & c'est comme on parleroit aujourd'hui. Mais dans toutes les plus anciennes Editions qui me sont tombées entre les mains, j'ai trouvé *patissent*. *Patisser*, c'est faire de la patisserie; & Montagne employe ici ce mot dans un sens figuré, ce que personne n'avoit peut-être jamais fait avant lui. Cette espece de liberté qu'il prend assez souvent, lui sied toûjours bien, & donne à son stile un air simple & naïf dont tout le monde est charmé, & que personne ne peut imiter.

que cette syllabe frappoit trop rudement leurs oreilles, & que cette voix leur sembloit malencontreuse, les Romains avoient apris de l'amollir ou l'estendre en perifrazes. Au lieu de dire, il est mort, *il a cessé de vivre*, disent-ils, *il a vescu*. Pourveu que ce soit vie, soit-elle passée, ils se consolent. Nous en avons emprunté nostre, (10) *feu Maistre Jehan*. A l'adventure est-ce, que comme on dict, le terme vaut l'argent. Je nasquis entre onze heures & midi le dernier jour de Febvrier, mil cinq cens trente trois, comme nous comptons à cette heure, commençant l'an en Janvier. Il n'y a justement que quinze jours que j'ay franchi 39 ans, il m'en faut pour le moins encore autant. Cependant s'empescher du pensement de chose si esloignée, ce seroit folie. Mais quoy ? les jeunes & les vieux laissent la vie de mesme condition. Nul n'en sort autrement que si tout presentement il y entroit, joinct qu'il n'est homme si décrepite, tant qu'il voit Mathusalem devant, qui ne pense avoir encore vingt ans dans le corps. Davantage, pauvre fol que tu es, qui t'a establi les termes de ta vie ? Tu te fondes

(20) *Feu de fuit*, il a été.

sur les contes des Medecins. Regarde pluftoft l'effect & l'experience. Par le commun train des chofes, tu vis (11) pieça par faveur extraordinaire. Tu as paffé les termes accouftumez de vivre. Et qu'il foit ainfi, compte de tes connoiffans, combien il en eft mort avant ton aage, plus qu'il n'en y a qui l'ayent atteint : Et de ceux mefme qui ont annobli leur vie par renommée, fais en regiftre, & j'entreray en gageure d'en trouver plus qui font morts, avant, qu'apres trente cinq ans. Il eft plein de raifon, & de pieté, de prendre exemple de l'humanité mefme de Jefus-Chrift. Or il finit fa vie à trente & trois ans. Le plus grand homme, fimplement homme, Alexandre, mourut auffi à ce terme. Combien a la mort de façons de furprife?

[g] *Quid quifque vitet, nunquam homini fatis*
Cautum eft in horas.

Je laiffe à part les fievres & les pleurefies. Qui euft jamais penfé qu'un Duc

(11) *Il y a long temps, depuis long temps.* —— *Pieça*, vieux mot, dit Menage dans fon *Dictionaire Etymologique*, pour *piece a*, où *piece* eft dit pour *piece de temps*, comme en Italien *pezzo di tempo*.

[g] L'homme n'eft jamais affuré contre les accidens qui peuvent lui arriver à toute heure. *Horat.* Od. 13. L. II. vf. 13, 14.

de Bretaigne deuſt eſtre eſtouffé de la preſſe, comme fut (12) celuy-là à l'entrée du Pape Clement mon voiſin, à Lyon ? N'as-tu pas veu tuer (13) un de nos Roys en ſe jouant ? Et (14) un de ſes anceſtres mourut-il pas choqué par un pourceau ? Æſchylus (15) menaſſé de la cheute d'une maiſon, a beau ſe tenir à l'airte, le voyla aſſommé d'un toict de tortuë, qui eſchappa des pattes d'un Aigle en l'air : l'autre mourut (16) d'un grain de raiſin : un Empereur de l'egratigneure d'un peigne en ſe teſtonnant : Æmylius Lepidus (17) pour avoir heurté du pied contre le ſeuil de ſon huis : Et (18) Aufidius pour avoir choqué en entrant contre la porte de la chambre du Conſeil. Et entre les cuiſſes des femmes (19) Cornelius Gal-

(12) En 1305. ſous le Regne de *Philippe le Bel.*
(13) *Henri* II. bleſſé à mort dans un Tournoy, par le Comte de Montgommery l'un de ſes Capitaines des Gardes.
(14) *Philippe* Fils aîné de *Louis le Gros*, & qui avoit été couronné du vivant de ſon pere.
(15) *Valer. Maxim.* L. IX. c. 12. in Externis, §. 2.
(16) *Anacreon*, apud Valerium Max. *ibid.* in Externis, §. 8.
(17) *Plin.* Nat. Hiſtor. L. VII. c. 53. *Q. Æmilius Lepidus jam egrediens incuſſo pollice limini cubiculi.*
(18) *Id. ibid. Cum in Senatum iret, offenſo pede in Comitio.*
(19) *Id. ibid. Cornelius Gallus Prætorius, & Haterius Eques Romanus in Venere obiere.*

F 5

lus Preteur, Tigillinus Capitaine du guet à Rome, Ludovic fils de Guy de Gonſague, Marquis de Mantouë. Et d'un encore pire exemple, (20) Speuſippus Philoſophe Platoniciens, & l'un de nos Papes. Le pauvre Bebius, Juge, cependant qu'il donne delay de huictaine à une partie, (21) le voyla ſaiſi, le ſien de vivre eſtant expiré: Et Caius Julius Medecin greſſant les yeux d'un patient, (22) voyla la mort qui cloſt les ſiens. Et s'il m'y faut meſler, un mien frere le Capitaine S. Martin, aagé de vingt trois ans, qui avoit desja faict aſſez bonne preuve de ſa valeur, jouant à la paume, receut un coup (23) d'eſ-

(20) C'eſt *Tertullien* qu'il aſſure, mais ſans grand fondement: *Audio*, dit-il dans ſon Apologetique, c. 46. *& quemdam Speuſippum de Platonis Scholâ in adulterio periiſſe.* Sur la mort de Speuſippus voyez *Diogene Laërce*, qui dit que ce Philoſophe affoibli par une violente paralyſie, & accablé de chagrin & de vieilleſſe, prit enfin le parti de ſe donner la mort. καὶ τέλος ὑπὸ ἀθυμίας ἑκὼν τὸν βίου μετήλλαξε γεραιὸς ὤν.

(21) Plin. Nat. Hiſt. L. VII. c. 53. *Bebius Judex cùm vadimonium differri jubet.*

(22) Id. ibid. *Super omnes C. Julius Medicus, dum inungit, ſpecillum per oculum trahens.*

(23) *De balle.* Le mot d'éteuf n'eſt pas encore tout-à-fait hors d'uſage: mais il eſt aſſez vieux pour n'être pas entendu de tout le monde. Une perſonne d'Eſprit qui entend fort bien le François, & qui ſe plaît à la lecture de Montagne, m'en a demandé l'explication, qu'elle auroit pû trouver dans le Dictionaire de l'*Academie Françoiſe.*

teuf, qui l'aſſena un peu au deſſus de l'oreille droitte, ſans aucune apparence de contuſion, ny de bleſſure: il ne s'en aſſit, ny repoſa: mais cinq ou ſix heures apres il mourut d'une Appolexie que ce coup luy cauſa. Ces exemples ſi frequents & ſi ordinaires nous paſſans devant les yeux, comme eſt-il poſſible qu'on ſe puiſſe deffaire du penſement de la mort, & qu'à chaſque inſtant il ne nous ſemble qu'elle nous tienne au collet? Qu'importe-il, me direz-vous, comment que ce ſoit, pourveu qu'on ne s'en donne point de peine? Je ſuis de cet advis: & en quelque maniere qu'on ſe puiſſe mettre à l'abri des coups, fuſt-ce ſous la peau d'un veau, je ne ſuis pas homme qui y reculaſt, car il me ſuffit de paſſer à mon aiſe: & le meilleur jeu que je me puiſſe donner, je le prens, ſi peu glorieux au reſte & exemplaire que vous voudrez.

[h] —— *Prætulerim delirus inérſque videri,*
Dum mea delectent mala me, vel denique fallant,
Quàm ſapere & ringi.

[h] J'aime mieux paſſer pour fou & impertinent, pourvu que mes défauts me donnent du plaiſir, ou que je ne m'en apperçoive pas, que d'être ſage, & rongé de chagrin. *Horat.* L. II. Epiſt. 2. vſ. 126, &c.

Mais c'est folie d'y penser arriver par là. Ils vont, ils viennent, ils trottent, ils dansent : de mort nulles nouvelles. Tout cela est beau : mais aussi quand elle arrive, ou à eux ou à leurs femmes, enfans & amis, les surprenant (24) en dessoude & au descouvert, quels tourmens, quels cris, quelle rage & quel desespoir les accable? Vistes-vous jamais rien si rabaissé, si changé, si confus? Il y faut pourvoir de meilleure heure : Et cette nonchallance bestiale, quand elle pourroit loger en la teste d'un homme d'entendement, (ce que

(24) Il y a dans l'Edition in 4to de 1588. à *l'improveu*, ce que je remarque en faveur de ceux, qui, comme moy, pourront ne pas savoir ce que c'est qu'*en dessoude*. —— C'est une expression, m'a-t-on dit depuis, qui se trouve assez souvent dans nos vieux Romans, où elle signifie *soudainement*. Si cela est, de *soudain* on aura formé *dessoude*, de *subito*. Je viens de trouver *en dessoude* dans le Dictionaire François & Anglois de *Cotgrave*, qui l'explique par, *à l'écart*, *en desordre*. Mais j'aime mieux en croire Amyot, qui dans sa Traduction de la *Vie de Jule Cesar* par Plutarque, s'est servi de cette expression dans le premier sens. Parlant des Nerviens, Peuple très-belliqueux, il dit, *qu'ils vinrent un jour en dessoude, courir sus à Cesar, ainsi comme il se logeoit, & qu'il entendoit à faire forrifier son camp, ne se doutant de rien moins que d'avoir la bataille ce jour-là*. Les Nerviens ne firent pas cette attaque *en desordre*, mais si *subitement* (αἰφνιδίως προσέπεσον : ce sont les propres termes de Plutarque) que Cesar eut besoin de toute sa valeur pour sauver ses Troupes d'une déroute entière. *Vie de Cesar*, ch. 6.

je trouve entierement impossible) nous vend trop cher ses denrées. Si c'estoit ennemy qui se peust eviter, je conseillerois d'emprunter les armes de la coüardise : mais puisqu'il ne se peut; puisqu'il vous attrappe fuyant & poltron aussi bien qu'honneste homme,

[i] *Nempe & fugacem persequitur virum,*
Nec parcit imbellis juventa
Poplitibus, timidóque tergo :

Et que nulle trempe de cuirasse vous couvre,

[k] *Ille licet ferro cautus se condat & ære,*
Mors tamen inclusum protrahet inde caput.

apprenons à le soustenir de pied ferme, & à le combattre: Et pour commencer à luy oster son plus grand advantage contre nous, prenons voye toute contraire à la commune. Ostons-luy l'estrangeté, pratiquons-le, accoustumons-le, n'ayons rien si souvent en la teste que la mort : à tous instans representons-la à nostre imagination & en

[i] Car la mort poursuit le Fuyard, sans épargner le dos tremblant d'une lâche & timide Jeunesse. *Horat. Od. 2. L. III. vs. 14, &c.*

[k] L'homme a beau se couvrir de fer & d'airain, la mort saura bien l'arracher de ce Fort, quelque soin qu'il ait pris de s'y remparer. *Propert. L. III. Eleg. 14. vs. 25, 26.*

tous visages. Au broncher d'un cheval, à la cheute d'une tuille, à la moindre piqueure d'espeingle, (25) remachons soudain, *Et bien quand ce seroit la mort mesme* : & là-dessus, roidisons-nous, & nous efforçons. Parmy les festes & la joye, ayons tousjours ce refrein de la souvenance de nostre condition, & ne nous laissons pas si fort emporter au plaisir, que parfois il ne nous repasse en la memoire, en combien de sortes cette nostre allegresse est en butte à la mort, & de combien de prises elle la menasse. Ainsi faisoient les Egyptiens, qui au milieu de leurs festins & parmy leur meilleure chere, faisoient apporter l'Anatomie seche (26) d'un homme, pour servir d'avertissement aux conviez.

[1] *Omnem crede diem tibi diluxisse supremum
Grata superveniet, quæ non sperabitur hora :*

Il est incertain où la mort nous attende, attendons-la par tout. La premeditation de la mort, est premeditation de la liberté. Qui a appris à mourir, il a de-

---

(25) *Faisons d'abord cette reflexion.* Et bien quand ce seroit la mort même.

(26) *Herodot.* L. p. 133.

[1] Mets-toi dans l'esprit que chaque jour est le dernier de ta vie : les momens sur lesquels tu ne compteras point, n'en feront que plus agreables. L. I. Epist. 4. vs. 13, 14.

+ un des préceptes les plus sages de Pythagore etait celui ci : tenez vos paquets toujours roulés

s'appris à servir. Il n'y a rien de mal en la vie, pour celuy qui a bien compris, que la privation de la vie n'eſt pas mal. Le ſçavoir mourir nous afranchit de toute ſubjection & contrainte. Paulus Æmilius reſpondit à celuy que ce miſerable Roy de Macedoine ſon priſonnier luy envoyoit, pour le prier de ne le mener pas en ſon triomphe, (27) *Qu'il en faſſe la requeſte à ſoy-même.* A la verité en toutes choſes ſi nature ne preſte un peu, il eſt mal-ayſé que l'art & l'induſtrie aillent guere avant. Je ſuis de moy-meſme non melancholique, mais ſongecreux : il n'eſt rien dequoy je me ſoye dés tousjours plus entretenu que des imaginations de la mort ; voire en la ſaiſon la plus licentieuſe de mon age,

[m] *Jucundum cùm ætas florida ver ageret.*

Parmy les dames & les jeux, tel me penſoit empeſché à digerer à part moy quelque jalouſie, ou l'incertitude de

---

(27) Plutarque dans la vie d'*Emilius*, ch. 17. de la Traduction d'Amyot. —— *Paulus Perſæ deprecanti, ne in triumpho duceretur, In tuâ id quidem poteſtate eſt. Cic.* Tuſc. Quæſt. L. V. c. 40.

[m] *Quand mon âge fleuri rouloit ſon gai printemps.* Catull. Epigr. LXVI. vſ. 16. Ce Vers François eſt de la Demoiſelle de Gournay. Je le conſerve parcequ'il imite aſſez bien, à mon avis, la naïveté du Vers Latin.

quelque esperance, cependant que je m'entretenois de je ne sçay qui surpris les jours precedens d'une fievre chaude, & de sa fin, au partir d'une feste pareille, & la teste pleine d'oisiveté, d'amour & de bon temps, comme moy, & qu'autant m'en pendoit à l'oreille.

[n] *Jam fuerit, nec pòst unquam revocare licebit.*

Je ne ridois non plus le front de ce pensement-là, que d'un autre. Il est impossible que d'arrivée nous ne sentions des piqueures de telles imaginations: mais en les maniant & repassant, au long aller, on les apprivoise sans doubte: Autrement de ma part je fusse en continuelle frayeur & frenesie: Car jamais homme ne se défia tant de sa vie, jamais homme ne feit moins d'estat de sa durée. Ny la santé, que j'ay jouy jusques à present tres vigoureuse & peu souvent interrompue, ne m'en alonge l'esperance, ny les maladies ne me l'acourcissent. A chaque minute il me semble que je m'eschappe. Et me rechante sans cesse, " Tout ce qui peut estre faict " un autre jour, le peut estre aujour- " d'huy. " De vray les hazards & dan-

[u] Qu'il soit une fois passé, il n'y aura plus moyen de le rappeller. *Lucret.* L. III. *vs.* 928.

giers nous approchent peu ou rien de noſtre fin : Et ſi nous penſons, combien il en reſte, ſans cet accident qui ſemble nous menaſſer le plus, de millions d'autres ſur nos teſtes, nous trouverons que gaillards & fievreux, en la mer & en nos maiſons, en la bataille & en repos elle nous eſt égallement près. [o] *Nemo altero fragilior eſt : nemo in craſtinum ſui certior.* Ce que j'ay à faire avant mourir, pour l'achever tout loiſir me ſemble court, fuſt ce d'une heure. Quelcun feuilletant l'autre jour mes tablettes, trouva un memoire de quelque choſe, que je voulois eſtre faite apres ma mort : je luy dy, comme il eſtoit vray, que n'eſtant qu'à une lieuë de ma maiſon, & ſain & gaillard, je m'eſtois haſté de l'eſcrire là, pour ne m'aſſeurer point d'arriver juſques chez moy. Comme celuy qui continuellement me couve de mes penſées, & les couche en moy, je ſuis à toute heure preparé environ ce que je le puis eſtre : & ne m'advertira de rien de nouveau la ſurvenance de la mort. Il faut eſtre touſjours botté & preſt à partir, entant qu'en nous eſt, & ſur

[o] L'un n'eſt point plus fragile que l'autre : nul n'eſt plus aſſuré du lendemain. *Senec.* Epiſt. 9.

tout se garder qu'on n'aye lors à faire qu'à soy.

[p] *Quid brevi fortes jaculamur ævo*
Multa ?

Car nous y aurons assez de besogne, sans autre surcroist. L'un se plaint plus que de la mort, dequoy elle lui rompt le train d'une belle victoire : l'autre qu'il luy faut desloger avant qu'avoir marié sa fille, ou (28) contrerolé l'institution de ses enfans : l'un plaint la compagnie de sa femme, l'autre de son fils, comme commoditez principales de son estre. Je suis pour cette heure en tel estat, Dieu mercy, que je puis desloger quand il luy plaira, sans regret de chose quelconque : Je me desnouë par tout : mes adieux son tantost pris de chacun, sauf de moy. Jamais homme ne se prepara à quiter le monde plus purement & pleinement, & ne s'en desprit plus universellement que je m'attens de faire. Les plus mortes (29) morts sont les plus saines.

[p] Bornez à une vie très-courte, pourquoi formons-nous de si vastes projets ? *Horat.* Od. 16. L. 11. *vs.* 17, 18.
(28) *Reglé.*
(29) La Mort se prend ici pour l'acheminement & le passage actuel à un état d'insensibilité qui termine notre vie. Plus nous arrivons sourdement

[q] *Miser ô miser, (aiunt) omnia ademit
Una dies infesta mihi tot præmia vitæ.*

Et le bastisseur,

[r] *manent (dit-il) opera interrupta, minæque
Murorum ingentes.*

Il ne faut rien désigner de si longue haleine, ou au moins avec telle intention de se passionner pour en voir la fin. Nous sommes nés pour agir :

[s] *Cùm moriar, medium solvar & inter opus.*

Je veux qu'on agisse, & qu'on allonge les offices de la vie, tant qu'on peut : & que la mort me treuve plantant mes choux; mais nonchallant d'elle, & encore plus de mon jardin imparfait. J'en vis mourir un, qui estant à l'ex-

---

& rapidement à cet état, moins ce passage nous doit faire de peine. Voilà à-peu-près ce qu'emporte cette réflexion hardie & énigmatique de Montagne, que *les plus mortes morts sont les plus saines.* J'ai crû devoir la paraphraser ici, parcequ'on m'en a demandé l'explication.

[q] Malheureux, ah malheureux que je suis, disent-ils, un seul jour infortuné m'a ravi tous les biens & tous les charmes de la vie. *Lucret.* Lib. III. vs. 911, 912.

[r] *Voilà des bâtimens, & de hautes murailles
Que je laisse imparfaits.*
Virg. Æneïd. L. IV. vs. 88, 89.

[s] *En mourant je veux fondre au milieu du travail.* Ovid. Amor. L. II. Eleg. 10. vs. 36.

tremité se plaignoit incessamment, de-quoy sa destinée coupoit le fil de l'Histoire qu'il avoit en main, sur le quinziesme ou seixiesme de nos Roys.

[t] *Illud his rebus non addunt, nec tibi earum*
Jam desiderium rerum super insidet una.

Il faut se descharger de ces humeurs vulgaires & nuisibles. Tout ainsi qu'on a planté nos cimetieres joignant les Eglises, & aux lieux les plus frequentez de la ville, pour accoustumer, disoit Lycurgus, le bas populaire, les femmes & les enfans à ne s'effaroucher point (30) de voir un homme mort, & affin que ce continuel spectacle d'ossemens, de tombeaux, & de convois nous advertisse de nostre condition :

[u] *Quin etiam exhilare viris convivia cæde*
Mos olim, & miscere epulis spectacula dira,
Certantum ferro, sapè & super ipsa cadentum
Pocula, respersis non parco sanguine mensis.

[t] Mais ils n'ajoûtent pas que la Mort vous ôte le regret de toutes ces choses. *Lucret.* L. III. *vs.* 913, 914.

(30) Plutarque dans la *Vie de Licurgue*, ch. XX. de la Traduction d'Amyot.

[u] Jadis même les hommes avoient accoûtumé d'égayer leurs festins par des meurtres, mêlans à leurs Repas les cruels spectacles des Gladiateurs, qui bien souvent après avoir combbatu de l'épée, bronchoient parmi les pots, couvrant les tables d'un ruisseau de sang. *Silius Ital.* L. XI. *vs.* 51, &c.

Et comme les Egyptiens apres leurs festins, faisoient presenter aux assistans une grande image de la Mort, par un qui leur crioit : (31) *Boy, & t'esjouy, car mort tu seras tel* : Aussi ay-je pris en coustume, d'avoir non seulement en l'imagination, mais continuellement la mort en la bouche. Et n'est rien dequoy je m'informe si volontiers que de la mort des hommes : quelle parole, quel visage, quelle contenance ils y ont eu : ny endroit des histoires, que je remarque si attentivement. Il y paroist à la farcissure de mes exemples : & que j'ay en particuliere affection cette matiere. Si j'estoy faiseur de livres, je feroy un registre commenté des morts diverses : qui apprendroit les hommes à mourir, leur apprendroit à vivre. Dicearchus en feit (32) un de pareil titre, mais d'autre & moins utile fin.

On me dira que l'effect surmonte de si loin la pensée qu'il n'y a si belle *Qu'il est utile de penser par avance à la mort.* escrime qui ne se perde, quand on en vient là : laissez-les dire ; le premediter donne sans doubte grand avantage. Et puis, n'est-ce rien, d'aller au moins

---

(31) Ἐς τῦτον ὁρέων, πῖνέ τε κὶ τέρπευ. ἔσεαι γὰρ ἀποθανῶν τοιῦτος. Herod. Liv. II. p. 133.
(32) Voyez les *Offices de Ciceron*, L. II. c. 5.

jusques là sans alteration & sans fiévre ? Il y a plus : nature mesme nous preste la main, & nous donne courage. Si c'est une mort courte & violente, nous n'avons pas loisir de la craindre : si elle est autre, je m'apperçois qu'à mesure que je m'engage dans la maladie, j'entre naturellement en quelque desdain de la vie. Je trouve que j'ay bien plus à faire à digerer cette resolution de mourir, quand je suis en santé, que je n'ay quand je suis en fiévre. D'autant que je ne tiens plus si fort aux commoditez de la vie, à raison que je commence à en perdre l'usage & le plaisir, j'en voy la mort d'une veuë beaucoup moins effrayée. Cela me faict esperer, que plus je m'esloigneray de celle-là, & approcherai de cette-cy, plus ayfément j'entreray en composition de leur eschange. Tout ainsi que (33) j'ay essayé, en plusieurs autres occurrences, ce que dit Cesar, (34) *que les choses nous paroissent souvent plus grandes de loin que de près* : j'ay trouvé que sain j'avois eu les maladies beaucoup plus en horreur, que lors que je les ay senties. L'alle-

---

(33) J'ai éprouvé.
(34) Omnia enim plerumque quæ absunt, vehementius hominum mentes perturbant. *De Bello Gall.* VII. 84.

Livre I. Chap. XIX. 143

greſſe où je ſuis, le plaiſir & la force, me font paroiſtre l'autre eſtat ſi diſproportionné à celuy-là, que par imagination je groſſis ces incommoditez de la moitié, & les conçoy plus poiſantes, que je ne les trouve, quand je les ay ſur les eſpaules. J'eſpere qu'il m'en adviendra ainſi de la mort. Voyons à ces mutations & declinaiſons ordinaires que nous ſouffrons, comme nature nous deſrobe la veuë de noſtre perte & empirement. Que reſte-il à un vieillard de la vigueur de ſa jeuneſſe, & de ſa vie paſſée ?

[x] *Heu ſenibus vita portio quanta manet !*

Ceſar à un ſoldat de ſa garde recreu & caſſé, qui vint en la ruë, lui demander congé de ſe faire mourir : regardant ſon maintien decrepite, reſpondit plaiſamment : (35) *Tu penſes donc eſtre en vie ?* Qui y tomberoit tout à un coup, je ne crois pas que nous fuſſions capables de porter un tel changement : mais conduicts par ſa main, d'une douce

---

[x] *Ah ! qu'il reſte aux vieillards peu de part en la vie !* Eleg. I. Maximiani, vſ. 26.

(35) Cæſar, cùm eum ——— unus ex cuſtodiarum agmine, demiſſâ uſque in pectus vetere barbâ rogaret mortem : *Nunc enim*, inquit, *vivis ?* Senec. Epiſt. 77.

pente & comme insensible, peu à peu, de degré en degré, elle nous roule dans ce miserable estat, & nous y apprivoise, si que nous ne sentons aucune secousse, quand la jeunesse meurt en nous : qui est en essence & en verité, une mort plus dure, que n'est la mort entiere d'une vie languissante ; & que n'est la mort de la vieillesse : D'autant que le sault n'est pas si lourd du mal estre au non estre, comme il est d'un estre doux & fleurissant, à un estre penible & douloureux. Le corps courbe & plié à moins de force à soustenir un fais, aussi a nostre ame. Il la faut dresser & eslever contre l'effort de cet adversaire. Car comme il est impossible, qu'elle se mette en repos pendant qu'elle le craint : si elle s'en asseure aussi, elle se peut vanter (qui est chose comme surpassant l'humaine condition) qu'il est impossible que l'inquietude, le tourment, & la peur, non le moindre desplaisir loge en elle.

[y] *Non vultus instantis tyranni*
Mente quatit solida, neque Auster L

[y] Son courage n'est point abbatu par les menaces d'un Tyran, ni par les tempêtes qu'un Autan furieux excite sur le Golfe Adriatique, ni par la Foudre qui part de la puissante main de Jupiter. *Horat.* Od. 3. L. III. vs. 3, &c. [z] Je

Dux inquieti turbidus Adriæ,
Nec fulminantis magna Jovis manus.

Elle est renduë maistresse de ses passions & concupiscences, maistresse de l'indulgence, de la honte, de la pauvreté, & de toutes autres injures de fortune. Gagnons cet advantage qui pourra. C'est icy la vraye & souveraine liberté qui nous donne dequoy faire la figue à la force, & à l'injustice, & nous moquer des prisons & des fers.

[z] *in manicis, &*
Compedibus, sævo te sub custode tenebo.
Ipse Deus simul atque volam, me solvet: opinor,
Hoc sentit, moriar. Mors ultima linea rerum est.

Nostre religion n'a point eu de plus asseuré fondement humain, que le mespris de la vie. Non seulement le discours de la raison nous y appelle; car pourquoy craindrions-nous de perdre une chose, laquelle perduë ne peut estre regrettée? mais aussi puisque nous sommes menacez de tant de façons de mort, n'y a-il pas plus de mal à les

Raisons de ne pas craindre la Mort.

[z] Je te tiendrai les pieds & les mains aux fers, sous un Geolier impitoyable. *Un Dieu me delivrera, quand je voudrai.* Je croi qu'il veut dire par-là, *Je mourrai:* car le Trépas vient tout finir. *Horat. L. I. Epist.* 16. *vs.* 76, &c.

Tome I.   G

craindre toutes, qu'à en souftenir une ? Que chaut-il, quand ce soit, puifqu'elle eft inevitable ? A celuy qui difoit à Socrate, (36) Les trente tyrans t'ont condamné à la mort : *Et nature eux*, refpondit-il. Quelle fottife de nous peiner, fur le point du paffage à l'exemption de toute peine ? Comme noftre naiffance nous apporta la naiffance de toutes chofes : auffi fera la mort de toutes chofes, noftre mort. Parquoy c'eft pareille folie de pleurer de ce que d'icy à cent ans nous ne vivrons pas, que de pleurer de ce que nous ne vivions pas, il y a cent ans. La mort eft origine d'une autre vie : ainfi pleurafmes-nous, & ainfi nous coufta-il d'entrer en cette-cy : ainfi nous defpouillafmes-nous de noftre ancien voile, en y entrant. Rien ne peut eftre grief, qui n'eft qu'une fois. Eft-ce raifon de craindre fi long temps, chofe de fi brief temps ? Le long temps vivre, & le peu de temps vivre eft rendu tout un par la mort. Car le long &

---

(36) Socrate ne fut pas condamné à la mort par les trente Tyrans, mais par les Atheniens. Πρὸς τὸν εἰπόντα, Θάνατόν σε κατέγνωσαν, Ἀθηναῖοι, κἀκείνων, φησὶν ἡ φύσις : *Quelqu'un ayant dit à Socrate, les Atheniens t'ont condamné à la mort; & la Nature eux, répondit Socrate.* Diogene Laërce, L. II. Segm. 35. — Cic. Tufcul. Quæft. Lib. I. c. 40.

le court n'est point aux choses qui ne sont plus. Aristote dit, (37) qu'il y a des petites bestes sur la riviere Hypanis, qui ne vivent qu'un jour. Celle qui meurt à huict heures du matin, elle meurt en jeunesse : celle qui meurt à cinq heures du soir, meurt en sa decrepitude. Qui de nous ne se mocque de voir mettre en consideration d'heur ou de malheur, ce moment de durée ? Le plus & le moins en la nostre, si nous la comparons à l'éternité, ou encores à la durée des montaignes, des rivieres, des estoilles, des arbres, & mesmes d'aucuns animaux, n'est pas moins ridicule.

Mais Nature nous y force. ” Sortez, dit-elle, de ce monde, comme vous y estes entrez. Le mesme passage que vous fistes de la mort à la vie, sans passion & sans frayeur, refaites-le de la vie à la mort. Vostre mort est une des pieces de l'ordre de l'Univers, une piece de la vie du monde.

La Mort fait partie de l'ordre de l'Univers.

(7) *Apud Hypanim fluvium, qui ab Europa parte in Pontum influit, Aristoteles ait bestiolas quasdam nasci, quæ unum diem vivant. Ex his igitur, horâ octavâ quæ mortua est, provecta ætate mortua est : quæ verò occidente sole, decrepita. Confer nostram longissimam ætatem cum æternitate, in eâdem propemodum brevitate, quâ illa bestiola, reperimur.* Cicer. Tusc. Quæst. L. I. c. 39.

[aa] —— *Inter se mortales mutua vivunt,*
. . . .
Et quasi cursores vitaï lampada tradunt.

« Changeray - je pas pour vous cette
» belle contexture des choses ? C'est la
» condition de vostre creation ; c'est une
» partie de vous que la mort : vous
» vous fuyez vous mesmes. Cettuy vos-
» tre estre, que vous jouyssez, est éga-
» lement party à la mort & à la vie.
» Le premier jour de vostre naissance
» vous achemine à mourir comme à
» vivre.

[bb] *Prima, quæ vitam debit, hora, carpsit.*
[cc] *Nascentes morimur, finisque ab origine*
pendet.

« Tout ce que vous vivez, vous le des-
» robez à la vie : c'est à ses despens. Le
» continuel ouvrage de votre vie, c'est
» bastir la mort. Vous estes en la mort,
» pendant que vous estes en vie ; car
» vous estes apres la mort, quand vous

[aa] Les Mortels partagent entr'eux la vie, dont ils s'entredonnent le Flambeau comme ceux qui courent aux Jeux sacrez. *Lucret.* L. II. vs. 75, 78.

[bb] La premiere heure qui nous a donné la vie, nous l'a enlevée. *Senec.* Hercul. fur. Act. III. Chor. vs. 874.

[cc] La fin tient à la source : en naissant nous mourons. *Manill.* L. IV. vs. 16.

» n'estes plus en vie. Ou, si vous l'ay-
» mez mieux ainsi, vous estes mort
» apres la vie : mais pendant la vie,
» vous estes mourant : & la mort tou-
» che bien plus rudement le mourant
» que le mort, & plus vivement & es-
» sentiellement. Si vous avez faict vostre
» profit de la vie, vous en estes repeu,
» allez-vous-en satisfait.

[dd] *Cur non ut plenus vita conviva recedis?*

» Si vous n'en avez sceu user; si elle
» vous estoit inutile, que vous chaut-il
» de l'avoir perduë ? à quoy faire la vou-
» lez-vous encores ?

[ee] ——— *Cur amplius addere quæris
Rursùm quod pereat malè, & ingratum occi-
dat omne ?*

» La vie n'est de soy ny bien ny mal :
» c'est la place du bien & du mal, se-
» lon que vous la leur faictes. Et si vous
» avez vescu un jour, vous ayez tout
» veu : un jour est égal à tous jours. Il
» n'y a point d'autre lumiere, n'y d'au-

[dd] *Pourquoi ne sors-tu de la vie, comme on sort d'un Festin ? Lucret.* L. III. vs. 951.

[ee] *Pourquoi cherches-tu de multiplier des jours qui doivent couler avec le même desagrément, & s'évanoüir entieremnt sans te donner aucun plaisir ? Lucret.* L. III. vs. 954, 955.

» tre nuict. Ce Soleil, cette Lune, ces
» Estoilles, cette disposition, c'est celle
» mesme que vos Ayeuls ont jouye, &
» qui entretiendra vos arriere-nepveux.

[ff] *Non alium videre patres, aliumve nepotes
Aspicient.*

» Et au pis aller, la distribution & va-
» rieté de tous les actes de ma come-
» die, se parfournit en un an. Si vous
» avez pris garde au branle de mes qua-
» tre Saisons, elles embrassent l'enfance,
» l'adolescence, la virilité, & la vieil-
» lesse du monde. Il a joüé son jeu : il
» n'y sçait autre finesse, que de recom-
» mencer ; ce sera toujours cela mesme.

[gg] —— *versamur ibidem, atque insumus usque.*
[hh] *Atque in se sua per vestigia volvitur annus.*

» Je ne suis pas (38) deliberée de vous
» forger autres nouveaux passe-temps.

[ff] *Vos Neveux ne verront que ce qu'ont vû vos Peres.* Manil. L. I. vs. 522, 523.
[gg] *Nous sommes pour toûjours dans ce Cercle enfermez.* Lucret. L. III. vs. 1093.
[hh] *Et l'An sur soi roulant se retrace lui-même.* Virg. Georg. L. II. vs. 402.
(38) C'est la Nature qui parle encore.

[ii] *Nam tibi præterea quod machiner, inveniámque*
Quod placeat, nihil est: eadem sunt omnia semper.

„ Faictes place aux autres, comme d'au-
„ tres vous l'ont faicte. L'égalité (39) est
„ la premiere piece de l'equité. Qui se
„ peut plaindre d'estre compris où tous
„ sont compris ? Aussi avez-vous beau
„ vivre, vous n'en rabattrez rien du
„ temps que vous avez à estre mort :
„ c'est pour neant : aussi long temps
„ serez-vous en cet estat-là que vous
„ craignez, comme si vous estiez mort
„ en nourrisse :

[kk] *Licet quotvis vivendo condere sæcla,*
Mors æterna tamen nihilominus illa manebit.

„ Et si vous mettray en tel point, auquel
„ vous n'aurez aucun mescontentement.

[ii] Car enfin ma fecondité ne peut rien produire de nouveau en ta faveur : je n'ai toûjours à t'offrir que les mêmes choses. *Lucret. L. III. vs.* 957, 958.

(39) *Mors necessitatem habet æquam & invictam. Quis quæri potest in eâ conditione se esse, in quâ nemo non est ? Prima enim pars æquitatis, est æqualitas.* Senec. Epist. 30.

[kk] Vis autant de siecles que tu voudras, la mort ne laissera pourtant pas d'être éternelle après. *Lucret. L. III. vs.* 1103, 1104.

[ll] *In verâ nescis nullum fore morte alium te,*
Qui possit vivus tibi te lugere peremptum,
Stansque jacentem.

» Ny ne desirerez la vie que vous plai-
» gnez tant.

[mm] *Nec sibi enim quisquam tum se vitam-*
que requirit.

. . . .

Nec desiderium nostri nos afficit ullum.

» La mort est moins à craindre que rien,
» s'il y avoit quelque chose de moins
» que rien.

[mm] *Multo mortem minus ad nos esse pu-*
tandum,
Si minus esse potest quàm quod nihil esse vi-
demus.

» Elle ne vous concerne ny mort ny vif.
» Vif, parce que vous estes : Mort,
» parce que vous n'estes plus. Davan-

[ll] Ne sais-tu pas bien que dans l'aneantisse-
ment du trépas il ne restera pas un autre Toi-même,
qui puisse vif & sur pieds te pleurer mort & couché dans le tombeau ? *Id. ibid. vs. 898, &c.*

[mm] Car alors on ne s'interesse point pour soi,
ni pour la vie; & nous ne sommes plus touchez
d'aucun regret sur nous mêmes. *Id. ibid. vs. 932.*
935.

[nn] S'il y a quelque chose qui soit moins que
ce qui nous paroît n'être rien, nous devons croire
que la Mort nous est encore moins que cela. *Lucret.*
L. III. vs. 839, 840.

LIVRE I. CHAP. XIX. 153

» rage nul ne meurt avant son heure. Ce
» que vous laissez de temps, n'estoit
» non plus vostre, que celuy qui s'est
» passé avant vostre naissance, & ne vous
» touche non plus.

[oo] *Respice enim quàm nil ad nos antè acta*
   vetustas
Temporis æterni fuerit.

» Où que vostre vie finisse, elle y est
» toute. L'utilité du vivre n'est pas en
» l'espace : elle est en l'usage. Tel a vescu
» long temps, qui a peu vescu. Atten-
» dez-vous y pendant que vous y estes.
» Il gist en vostre volonté, non au nom-
» bre des ans, que vous ayez assez vescu.
» Pensez-vous jamais n'arriver là, où
» vous alliez sans cesse ? encore n'y a-il
» chemin qui n'aye son issuë. Et si la
» compagnie vous peut soulager, le
» monde ne va-il pas mesme train que
» vous allez ?

[pp] *Omnia te vitâ perfuncta sequentur.*

» Tout ne branle-il pas vostre branle ?
» y a-il chose qui ne vieillisse quant &

[oo] Considerez que tous les siecles passez, bien
qu'éternels en durée, ne nous ont rien été. *Id. ibid.*
vs. 985, 986.
[pp] Tout après vous ira de la vie au trépas. Lucret.
L. III. vs. 981.

G 5

» vous ? Mille hommes, mille animaux
» & mille autres creatures meurent en
» ce mesme instant que vous mourez.

[qq] *Nam nox nulla diem, neque noctem*
aurora sequuta est,
Quæ non audierit mistos vagitibus ægris
Ploratus, mortis comites & funeris atri.

» A quoy faire y reculez-vous, si vous
» ne pouvez tirer arriere ? Vous en avez
» assez veu qui se sont bien trouvés de
» mourir, (40) eschevant par là des
» grandes miseres. Mais quelqu'un qui
» s'en soit mal trouvé, en avez-vous
» veu ? Si est-ce grande simplesse, de
» condamner chose que vous n'avez
» esprouvée ny par vous ny par autre.
» Pourquoy te plains-tu de moy & de
» la destinée ? Te faisons-nous tort ? Est-
» ce à toy de nous gouverner, ou à nous
» toy ? Encore que ton aage ne soit pas
» achevé, ta vie l'est. Un petit homme
» est homme entier comme un grand.
» Ny les hommes ny leurs vies ne se me-
» surent à l'aune.

[qq] Car il ne s'est passé ni jour ni nuit qu'avec des cris d'Enfans naissans on n'ait entendus des regrets & des pleurs inseparables du funeste appareil de la mort. *Lucret. L. II. vs.* 579, 580.

(40) *Evitant.* — *Eschever*, c'est dit Nicot, éviter, *cavere*, *vitare*.

« Chiron refusa l'immortalité, infor- *L'immorta-*
« mé des conditions d'icelle, par le Dieu *lité refusée*
« mesme du temps, & de la durée, Sa- *par Chiron,*
« turne son pere.✝ Imaginez de vray, *& pourquoi.*
« combien seroit une vie (41) perdura-
« ble, moins supportable à l'homme,
« & plus penible, que n'est la vie que
« je luy ay donnée. Si vous n'aviez la
« mort, vous me maudiriez sans cesse
« de vous en avoir privé. J'y ay à escient
« meslé quelque peu d'amertume, pour
« vous empescher, voyant la commo-
« dité de son usage, de l'embrasser trop
« avidement & indiscretement. Pour
« vous loger en ceste moderation, ny
« de fuir la vie, ny de (42) refuïr à la
« mort, que je demande de vous, j'ay
« temperé l'une & l'autre entre la dou-
« ceur & l'aigreur. J'appris à Thalès le
« premier de vos Sages, que le vivre &
« le mourir estoit indifferent : par où, à
« celuy qui luy demanda, pourquoy
« donc il ne mouroit, il répondit tres
« sagement, (43) *Pource qu'il est indif-*

(41) *C'est-à-dire*, qui dureroit sans fin. *Perdura-ble, perpetuus, æternus. Nicot.*

(42) Ou comme on a mis dans les dernieres Editions, *de fuïr la mort. Les dangiers*, dit Panurge, *se refuyent de moy, quelque part que je soye, sept lieues à la ronde.* Rabelais, L. III. c. 45.

(43) Ὅτι, ἔφη, οὐδὲν διαφέρει. Diogene Laërt. in *Vitâ Thaletis*, Lib. I. segm. 35.

✝ On peut joindre à ce trait rapporté par Montaigne, la fable de Tithon, qui ayant obtenu l'immortalité, est reduit par les incommodités de la vieillesse à demander la mort.

» *ferent*. L'eau, la terre, l'air & le feu,
» & autres membres de ce mien basti-
» ment, ne sont non plus instruments
» de ta vie, qu'instruments de ta mort.
» Pourquoy crains-tu (44) ton dernier
» jour ? Il ne confere non plus à ta mort
» que chascun des autres. Le dernier
» pas ne faict pas la lassitude : il la de-
» clare. Tous les jours vont à la mort :
» le dernier y arrive. » Voila les bons
advertissemens de nostre mere Nature.

Pourquoi la Mort nous paroît autre à la Guerre que dans nos Maisons.

Or j'ay pensé souvent d'où venoit cela, qu'aux Guerres le visage de la mort, soit que nous la voyons en nous ou en autruy, nous semble sans comparaison moins effroyable qu'en nos maisons : autrement ce seroit une armée de medecins & de pleurars : & elle estant tousjours une, qu'il y ait toutesfois beaucoup plus d'asseurance parmy les gens de village & de basse condition qu'és autres. Je croy à la verité que ce sont ces mines & appareils effroyables, dequoy nous l'entournons, qui nous font plus de peur qu'elle : une toute nouvelle forme de vivre : les cris

(44) *Erramus, qui ultimum timemus diem : cùm tantundem in mortem singuli conferant. Non ille gradus lassitudinem facit in quo deficimus, sed ille profitetur. Ad mortem dies extremus pervenit, accedit omnis.* Seneq. Epist. 120.

des meres, des femmes, & des enfans: la visitation de personnes estonnées, & transies: l'assistance d'un nombre de valets passes & éplorés: une chambre sans jour: des cierges allumez: nostre chevet assiegé de medecins & de prescheurs: somme, tout horreur & tout effroy autour de nous. Nous voila desja ensevelis & enterrez. Les enfans ont peur de leurs amis mesmes (45) quand ils les voyent masquez: aussi avons-nous. Il faut oster le masque aussi bien des choses que des personnes. Osté qu'il sera, nous ne trouverons au dessous, que cette mesme mort, (46) qu'un valet ou simple chambriere passerent dernierement sans peur. Heureuse la mort qui oste le loisir aux apprests de tel équipage!

(45) Quod vides accidere pueris, hoc nobis quoque majusculis pueris evenit. Illi quos amant, quibus assueverunt, cum quibus ludunt, si personatos vident, expavescunt. Non hominibus tantùm, sed & rebus persona demenda est. *Senec.* Epist. 24.

(46) Mors est, quam nuper servus meus, quam ancilla contempsit. *Id.* ibid.

CHAPITRE XX.

De la force de l'imagination.

Des Effets que produit l'imagination.

Fortis [a] *imaginatio generat casum*, disent les Clercs.

Je suis de ceux qui sentent tres-grand effort de l'imagination. Chacun en est heurté, mais aucuns en sont renversez. Son impression me perce; & mon art est de lui eschapper, par faute de force à lui resister. Je vivrois de la seule assistance de personnes saines & gayes. La veuë des angoisses d'autruy m'angoisse materiellement: & a mon sentiment souvent usurpé le sentiment d'un tiers. Un tousseur continuel irrite mon poulmon & mon gosier. Je visite plus mal volontiers les malades, ausquels le devoir m'interesse, que ceux ausquels je m'attens moins, & que je considere moins. Je saisis le mal, que j'estudie, & le couche en moy. Je ne trouve pas estrange (1) qu'elle donne & les fievres, & la mort, à ceux qui la laissent

[a] *Une imagination forte produit des accidens extraordinaires*, disent les Savans de profession.

(1) *Que l'imagination donne*, &c.

faire, & qui luy applaudiſſent. Simon Thomas eſtoit un grand medecin de ſon temps. Il me ſouvient que me rencontrant un jour à Thoulouſe chez un riche vieillard pulmonique, & traittant avec luy des moyens de ſa gueriſon, il luy diſt, que c'en eſtoit l'un, de me donner occaſion de me plaire en ſa compagnie : & que fichant ſes yeux ſur la freſcheur de mon viſage, & ſa penſée ſur cette allegreſſe & vigueur, qui regorgeoit de mon adoleſcence; & rempliſſant tous ſes ſens de cet eſtat floriſſant en quoi j'eſtois lors, ſon habitude s'en pourroit amender : Mais il oublioit à dire, que la mienne s'en pourroit empirer auſſi. *Gallus Vibius* banda ſi bien ſon ame, (2) à comprendre l'eſſence & les mouvemens de la folie,

───────────

(2) *Seneque* le Rheteur, de qui Montagne doit avoir pris ce fait, ne dit point que *Gallus Vibius* perdit la raiſon *en tâchant de comprendre l'eſſence de la Folie*, mais en s'appliquant avec trop de contention d'Eſprit à en imiter les mouvemens. Comme ce Gallus étoit Rhétoricien de profeſſion, il s'imagina que les emportemens de la Folie, repreſentez vivement par le diſcours, charmeroient l'eſprit de ſes Auditeurs : & par le ſoin qu'il prit de bien contrefaire le fou, il le devint effectivement. *C'eſt le ſeul homme que je ſache*, dit Seneque, *à qui il ſoit arrivé de devenir fou, non par accident, mais par un acte de jugement:* Huic accidiſſe uni ſcio ut in inſaniam non caſu incideret, ſed judicio pervenirer. *Controv.* IX. L. 2.

qu'il emporta son jugement hors de son siege, si qu'onques puis il ne l'y peut remettre : & se pouvoit vanter d'estre devenu fol par sagesse. Il y en a qui, de frayeur anticipent la main du bourreau ; & celui qu'on debandoit pour luy lire sa grace, se trouva roide mort sur l'eschaffaut du seul coup de son imagination. Nous tressuons, nous tremblons, nous pallissons, & rougissons aux secousses de nos imaginations; & renversez dans la plume sentons nostre corps agité à leur branle, quelquefois jusques à en expirer. Et la jeunesse bouillante s'eschauffe si avant en son harnois toute endormie, (3) qu'elle assouvit en songe ses amoureux desirs :

[b] *Ut quasi transactis sapè omnibus rebus profundant*
Fluminis ingentes fluctus, vestémque cruentent.

Et encore qu'il ne soit pas nouveau de voir croistre la nuict des cornes à tel, qui ne les avoit pas en se couchant : toutesfois l'evenement de Cippus Roy d'Italie est memorable, lequel pour

(3) C'est ce que *Lucrece* dit un peu trop ouvertement dans les deux Vers suivans.
[b] *Lucret.* L. IV. *vs.* 1029, 1030.

avoir assisté le jour avec grande affection au combat des taureaux, & avoir eu en songe toute la nuict des cornes en la teste, (4) les produisit en son front par la force de l'imagination. La passion donna au fils de Crœsus (5) la voix, que nature lui avoit refusée. Et Antiochus (6) prit la fievre, par la beauté de Stratonice trop vivement empreinte en son ame. Pline dit avoir veu Lucius Cossicius, de femme, (7) changé en homme le jour de ses nopces. Pontanus & d'autres racontent pareilles metamorphoses advenuës en Italie ces sie-

(4) Pline met ce conte dans le même rang que celui qu'on fait d'Actéon. *Actæonem*, dit-il, *& Cipum etiam in Latinâ Historiâ, fabulosos reor. Natur. Hist.* L. XI. c. 38. Au reste je ne sai où Montagne a trouvé que ce Cipus étoit Roi d'Italie. Valere Maxime lui donne la qualité de *Préteur*, & dit qu'étant sorti de Rome en habit de Général, *paludatus*, & l'accident, dont parle ici Montagne, lui étant arrivé, les Devins déclarerent que Cipus seroit Roi, s'il retournoit à Rome. Sur quoi il se condamna volontairement lui-même à un exil perpetuel. *Genucio Cipo Prætori paludato Portam egredienti, novi & inauditi generis prodigium incidit : namque in capite ejus subito veluti cornua emerserunt : responsumque est, Regem eum fore, si in Urbem revertisset. Quod ne accideret, voluntarium sibimet ac perpetuum indixit auxilium.* Valer. Max. L. V. c. 6.

(5) *Herodot.* L. I. p. 39.

(6) Voyez le Traité, *De la Déesse de Syrie*, dans Lucien.

(7) *Natural. Hist.* L. VII. c. 4. *Ipse in Africâ vidi mutatum in marem nuptiarum die, L. Cossicium.*

cles passez : Et par vehement desir de luy & de sa mere,

[c] *Vota puer solvit, qua fœmina voverat Iphis.*

Passant à Vitry le François je peus voir un homme que l'Evesque de Soissons avoit nommé *Germain* en confirmation, lequel tous les habitans de là ont cogneu, & veu fille, jusques à l'aage de vingt-deux ans, nommée *Marie*. Il estoit à cette heure-là fort barbu, & vieil, & point marié. Faisant, dit-il, quelque effort en saultant, ses membres virils se produisirent : & est encore en usage entre les filles de là, une chanson, par laquelle elle s'entradvertissent de ne faire point de grandes enjambées, de peur de devenir garçons, comme *Marie Germain*. Ce n'est pas tant de merveille que cette sorte d'accident se rencontre frequent : car si l'imagination peut en telles choses, elle est si continuellement & si vigoureusement attachée à ce subject, que pour n'avoir si souvent à rechoir en mesme pensée & aspreté de desir, elle a meilleur compte (8) d'incorporer, une fois pour toutes, cette virile partie aux filles.

[c] *Iphis paya garçon les vœux qu'il fit pucelle.* Ovid. *Metamorph.* L. IX, Fab. 12. *vs.* 129.

Les uns attribuent à la force de l'imagination les cicatrices du Roy Dagobert & de Sainct François. On dit que les corps s'en enlevent telle fois de leur place. Et Celsus recite d'un Prestre, qui ravissoit son ame en telle extase, que le corps en demeuroit longue espace sans respiration & sans sentiment. Sainct Augustin en nomme (9) un autre, à qui il ne falloit que faire ouïr des cris lamentables & plaintifs : soudain il defailloit, & s'emportoit si vivement hors de soy, qu'on avoit beau le tempester, & hurler, & le pincer, & le griller, jusques à ce qu'il fust ressuscité : Lors il disoit avoir ouy des voix, mais comme venant de loin : & s'appercevoit de ses eschaudures & meurtrisseures. Et que ce ne fust une obstination apostée contre son sentiment, cela le monstroit, qu'il n'avoit cependant ny poulx ny haleine.

Etranges effets de l'Imagination.

Il est vray-semblable, que le principal credit des visions, des enchantemens, & tels effects extraordinaires,

Ce qui donne surtout credit aux visions, aux enchantemens, &c.

(8) Fausse & extravagante pensée. Je ne suis pas surpris qu'elle soit venuë dans l'Esprit de Montagne, car qui ne songe quelquefois en veillant ? Mais je m'étonne qu'il ait pû se déterminer à la mettre en œuvre.

(9) C'est *Restitutus*, De Civit. Dei, Lib. XIV. chap. 24.

vienne de la puissance de l'imagination, agissant principalement contre les ames du Vulgaire, plus molles. On leur a si fort saisi la creance, qu'ils pensent voir ce qu'ils ne voyent pas.

D'où procedent les nouëmens d'éguillettes.

Je suis encore en ce doubte, que ces plaisantes (10) liaisons dequoy nostre monde se voit si entravé qu'il ne se parle d'autre chose, ce sont volontiers des impressions de l'aprehension & de la crainte. Car je sçay par experience, que tel de qui je puis respondre, comme de moy-mesme, en qui il ne pouvoit choir soupçon aucun de foiblesse, & aussi peu d'enchantement, ayant ouy faire le conte à un sien compagnon d'une defaillance extraordinaire, en quoy il estoit tombé sur le point qu'il en avoit le moins de besoin, se trouvant en pareille occasion, l'horreur de ce conte luy vint à coup si rudement frapper l'imagination, qu'il en courut une fortune pareille. Et de la en hors fut subject à y rechoir : ce villain souvenir de son inconvenient le gourmandant & tyrannisant. Il trouva quelque remede à cette resverie, par une autre

(10) C'est-à-dire, *nouëmens d'éguillettes*, comme cela paroît par la suite du discours. Il y a dans l'Edition in 4to de 1588. *ces plaisantes liaisons des mariages.*

resverie. C'est qu'advouant luy-mesme, & preschant avant la main, cette sienne subjection, la contention de son ame se soulageoit, sur ce qu'apportant ce mal comme attendu, son obligation en amoindrissoit, & luy en poisoit moins. Quand il a eu loy, à son chois (sa pensée desbrouillée & desbandée, son corps se trouvant en son deu) de le faire lors premierement tenter, saisir, & surprendre à la connoissance d'autruy, il s'est guéri tout net. A qui on a esté une fois capable, on n'est plus incapable, sinon par juste foiblesse. Ce malheur n'est à craindre qu'aux entreprises, où nostre ame se trouve outre mesure tendue de desir & de respect ; & notamment où les commoditez se rencontrent improuveues & pressantes. On n'a pas moyen de se ravoir de ce trouble. J'en sçay, à qui il a servy d'y apporter le corps mesme, demy rassasié d'ailleurs, pour endormir l'ardeur de cette fureur, & qui par l'aage, se trouve moins impuissant, de ce qu'il est moins puissant : Et tel autre, à qui il a servi aussi qu'un amy (11) l'ayt asseu-

(11) Dans l'Edition in 4to de 1588. où Montagne n'avoit pas trouvé à propos d'inserer l'Histoire de son Ami qu'il guérit par cette contre-batterie, il s'étoit contenté de dire, *Et à celui qui sera en*

ré d'estre fourni d'une contre-batterie d'enchantements certains, à le preserver. Il vaut mieux, que je die comment ce fut.

Plaisant moyen de guerir un mal d'imagination. Un Comte de tresbon lieu, de qui j'estois fort privé, se mariant avec une belle Dame, qui avoit esté poursuivie de tel qui assistoit à la feste, mettoit en grande peine ses amis; & nommément une vieille Dame sa parente, qui presidoit à ces nopces, & les faisoit chez elle, craintive de ces sorcelleries : ce qu'elle me fit entendre. Je la priay s'en reposer sur moy. J'avois de fortune en mes coffres, certaine petite piece d'or platte, où estoient gravées quelques figures celestes, contre le coup du Soleil, & pour oster la douleur de teste, la logeant à point, sur la cousture du test : & pour l'y tenir, elle estoit cousuë à ruban propre à rattacher sous le menton : Resverie germaine à celle dequoy nous parlons. *Jacques Peletier*, vivant chez moi, m'avoit faict ce present singulier. J'advisay d'en tirer quelque usage, & dis au Comte, qu'il pourroit courre fortune comme les autres, y

allarme des liaisons ; qu'on lui persuade hors de là, qu'on lui fournira des contr'enchantemens d'un effect merveilleux & certain.

ayant là des hommes pour luy en vouloir prester une; mais que hardiment il s'allast coucher: Que je luy ferois un tour d'amy: & n'espargnérois à son besoin, un miracle, qui estoit en ma puissance: pourveu que sur son honneur, il me promist de le tenir tres-fidelement secret. Seulement, comme sur la nuict on iroit luy porter le resveillon, s'il luy estoit mal allé, il me fist un tel signe. Il avoit eu l'ame & les oreilles si battuës, qu'il se trouva lié du trouble de son imagination: & me fit son signe à l'heure susdite. Je luy dis lors à l'oreille, qu'il se levast, sous couleur de nous chasser, & prinst en se jouant la robbe de nuict, que j'avois sur moy (nous estions de taille fort voisine) & s'en vestist, tant qu'il auroit executé mon ordonnance, qui fut, Quand nous serions sortis, qu'il se retirast à (12) tomber de l'eau: dist trois fois telles parolles: & fist tels mouvements. Qu'à chascune de ces trois fois, il ceignist ruban, que je luy mettois en main, & couchast bien soigneusement la medaille qui y estoit attachée, sur ses roignons: la figure en telle posture: Cela faict, ayant à la derniere fois bien estreint ce ruban, pour qu'il

_____
(12) Pur Gasconisme pour dire *faire de l'eau.*

ne se peust ny desnouër, n'y mouvoir de sa place, qu'en toute asseurance il s'en retournast à son prix faict: & n'oubliast de rejetter ma robbe sur son lict, en maniere qu'elle les (13) abriast tous deux. Ces singeries sont le principal de l'effect: nostre pensée ne se pouvant desmesler, que moyens si estranges ne viennent de quelque abstruse science. Leur inanité leur donne poids & reverence. Somme, il fut certain, que mes characteres se trouverent plus Veneriens que Solaires, plus en action qu'en prohibition. Ce fut un humeur prompte & curieuse, qui me convia à tel effect, esloigné de ma nature. Je suis ennemy des actions subtiles & feintes: & hay la finesse, en mes mains, non seulement recreative, mais aussi profitable. Si l'action n'est vicieuse, la routte l'est. Amasis Roy d'Egypte, espousa Laodice tres belle fille Grecque: & luy, qui se monstroit

---

(13) Couvrit. —— *Abri* est encore en usage. Pourquoy perdre *abrier* qui en vient naturellement, & dont le son est très-agréable? —— Cotgrave l'a mis dans son Dictionaire: & selon Menage *abrier* est un vieux mot qui signifie *couvrir*. —— *Abrier* n'est pas encore tout à-fait proscrit. Dans le langage des Jardiniers *abrier une plante*, c'est la mettre à couvert du mauvais temps. Je ne croi pas que cette expression, placée à propos dans des Vers, choquât l'oreille de nos plus délicats Puristes.

(14)

troit gentil compagnon par tout ailleurs, se trouva court (14) à jouïr d'elle : & menaça de la tuer, estimant que ce fust quelque sorciere. Comme és choses qui consistent en fantasie, elle le rejetta à la devotion : & ayant faict ses vœus & promesses à Venus, il se trouva divinement remis, dès la premiere nuict, d'apres ses oblations & sacrifices. (15) Or elles ont tort de nous recueillir de ces contenances mineuses, querelleuses & fuyardes, qui nous esteignent en nous allumant. La (16) bru de Pytha-

(14) *Herodot.* L. II. p. 180. où l'on voit que ce ne fut pas Amasis, mais Laodicé, ou *Ladice* qui s'avisa de faire à Venus un vœu dont elle s'acquitta très-fidellement : *car*, dit Herodote, *Ladice lui érigea une Statuë comme l'avoit promis : & cette Statuë subsistoit encore de mon temps,* Ἡ δὲ Λαδίκη ἀπέδωκε τὴν εὐχὴν τῇ Θεῷ. ποιησαμένη γὰρ ἄγαλμα, ἀπέπεμψε ἐς Κυρήνην, τὸ ἔτι καὶ ἐς ἐμὲ ἦν σῶον.

(15) Dans l'Edition in 4to de 1558. Montagne avoit dit ici, *Mais il faut aussi que celles à qui légitimement on le peut demander, ostent ces façons ceremonieuses & affectées de rigueur & de refus, & qu'elles se contraignent un peu pour s'accommoder à la necessité de ce siecle malheureux.*

(16) Montagne a voulu parler de *Theano*, fameuse Pythagoricienne, qui étoit la femme, & non la belle-fille de Pythagore. Ἦν δὲ τῷ Πυθαγόρᾳ καὶ γυνὴ, Θεανὼ ὄνομα, *La femme de Pythagore s'appelloit Theano.* Diogene Laërce dans la Vie de Pythagore, L. VIII. Segm. 42. C'est Menage qui dans son *Histoire des Femmes Philosophes* a relevé cet-

Tome I. H

goras, disoit, (17) que la femme qui se couche avec un homme, doit avec sa cotte laisser quant & quant la honte, & la reprendre avec sa cotte. L'ame de l'assaillant troublée de plusieurs diverses allarmes, se perd aisement : Et à qui l'imagination a 'faict une fois souffrir cette honte (& elle ne la faict souffrir qu'aux premieres accointances, d'autant qu'elles sont plus ardentes & aspres: & aussi qu'en cette premiere cognoissance qu'on donne de soy, on craint beaucoup plus de faillir) ayant mal commencé, il entre en fiefvre & despit de cet accident, qui luy dure aux occasions suivantes.

Gens mariez comment doivent se comporter en la couche nuptiale. Les Mariez, le temps estant tout leur, ne doivent ny presser ny taster leur entreprise, s'ils ne sont prests. Et vault mieux faillir indecemment, à estreiner la couche nuptiale, pleine d'agitation & de fievre, attendant une & une autre commodité plus privée & moins allarmée, que de tomber en une perpetuelle misere, pour s'estre estonné & desesperé du premier refus. Avant la possession prise, le patient se doit à

te petite méprise de Montagne. *Diog. Laërt.* Tom. II. p. 500. col. 2.

(17) *Diog. Laërt.* dans la vie de Pythagore, Liv. VIII. Segm. 43.

faillies & divers temps, legerement eſ-ſayer & offrir, ſans ſe piquer & opiniaſtrer, à ſe convaincre definitivement ſoy-meſme. Ceux qui ſçavent leurs membres de nature dociles, qu'ils ſe ſoignent ſeulement de contrepipper leur fantaſie.

On a raiſon de remarquer l'indocile liberté de ce membre, s'ingerant ſi importunément lors que nous en avons le plus affaire: & conteſtant de l'authorité, ſi imperieuſement, avec noſtre volonté, refuſant avec tant de fierté & d'obſtination nos ſolicitations & mentales & manuelles. Si toutesfois en ce qu'on gourmande ſa rebellion, & qu'on en tire preuve de ſa condemnation, il m'avoit payé pour plaider ſa cauſe, à l'adventure mettrois-je en ſoupçon nos autres membres ſes compagnons, de luy eſtre allé dreſſer par belle envie de l'importance & douceur de ſon uſage, cette querelle apoſtée, & avoir par complot, armé le monde à l'encontre de luy, le chargeant malignement ſeul de leur faute commune. Car je vous donne à penſer, s'il y a une ſeule des parties de noſtre corps, qui ne refuſe à noſtre volonté ſouvent ſon operation, & qui ſouvent ne s'exerce contre noſtre volonté. Elles ont chacune des paſſions

Si un des Membres de l'Homme eſt indocile, pluſieurs autres ne le ſont pas moins.

propres, qui les efveillent & endorment, fans notre congé. A quant de fois tefmoignent les mouvements forcez de noftre vifage, les penfées que nous tenions fecrettes, & nous trahiffent aux affiftants? Cette mefme caufe qui anime ce membre, anime auffi fans noftre fceu, le cœur, le poulmon, & le pouls: la veue d'un object agreable refpandant imperceptiblement en nous la flamme d'une emotion fiefvreufe. N'y a-il que ces mufcles & ces veines, qui s'elevent & fe couchent, fans l'adveu non feulement de noftre volonté, mais auffi de noftre penfée? Nous ne commandons pas à nos cheveux de fe heriffer, & à noftre peau de fremir de defir ou de crainte. La main fe porte fouvent où nous ne l'envoyons pas. La langue fe tranfit, & la voix fe fige (18) à fon heure. Lors même que n'ayans de quoy frire, nous ne luy deffendrions volontiers, l'appetit de manger & de boire ne laiffe pas d'émouvoir les parties, qui luy font fubjettes, ny plus ny moins que cet autre appetit: & nous abandonne de mefme, hors de propos, quand bon luy femble. Les outils qui fervent à defcharger le ventre, ont leurs

(18) *En un certain temps malgré notre volonté.*

propres dilatations & compreſſions, outre & contre noſtre advis, comme ceux-cy deſtinées à deſcharger les roignons. Et ce que pour autorizer la puiſſance de noſtre volonté, Sainct Auguſtin allegue avoir veu quelqu'un, (19) qui commandoit à ſon derriere autant de pets qu'il en vouloit: & que Vives encherit d'un autre exemple de ſon temps, de pets organizez, ſuivants le ton des voix qu'on leur prononçoit, ne ſuppoſe non plus pure l'obeiſſance de ce membre. Car en eſt-il ordinairement de plus indiſcret & tumultuaire? Joint que j'en cognoy un ſi turbulent & reveſche, qu'il y a quarante ans, qu'il tient ſon maiſtre à peter d'une haleine & d'une obligation conſtante & irremittente, & le meine ainſi à la mort. Et pleuſt à Dieu, que je ne le ſceuſſe que par les hiſtoires, combien de fois noſtre ventre par le refus d'un ſeul pet, nous meine juſques aux portes d'une mort tres angoiſſeuſe: & que (20) l'Em-

(19) Nonnulli ab imo ſine pudore ullo ita numeroſos pro arbitrio ſonitus edunt, ut ex illâ etiam parte cantare videantur. *Auguſt.* de Civitate Dei, L. XIV. c. 24. Sur quoi voici ce que Vivès ajoûte en forme de Commentaire: —— *Talis fuit memoriâ noſtrâ Germanus quidam in Comitatu Maximiliani Cæſaris & Philippi ejus filii; nec ullum erat carmen, quod non ille crepitibus pudicis redderet.*

(20) *Claude*, cinquiéme Empereur Romain. Mais

pereur qui nous donna la liberté de peter par tout, nous en eust donné le pouvoir : Mais nostre volonté, pour les droits de qui nous mettons en avant ce reproche, combien plus vraysemblablement la pouvons-nous remarquer de rebellion & sedition ; par son desreiglement & desobeissance ? Veut-elle tousjours ce que nous voudrions (21) qu'elle voulsist ? Ne veut-elle pas souvent ce que nous lui prohibons de vouloir ; & à nostre évident dommage ? se laisse-elle non plus mener aux conclusions de nostre raison ? Enfin, je dirois pour monsieur ma Partie, que plaise à considerer qu'en ce fait sa cause estant inseparablement conjointe (22) à un consort, & indistinctement, on ne s'adresse pourtant qu'à luy, & par les arguments & charges qui ne peuvent appartenir à sondit consort. Car l'effect d'iceluy est bien de convier inopportunement par fois, mais refuser, jamais : & de convier encore tacitement & quietement. Partant se void l'animosité & illegalité

Suetone rapporte seulement qu'on disoit que l'Empereur Claude avoit eu dessein d'autoriser cette liberté par un Edit : *Dicitur etiam meditatus Edictum quo veniam daret flatum crepitúmque ventris in convivio emittendi.* In vitâ Claudii. c. 32.

(21) *Qu'elle voulût.*
(22) *A un compagnon.*

manifestes des accusateurs. Quoy qu'il en soit, protestant, que les Advocats & Juges ont beau quereller & sentencier, Nature tirera cependant son train : Qui n'auroit faict que raison, quand elle auroit doüé ce membre de quelque particulier privilege : Autheur du seul ouvrage immortel, des mortels : Ouvrage divin selon Socrates : & Amour, desir d'immortalité, & Démon immortel luy mesme.

Tel à l'adventure par cet effect de l'imagination, laisse icy les escrouëlles, que son compagnon reporte en Espaigne. Voyla pourquoy en telles choses l'on a accoustumé de demander une ame preparée. Pourquoy pratiquent les Medecins avant main, la creance de leur patient, avec tant de fausses promesses de sa guerison : si ce n'est afin que l'effect de l'imagination supplée l'imposture de leur aposéme ? Ils sçavent qu'un des maistres de ce mestier leur a laissé par escrit, qu'il s'est trouvé des hommes à qui la seule veuë de la medecine faisoit l'operation : Et tout ce caprice m'est tombé presentement en main, sur le conte que me faisoit un domestique apotiquaire de feu mon pere, homme simple & Souysse, nation peu vaine &

Confiance au Medecin, contribuë à guerir le Malade.

menſongiere: d'avoir cogneu long temps un marchand à Toulouſe maladif & ſubject à la pierre, qui avoit ſouvent beſoin de clyſteres, & ſe les faiſoit diverſement ordonner aux Medecins, ſelon l'occurrence de ſon mal : apportez qu'ils eſtoyent, il n'y avoit rien obmis des formes accouſtumées : ſouvent il taſtoit s'ils eſtoyent trop chauds : le voyla couché, renverſé, & toutes les approches faictes, ſauf qu'il ne s'y faiſoit aucune injection. L'apotiquaire retiré apres cette ceremonie, le patient accommodé, comme s'il avoit veritablement pris le clyſtere, il en ſentoit pareil effect à ceux qui les prennent. Et ſi le Medecin n'en trouvoit l'operation ſuffiſante, il luy en redonnoit deux ou trois autres, de meſme forme. Mon teſmoin jure, que pour eſpargner la deſpence (car il les payoit, comme s'il les euſt receus) la femme de ce malade ayant quelquefois eſſayé d'y faire ſeulement mettre de l'eau tiede, l'effect en deſcouvrit la fourbe ; & pour avoir trouvé ceux-là inutiles, qu'il (23) faulſit revenir à la premiere façon.

Maladie cauſée par un pur effet d'imagination.

Une femme penſant avoir avalé une eſpingle avec ſon pain, crioit & ſe tour-

(23) *Falut.*

mentoit comme ayant une douleur infupportable au gofier, où elle penfoit la fentir arreftée : mais parce qu'il n'y avoit ny enfleure ny alteration par le dehors, un habil'homme ayant jugé que ce n'eftoit que fantafie & opinion, prife de quelque morceau de pain qui l'avoit picquée en paffant, la fit vomir, & jetta à la defrobée dans ce qu'elle rendit, une efpingle tortue. Cette femme cuidant l'avoir renduë, fe fentit foudain defchargée de fa douleur. Je fçay qu'un Gentil-homme ayant traicté chez luy une bonne compagnie, fe vanta trois ou quatre jours apres par maniere de jeu (car il n'en eftoit rien) de leur avoir faict manger un chat en pafte : dequoy une Damoifelle de la troupe print telle horreur, qu'en eftant tombée en un grand dévoyement d'eftomac & fievre, il fut impoffible de la fauver.

Les beftes mefmes fe voyent comme nous, fubjectes à la force de l'imagination : tefmoins les chiens, qui fe laiffent mourir de dueil de la perte de leurs maiftres : nous les voyons auffi japper & tremouffer en fonge, hannir les chevaux & fe debattre : Mais tout cecy fe peut rapporter à l'eftroite couf-

Les Bêtes font fujettes à la force de l'imagination.

ture de l'esprit & du corps s'entrecommuniquants leurs fortunes.

Imagination: ses effets sur le corps d'autrui.

C'est autre chose, que l'imagination agisse quelquefois, non contre son corps seulement, mais contre le corps d'autruy. Et tout ainsi qu'un corps rejette son mal à son voisin, comme il se voit en la peste, en la verolle, & au mal des yeux, qui se chargent de l'un à l'autre:

[d] *Dum spectant oculis lassos, laduntur & ipsi,*
Multáque corporibus transitione nocent:

Pareillement l'imagination esbranlée avecques vehemence, eslance des traits, qui puissent offenser l'objet estrangier. L'Ancienneté a tenu de certaines femmes en Scythie, qu'animées & courroussées contre quelqu'un, elles le tuoient du seul regard. Les tortues, & les autruches couvent leurs œufs de la seule veuë, signe qu'ils y ont quelque vertu ejaculatrice. Et quant aux sorciers, on les dit avoir des yeux offensifs & nuisans.

[e] *Nescio quis teneros oculus mihi fascinat*
agnos.

[d] Des yeux sont incommodez en regardant des yeux malades; & bien des choses nuisibles passent imperceptiblement d'un Corps dans un autre.

Ce sont pour moy mauvais respondans que magiciens. Tant y a que nous voyons par experience, les femmes envoyer aux corps des enfans, qu'elles portent au ventre, des marques de leurs fantasies: tesmoins celle qui engendra le More. Et il fut presenté à Charles Roy de Boheme & Empereur, une fille d'aupres de Pise toute velue & herissée, que sa mere disoit avoir esté ainsi conceuë, à cause d'une image de Sainct Jean Baptiste pendue en son lict. *Imaginations de femmes grosses.*

Des animaux il en est de mesmes: tesmoin les brebis de Jacob, & les perdrix & lievres, que la neige blanchit aux montaignes. On vit dernierement chez moy un chat guestant un oyseau au hault d'un arbre, & s'estans fichez la veuë ferme l'un contre l'autre, quelque espace de tems, l'oyseau s'estre laissé choir comme mort entre les pates du chat, ou enyvré par sa propre imagination, ou attiré par quelque force attractive du chat. Ceux qui ayment la volerie ont ouy faire le conte du fauconnier, qui arrestant obstinément sa veuë contre un milan en l'air, gageoit, *Force de l'Imagination dans les animaux.*

Ovid. De Remedio Amor. L. II. vs. 320.
[e] *Je ne sai quel faux œil mes Agneaux ensorcelle.* Virg. Eccl. III. 103.

de la seule force de sa veuë le ramener contrebas : & le faisoit à ce qu'on dit. Car les Histoires que j'emprunte, je les renvoye sur la conscience de ceux de qui je les prens. Les discours sont à moy, & se tiennent par la preuve de la raison, non de l'experience ; chacun y peut joindre ses exemples : & qui n'en a point, qu'il ne laisse pas de croire qu'il en est assez, veu le nombre & varieté des accidens. Si je ne (24) comme bien, qu'un autre comme pour moy. Aussi en l'estude que je traite, de nos mœurs & mouvements, les temoignages fabuleux, pourvu qu'ils soient possibles, y servent comme les vrais. Advenu ou non advenu, à Rome ou à Paris, à Jean ou à Pierre, c'est tousjours un tour de l'humaine capacité : duquel je suis

(24) J'ai trouvé dans une des dernieres Editions de Montagne. *Si je ne conte bien, qu'un autre conte pour moy :* Mais dans toutes les plus anciennes il y a, *Si je ne comme bien, qu'un autre comme pour moy ;* c'est-à-dire, Si j'employe des exemples qui ne conviennent pas exactement au sujet que j'ay en main, qu'un autre y en substitue de plus convenables. Le Verbe *Commer* n'est encore tout-à-fait hors d'usage, & il faudroit le conserver si l'on n'en a point d'autre à mettre à la place. Nos Peres étoient plus sages que nous sur cet article. Ils faisoient des mots, quand ils en avoient besoin pour pouvoir exprimer leurs pensées d'une maniere vive & courte, & ils ne se dégoûtoient point de ceux dont ils avoient actuellement besoin.

utilement advisé par ce recit. Je le voy, & en fay mon profit, egalement en ombre qu'en corps. Et aux diverses leçons, qu'ont souvent les histoires, je prens à me servir de celle qui est la plus rare & memorable. Il y a des Autheurs, desquels la fin c'est dire les évenements. La mienne, si j'y sçavois advenir, feroit dire sur ce qui peut advenir. Il est justement permis aux Escholes, de supposer des similitudes, quand ils n'en ont point. Je n'en fay pas ainsi pourtant, & surpasse de ce costé-là, en religion superstitieuse, toute foy historiale. Aux exemples que je tire ceans, de ce que j'ay leu, ouï, faict, ou dict, je me suis defendu d'oser alterer jusques aux plus legeres & inutiles circonstances : ma conscience ne falsifie pas un jota, mon inscience je ne sçay.

Sur ce propos, j'entre par fois en pensée, qu'il puisse assez bien convenir à un Theologien, à un Philosophe, & telles gens d'exquise & exacte conscience & prudence, d'escrire l'histoire. Comment peuvent-ils engager leur foy sur une foy populaire ? comment respondre des pensées de personnes incognues, & donner pour argent comptant leurs conjectures ? Des actions à divers membres, *S'il convient à un Philosophe, & à un Theologien d'écrire l'Histoire.*

qui passent en leur presence, ils refuseroient d'en rendre tesmoignage, assermentez par un Juge. Et n'ont homme si familier, des intentions duquel ils entreprennent de pleinement respondre. Je tiens moins hazardeux d'escrire les choses passées, que presentes : d'autant que l'escrivain n'a à rendre compte que d'une verité empruntée.

Pourquoi Montagne refuse d'écrire l'Histoire de son temps.

Aucuns me convient d'escrire les affaires de mon temps : estimants que je les voy d'une veuë moins blessée de passion, qu'un autre, & de plus pres, pour l'accès que fortune m'a donné aux chefs de divers partis. Mais ils ne disent pas, que pour la gloire de Salluste je n'en prendroys pas la peine : ennemy juré d'obligation, d'assiduité, de constance, qu'il n'est rien si contraire à mon stile, qu'une narration estendue. Je me recouppe si souvent, à faute d'haleine. Je n'ay ny composition ny explication, qui vaille. Ignorant au delà d'un enfant, des frases & vocables, qui servent aux choses plus communes. Pourtant ay-je pris à dire ce que je sçay dire : accommodant la matiere à ma force. Si j'en prenois qui me guidast, ma mesure pourroit faillir à la sienne. (25) Que

---

(25) *Rapportez ce* Que, *à ces mots qui sont à douze*

ma liberté, estant si libre, j'eusse publié des jugements, à mon gré mesme, & selon raison, illegitimes & punissables. Plutarche nous diroit volontiers de ce qu'il en a faict, que c'est l'ouvrage d'autruy, que ses exemples soient en tout & partout veritables : qu'ils soient utiles à la posterité, & presentez d'un lustre, qui nous esclaire à la vertu, que c'est son ouvrage. Il n'est pas dangereux, comme en une drogue medicinale, en un Conte ancien, qu'il soit ainsi ou ainsi.

CHAPITRE XXI.

Le profit de l'un est dommage de l'autre.

DEmades Athenien condamna (1) un homme de sa ville, qui faisoit mestier de vendre les choses necessaires aux enterremens, sous tiltre de ce qu'il en demandoit trop de profit, & que ce

ou treize lignes d'ici. Mais ils ne disent pas, &c. Ce rapport est assez éloigné, mais on peut le découvrir aisément avec un peu d'application. Dans quelques nouvelles Editions on a mis, on par ignorance, ou pour soulager le Lecteur, Outre que ma liberté, &c.
CHAP. XXI. (1) Senec. de Beneficiis, L. VI. c. 38. d'où presque tout ce Chapitre a été pris.

profit ne luy pouvoit venir sans la mort de beaucoup de gens. Ce jugement semble estre mal pris ; (2) d'autant qu'il ne se fait aucun profit qu'au dommage d'autruy, & qu'à ce compte il faudroit condamner toute sorte de gain. Le marchand ne faict bien ses affaires, qu'à la debauche de la jeunesse : le laboureur à la cherté des bleds : l'architecte à la ruine des maisons : les officiers de la justice aux procez & querelles des hommes : l'honneur mesme & pratique des Ministres de la Religion se tire de nostre mort & de nos vices. Nul medecin ne prent plaisir à la santé de ses amis mesmes, dit l'ancien Comique Grec ; ny soldat à la paix de sa ville : ainsi du reste. Et qui pis est, que chacun se sonde au dedans, il trouvera que nos souhaits interieurs pour la plus part naissent & se nourrissent aux despens d'autruy. Ce que considerant, il m'est venu en fantasie, comme Nature ne se dement point en cela de sa generale police : car les Physiciens tiennent, que la naissance, nour-

―――――――――――
(2) Cui enim non ex alieno incommodo lucrum ? Miles bellum optat. Agricolam annonæ caritas erigit. Eloquens captat pretium ex litium numero. Medicis gravis annus in quæstu est. Institores delicatarum mercium Juventus corrupta locupletat. Nullâ tempestate, nullo igne lædantur Tecta, jacebit opera fabrilis. Id. ibid.

rissement, & augmentation de chasque chose, est l'alteration & corruption d'une autre :

[a] *Nam quodcunque suis mutatum finibus exit,*
Continuò hoc mors est illius, quod fuit antè.

CHAPITRE XXII.

De la Coustume, & de ne changer aisement une loy receuë.

CEluy me semble avoir tres-bien conceu la force de la coustume, qui premier forgea ce (1) Conte, qu'une femme de village ayant appris de caresser & porter entre ses bras un veau dès l'heure de sa naissance, & continuant tousjours à ce faire, gagna cela par l'accoustumance, que tout grand bœuf qu'il estoit, elle le portoit encore. Car c'est à la verité une violente & traistresse

La force de la Coûtume.

[a] Dès qu'une chose sort de ses limites par voye de transmutation, ce nouvel état est la mort de ce qu'elle étoit auparavant. *Lucret.* L. II. vs. 752, 753.

(1) CHAP. XXII. On a fait une espece de Proverbe, que *Perrone* a exprimé ainsi,
—— *Tollere taurum*
Qua tulerit vitulum, illa potest.
Vous le trouverez aussi parmi les Adages d'*Erasme.* Chil. I. Cent. 2. Adag. 51.

maistresse d'eschole, que la coustume. Elle establit en nous, peu à peu, à la desrobée, le pied de son authorité: mais par ce doux & humble commencement, l'ayant rassis & planté avec l'ayde du temps, elle nous descouvre tantost un furieux & tyrannique usage, contre lequel nous n'avons plus la liberté de hausser seulement les yeux. Nous luy voyons forcer tous les coups les reigles de Nature : [a] *Usus efficacissimus rerum omnium magister.* J'en croy l'Antre de Platon en sa Republique, & les Medecins, qui quittent si souvent à son authorité les raisons de leur art : & ce Roy qui par son moyen rangea son estomac à se nourrir de poison : & la fille qu'Albert recite s'estre accoustumée à vivre d'araignées : & en ce monde des Indes nouvelles on trouva des grands Peuples, & en forts divers climats, qui en vivoient, en faisoient provision, & les appastoient, comme aussi des sauterelles, fourmis, lezards, chauvesouris; & fut un crapaut vendu six escus en une nécessité de vivres : ils les cuisent & apprestent à diverses sauces. Il en fut trouvé d'autres ausquels nos chairs & nos

[a] L'usage est l'instructeur le plus efficace de toutes choses. *Plin.* Nat. Hist. L. XXVI. c. 2.

viandes eſtoient mortelles & venimeu-
ſes. [b] *Conſuetudinis magna vis eſt.*
Pernoctant venatores in nive : in monti-
bus uri ſe patiuntur : Pugiles, cæſti-
bus contuſi, ne ingemiſcunt quidem. Ces
exemples eſtrangers ne ſont pas eſtranges, ſi nous conſiderons ce que (2) nous
eſſayons ordinairement ; combien l'ac-
couſtumance hebete nos ſens. Il ne nous
faut pas aller chercher ce qu'on dit des
voiſins des cataractes du Nil : & ce que
les Philoſophes eſtiment de la muſique
celeſte ; que les corps de ces cercles, eſ-
tants ſolides, polis, & venants à ſe leſ-
cher & frotter l'un à l'autre en roul-
lant, ne peuvent faillir de produire une
merveilleuſe harmonie, aux couppures
& (3) muances de laquelle ſe mirent les
contours & changements (4) des caroles

[b] La force de la Coûtume eſt grande. C'eſt
elle qui eſt cauſe que les Chaſſeurs paſſent des
nuits entieres dans la Neige ; que de jour ils ſe
laiſſent brûler de chaleur ſur les Montagnes, &
que les Athletes meurtris à coups de gantelets, ne
pouſſent pas le moindre gémiſſement. *Cic.* Tuſc.
Quæſt. L. II. c. 17.

(2) *Nous éprouvons.* Montagne employe ſouvent
le mot d'*eſſayer* dans ce ſens-là. *Comme eſſayent les*
voyſins des clochiers, dit-il dans cette même page :
c'eſt-à-dire *comme éprouvent les voiſins des Cloches.*

(3) *Muance,* changement. *Borel* dans ſon *Tréſor*
de Recherches ——— Gauloiſes & Françoiſes.

(4) C'eſt-à-dire, de la danſe, des révolutions des
Aſtres. *Carole,* vieux mot qui ſignifie *danſe.* Voyez
Borel, & le Dictionaire Etymologique de *Menage.*

des astres : mais qu'universellement les ouïes des creatures de çà bas, endormies, comme celles des Ægyptiens, par la continuation de ce son, ne le peuvent appercevoir, pour grand qu'il soit. Les mareschaux, meulniers, armuriers, ne sçauroient demeurer au bruit qui les frappe, s'il les perçoit comme nous. Mon (s) collet de fleurs sert à mon nez : mais apres que je m'en suis vestu trois jours de suitte, il ne sert qu'aux nez assistants. Cecy est plus estrange, que, nonobstant les longs intervalles & intermissions, l'accoustumance puisse joindre & establir l'effect de son impression sur nos sens : comme essayent les voysins des clochiers. Je loge chez moy en une tour, où à la diane & à la retraitte une fort grosse cloche sonne tous les jours l'Avé Maria. Ce tintamarre estonne ma tour mesme : & aux premiers jours me semblant insupportable, en peu de temps m'apprivoise de maniere que je l'oy sans offense, & souvent sans m'en esveiller.

Les vices prennent pié dès la plus tendre en-

Platon tansa un enfant, qui jouoit aux noix. Il luy respondit : Tu me tanses de peu de chose. *L'accoustumance,*

(s) C'est apparemment ce qu'on nomme plus proprement aujourd'hui *Collet de senteur*, espece de *pourpoint de peau parfumée, à petites basques, & sans manches,* comme l'ont décrit Messieurs de l'Academie dans leur Dictionaire.

(6) repliqua Platon, *n'est pas chose de fance, & devroient être corrigez plûtôt.* Je trouve que nos plus grands vices prennent leur ply dès nostre plus tendre enfance, & que nostre principal gouvernement est entre les mains des nourrices. Ces passetemps aux meres de voir un enfant tordre le col à un poulet, & s'esbattre à blesser un chien & un chat. En tel pere est si sot, de prendre à bon augure d'une ame martiale, quand il voit son fils gourmer injurieusement un païsan, ou un laquay, qui ne se defend point : & à gentillesse, quand il le void affiner son compagnon par quelque malicieuse desloyauté, & tromperie. Ce sont pourtant les vrayes semences & racines de la cruauté, de la tyrannie, de la trahison. Elle se germent là, & s'eslevent apres gaillardement, & profittent à force entre les mains de la coustume. Et est une tres-dangereuse institution, d'excuser ces vilaines inclinations, par la foiblesse de

(6) *Diog. Laërt.* dans la Vie de Platon, Liv. III. Segm. 38. Ἀλλὰ τό γε ἔθος, εἶπεν, ὐ μικρόν. Mais Diogene Laërce ne dit pas que la personne que Platon tansa fût un Enfant, & qu'il jouât aux noix. Il dit qu'il jouoit aux dez, ce qui rend la réponse de Platon bien plus importante. Ὁ γοῦν Πλάτων λέγεται, θεασάμενος τινα κυβεύοντα, αἰτιάσασθαι; *On dit que Platon voyant quelqu'un qui jouoit aux dez, l'en réprit.*

l'aage, & legereté du ſubject. Premierement c'eſt nature qui parle, de qui la
voix eſt lors plus pure & plus naïfve,
qu'elle eſt plus greſle & plus neufve.
Secondement, la laideur de la piperie
ne depend pas de la difference des eſcus
aux eſpingles: elle depend de ſoy. Je
trouve bien plus juſte de conclure ainſi:
Pourquoy ne tromperoit-il aux eſcus,
puiſqu'il trompe aux eſpingles? que,
comme ils font: Ce n'eſt qu'aux eſpingles: il n'auroit garde de le faire aux
eſcus. Il faut apprendre ſoigneuſement
aux enfants de haïr les vices de leur propre contexture, & leur en faut apprendre la naturelle difformité, à ce qu'ils
les fuient non en leur action ſeulement,
mais ſur tout en leur cœur: que la penſée meſme leur en ſoit odieuſe, quelque
maſque qu'ils portent. Je ſçay bien, que
pour m'eſtre duict en ma puerilité, de
marcher tousjours mon grand & plain
chemin, & avoir eu à contrecœur de
meſler ny tricotterie ny fineſſe à mes jeux
enfantins, (comme de vray il faut noter,
que les jeux des enfants ne ſont pas jeux:
& les faut juger en eux, comme leurs
plus ſerieuſes actions) il n'eſt paſſetemps
ſi leger, où je n'apporte, (7) du de-

(7) *Du fond du cœur & d'une inclination naturelle.*

dans, & d'une propenſion naturelle & ſans eſtude, une extreme contradiction à tromper. Je manie les cartes pour les doubles, & tiens compte, comme pour les doubles doublons, lorſque le gaigner & perdre, contre ma femme & ma fille, m'eſt indifferent, comme lorſqu'il va de bon. En tout & par tout, il y a aſſez de mes yeux à me tenir en office : il n'y en a point, qui me veillent de ſi pres, ny que je reſpecte plus.

Je viens de voir chez moy un petit homme natif de Nantes, né ſans bras, qui a ſi bien façonné ſes pieds, au ſervice que luy devoient les mains, qu'ils en ont à la verité à demy oublié leur office naturel. Au demourant il les nomme ſes mains, il trenche, il charge un piſtolet & le laſche, il enfille ſon eguille, il coud, il eſcrit, il tire le bonnet, il ſe peigne, il jouë aux cartes & aux dez, & les remue avec autant de dexterité que ſçauroit faire quelqu'autre : l'argent que je luy ay donné, il l'a emporté en ſon pied, comme nous faiſons en noſtre main. *Pieds façonnez au ſervice des mains.*

J'en vis un autre eſtant enfant, qui manioit un'eſpée à deux mains, & un'hallebarde, du ply du col à faute de mains, les jettoit en l'air & les reprenoit, lan- *Un homme ſans mains, qui manioit les armes du pli du col.*

çoit une dague, & faisoit craqueter un fouët aussi bien que charretier de France. Mais on descouvre bien mieux (8) ses effets aux estrangers impressions, qu'elle faict en nos ames, où elle ne trouve pas tant de resistance. Que ne peut-elle en nos jugemens & en nos creances ? y a-t-il opinion si bizarre (je laisse à part la grossiere imposture des religions, dequoy tant de grandes nations, & tant de suffisants personnages se sont veus enyvrez : Car cette partie estant hors de nos raisons humaines, il est plus excusable de s'y perdre, à qui n'y est extraordinairement esclairé par faveur divine) mais d'autres opinions y en a-t-il de si estranges, qu'elle n'aye planté & estably pour loix és regions que bon lui a semblé ? Et est tres juste cette ancienne exclamation : [c] *Non pudet physicum, id est speculatorem venatorémque naturæ, ab animis consuetudine imbutis quærere testimonium veritatis?*

J'estime

---

(8) *Les effets de la Coûtume, par les étranges impressions,* &c.

[c] Quelle honte à un Physicien, qui doit fouïller dans les secrets de la Nature, d'alleguer pour des preuves de la Verité ce qui n'est que prevention & que coûtume ! *Cic. de Nat. Deor. L. I. c. 30. De la Traduction de M. l'Abbé d'Olivet.*

(9) N'y

Livre I. Chap. XXII.

Coûtumes bizarres de divers Peuples.

J'estime qu'il ne tombe en l'imagination humaine aucune fantasie si forcenée qui ne rencontre l'exemple de quelque usage public, & par consequent que nostre raison n'estaye & ne fonde. Il est des peuples où on tourne le dos à celuy qu'on saluë, & ne regarde l'on jamais celuy qu'on veut honorer. Il en est où quand le Roy crache, la plus favorite des Dames de sa Cour tend la main : & en autre nation les plus apparents qui sont autour de luy, se baissent à terre, pour amasser en du linge son ordure. Desrobons icy la place d'un conte. Un Gentil-homme François se mouchoit tousjours de sa main (chose tres-ennemie de nostre usage) defendant là-dessus son faict : & estoit fameux en bonnes rencontres : Il me demanda, quel privilege avoit ce salle excrement, que nous allassions luy apprestant un beau linge delicat à le recevoir : & puis, qui plus est, à l'empaqueter & serrer soigneusement sur nous : que cela devoit faire plus de mal au cœur, que de le voir verser où que ce fust, comme nous faisons toutes nos autres ordures. Je trouvay qu'il ne parloit pas du tout sans raison : & m'avoit la coustume osté l'appercevance de cette estrangeté, laquelle pourtant nous trouvons si hideuse, quand elle est recitée d'un autre Païs. Les miracles sont selon l'ignorance en quoy nous sommes de la nature, non selon l'estre de la nature. L'assuefaction endort la veuë de nostre jugement. Les Barbares ne nous sont de rien plus merveilleux que nous sommes à eux : ny avec (9) plus d'occasion, comme chascun advoüeroit, si chascun sçavoit, apres s'estre promené par ces loingtains exemples, (10) se coucher sur les propres, & les conferer sainement. La raison humaine est une teinture infuse environ de pareil poids à toutes nos opinions & mœurs, de quelque forme qu'elles soient : infinie en matiere, infinie en diversité. Je m'en retourne. Il est des Peuples, où sauf sa femme & ses enfans aucun ne parle au Roy que par sarbatane. En une mesme Nation & les vierges montrent à descouvert leurs parties honteuses, & les mariées les couvrent & cachent soigneusément. A quoy cette autre coustume qui est ailleurs, a quelque relation : la

(9) Ny avec plus de raison.
(10) C'est à dire, si je ne me trompe, *réfléchir sur les exemples qu'il donne lui-même, sur ses propres coûtumes, & les comparer sincerement avec les exemples & les coûtumes des autres Nations.*

chasteté n'y est en prix que pour le service du mariage : car les filles se peuvent abandonner à leur poste, & engroissées se faire avorter par medicamens propres, au veu d'un chascun. Et ailleurs si c'est un Marchand qui se marie, tous les Marchans conviez à la nopce, couchent avec l'espousée avant luy : & plus il y en a, plus a-elle d'honneur & de recommandation de fermeté & de capacité : si un Officier se marie, il en va de mesme ; de mesme si c'est un Noble; & ainsi des autres : sauf si c'est un laboureur ou quelqu'un du bas peuple : car lors c'est au Seigneur à faire : & si on ne laisse pas d'y recommander estroitement la loyauté, pendant le mariage. Il en est, où il se void des bordeaux publics de masles, voire & des mariages : où les femmes vont à la guerre quant & leurs maris, & ont rang, non au combat seulement, mais aussi au commandement. Où non seulement les bagues se portent au nez, aux levres, aux jouës, & aux orteils des pieds : mais des verges d'or bien poisantes au travers des tetins & des fesses. Où en mangeant on s'essuye les doigts aux cuisses, & à la bourse des genitoires, & à la plante des pieds. Où les enfans ne font pas heritiers, ce font les freres & nepveux : & ailleurs les nepveux feulement : fauf en la fucceffion du Prince. Où pour regler la communauté des biens, qui s'y obferve, certains Magiftrats fouverains ont charge univerfelle de la culture des terres, & de la diftribution des fruicts, felon le befoin d'un chafcun. Où l'on pleure (11) la mort des enfans, & feftoye l'on celle des vieillards. Où ils couchent en des licts dix ou douze enfemble avec leurs femmes. Où les femmes qui perdent leurs maris par mort violente, fe peuvent remarier, les autres non. Où l'on eftime fi mal de la condition des femmes, que l'on y tuë les femelles qui y naiffent, & achepte l'on des voifins, des femmes pour le befoin. Où les maris peuvent repudier, fans alleguer aucune caufe, les femmes non pour caufe quelconque. Où les maris ont loy de les vendre, fi elles font fteriles. Où ils font cuire le corps du trefpaffé, & puis piler, jufques à ce qu'il fe forme comme en bouillie, laquelle ils meflent à

(11) Je croi que Montagne a pris ceci d'*Herodote*, L. V. p. 330. où cet Hiftorien dit que certains Peuples de Trace pleurent à la naiffance de leurs Enfans, & enterrent leurs Morts avec de grands témoignages de joye.

leur vin, & la boivent. Où la plus deſirable ſepulture (12) eſt d'eſtre mangé des chiens : ailleurs des oyſeaux. Où l'on croit que les ames heureuſes vivent en toute liberté, en des Champs plaiſans, fournis de toutes commoditez : & que ce ſont elles qui font cet écho que nous oyons. Où ils combattent en l'eau, & tirent ſeurement de leurs arcs en nageant. Où pour ſigne de ſubjection il faut hauſſer les eſpaules, & baiſſer la teſte : & deſchauſſer ſes ſouliers quand on entre au logis du Roy. Où les Eunuques qui ont les femmes religieuſes en garde, ont encore le nez & levres à dire, pour ne pouvoir eſtre aymez : & les Preſtres ſe crevent les yeux pour accointer les Demons, & prendre les Oracles. Où chacun * faict un Dieu de ce qu'il luy plaiſt, le chaſſeur d'un Lyon ou d'un Renard, le peſcheur de certain poiſſon : & des Idoles de chaque action ou paſſion humaine : le Soleil, la Lune, & la Terre, ſont les Dieux principaux : la forme de

(12) *Sextus Empiricus*, Pyrrh. Hypot. III. c. 24. p. 157.

* Dans le *Commentaire Royal* de l'*Inca Garcillaſſe de la Vega*, cet Auteur nous apprend qu'il n'y a point d'Indien qui ne ſe diſe deſcendu de la premiere choſe qui lui vient en fantaiſie, d'une Fontaine, d'une Riviere, d'un Lyon : p. 89.

jurer, c'est toucher la terre regardant le soleil : & y mange l'on la chair & le poisson crud. Où le grand serment, (13) c'est jurer le nom de quelque homme trespassé, qui a esté en bonne reputation au Païs, touchant de la main sa tombe. Où les estrenes que le Roy envoye aux Princes ses vassaux, tous les ans, c'est du feu, lequel apporté, tout le vieil feu est esteint : & de ce nouveau sont tenus les peuples voisins venir puiser chascun pour soy, sur peine de crime de leze majesté. Où, quand le Roy pour s'adonner du tout à la devotion, se retire de sa charge, (ce qui avient souvent) son premier successeur est obligé d'en faire autant : & passe le droict du Royaume au troisiesme successeur. Où l'on diversifie la forme de la police, selon que les affaires semblent le requerir : on depose le Roy quand il semble bon : & luy substitue l'on des anciens à prendre le gouvernail de l'estat : & le laisse l'on par fois aussi és mains de la Commune. Où hommes & femmes sont circoncis, & pareillement baptisés. Où le soldat, qui en un ou divers combats, est arrivé à presenter à son Roy sept testes d'ennemis, est faict

(13) *Herodot.* L. IV. p. 318.

Livre I. Chap. XXII. 199

noble. Où l'on vit sous cette opinion si rare & insociable de la mortalité des ames. Où les femmes s'accouchent sans plainte & sans effroy. Où les femmes (14) en l'une & l'autre jambe portent des (15) greves de cuivre : & si un pouil les mord, sont tenues par devoir de magnanimité de le remordre : & n'osent espouser, qu'elles n'ayent offert à leur Roy, s'il le veut, leur pucellage. Où l'on saluë mettant le doigt à terre : & puis le haussant vers le Ciel. Où les hommes (16) portent les charges sur la teste, les femmes sur les espaules : elles pissent debout, les hommes, accroupis. Où ils envoient de leur sang en signe d'amitié, & encensent comme les Dieux, les hommes qu'ils veulent honnorer. Où non seulement jusques au quatriesme degré, mais en aucun plus esloigné, la parenté n'est soufferte aux mariages. Où les enfans sont quatre ans à nourrisse, & souvent douze : & là-mesme il est estimé mortel de donner à l'enfant à tetter tout le premier jour. Où les peres ont charge du chastiment des masles, & les meres à part,

(14) *Herodot* L. IV. p. 317.
(15) *C'est-à-dire*, Botes, botines : *Nicot*.
(16) *Nymphodorus*, L. XIII. Rerum Barbaricarum.

des femelles : & eſt le chaſtiment de les fumer pendus par les pieds. Où on faict circoncire les femmes. Où l'on mange toute ſorte d'herbes ſans autre diſcretion, que de refuſer celles qui leur ſemblent avoir mauvaiſe ſenteur. Où tout eſt ouvert : & les maiſons pour belles & riches qu'elles ſoyent, ſans porte, ſans feneſtre, ſans coffre qui ferme : & ſont les larrons doublement punis qu'ailleurs. Où ils tuent les pouils avec les dents comme les Magots, & trouvent horrible de les voir eſcacher ſous les ongles. Où l'on ne couppe en toute la vie ny poil ny ongle : ailleurs où l'on ne couppe que les ongles de la droicte, celles de la gauche ſe nourriſſent par gentilleſſe. Où (17) ils nourriſſent tout le poil du coſté droict, tant qu'il peut croiſtre : & tiennent raz le poil de l'autre coſté. Et en voiſines Provinces, celle icy nourrit le poil de devant, celle là le poil de derriere : & raſent l'oppoſite. Où les peres preſtent leurs enfans, les maris leurs femmes, à jouyr aux hoſtes, en payant. Où on peut honneſtement faire des enfans à ſa mere, les peres ſe meſler à leurs filles, & à leurs fils. Où aux aſſemblées

(17) Herodot. L. IV. p. 324.

des festins ils s'entreprestent sans distinction de parenté les enfans les uns aux autres. Icy on vit de chair humaine : là c'est office de pieté (18) de tuer son pere en certain aage : ailleurs les peres ordonnent des enfans encore au ventre des meres, ceux qu'ils veulent estre nourris & conservez, & ceux qu'ils veulent estre abandonnez & tuez : ailleurs les vieux maris prestent leurs femmes à la jeunesse pour s'en servir : & ailleurs elles sont communes sans peché : voire en tel païs portent pour marque d'honneur (19) autant de belles houpes frangées au bord de leurs robes, qu'elles ont accointé de masles. N'a pas faict la coustume encore une chose publique de femmes à part ? leur a-elle pas mis les armes à la main ? faict dresser des armées, & livrer des batailles ? Et ce que toute la Philosophie ne peut planter en la teste des plus sages, ne l'apprend-elle pas de sa seule ordonnance au plus grossier vulgaire ? car nous sçavons des nations entieres, (20)

(18) Sextus Empiricus, *Pyrrh. Hypot.* L. III. c. 24. p. 153.

(19) Ἣ δ' ἂν πλεῖςα ἔχῃ (περιτρύπια) αὕτη ἀρίςη δέδοκται εἶναι, ὡς ὑπὸ πλείςων ἀνδρῶν φιληθεῖσα. *Herodot.* L. IV. p. 318.

(20) Les Thraces. *Valer. Maxim.* L. II. ch. VI. 5.

où non seulement la mort estoit mesprisée, mais festoyée: où les enfans de sept ans (21) souffroient à estre foüetez jusques à la mort, sans changer de visage: où la richesse estoit en tel mespris, que le plus chetif citoyen de la ville n'eust daigné baisser le bras pour amasser une bource d'escus. Et sçavons des regions tres-fertiles en toutes façons de vivres, (22) où toutefois les plus ordinaires mets & les plus savoureux, c'estoient du pain, du nasitort & de l'eau. Fit-elle pas encore ce miracle en Cio, (23) qu'il s'y passa sept cens ans, sans memoire que femme ny fille y eust faict faute à son honneur? Et somme, à ma fantasie, il n'est rien qu'elle ne face, ou qu'elle ne puisse: & avec raison l'appelle (24) Pindarus, à ce qu'on

---

12. *Thracia* ―― *Natio merito sibi sapientiæ laudem vindicaverit, quæ natales hominum flebiliter, exsequias cum hilaritate celebrans, sine ullis doctorum præceptis, verum conditionis nostræ habitum pervidit.*

(21) A Lacedemone.

(22). En Perse, du temps de Cyrus, *Xenophon* dans sa Cyropedie, Liv. I. c. 8. & Edit. Oxon. an. 1703.

(23) Plutarque dans son Traité *des vertueux Faits des femmes*, à l'article DES CIENES.

(24) Καὶ ὀρθῶς μοι δοκέει Πίνδαρος ποιῆσαι, Νόμον πάντων βασιλέα φήσας εἶναι; *Herodot*. L. III. p. 200. Ce que Montagne traduit ici fort exactement en François.

m'a dict, *la Royne & Emperiere du monde*. Celuy qu'on rencontra battant son pere, respondit, que c'estoit la coustume de sa maison : que son pere avoit ainsi battu son ayeul ; son ayeul son bisayeul : & montrant son fils : Cettuy-cy me battra quand il sera venu au terme de l'aage où je suis. Et le pere que le fils tirassoit & (25) sabouloit emmy la ruë, luy commanda de s'arrester à certain huis ; car luy, n'avoit trainé son pere que jusques-là : que c'estoit la borne des injurieux traittements hereditaires, que les enfants avoient en usage faire aux peres en leur famille. Par coustume, dit (26) Aristote, aussi souvent que par maladie, des femmes s'arrachent le poil, rongent leurs ongles, mangent des charbons & de la terre : & plus par coustume que par nature les masles se meslent aux masles.

Les loix de la conscience, que nous disons naistre de nature, naissent de la coustume : chacun ayant en veneration interne les opinions & mœurs approuvées & receuës autour de luy, ne s'en

D'où naissent les Loix de la Conscience.

---

(25) Fouloit aux pieds. —— *Sabouler* proculcare. *Nicot.*

(26) *Ethic. Nicom.* Lib. VII. c. 6.

peut desprendre sans remors, n'y s'y appliquer sans applaudissement.

Combien est i<n>perieux le joug de la Coustume.

Quand ceux de Crete vouloient au temps passé maudire quelqu'un, (27) ils prioient les Dieux de l'engager en quelque mauvaise coustume. Mais le principal effect de sa puissance, c'est de nous saisir & empieter de telle sorte, qu'à peine soit-il en nous de nous r'avoir de sa prise, & de r'entrer en nous, pour discourir & raisonner de ses ordonnances. De vray, parce que nous les humons avec le laict de nostre naissance, & que le visage du monde se presente en cet estat à nostre premiere veuë, il semble que nous soyons naiz à la condition de suyvre ce train. Er les communes imaginations, que nous trouvons en credit autour de nous, & infuses en nostre ame par la semence de nos peres, il semble que ce soyent les generalles & naturelles. Par où il advient, que ce qui est hors les gonds de la coustume, on le croid hors les gonds de la raison : Dieu sçait combien desraisonnablement le plus souvent. Si comme nous, qui nous estudions, avons

(27) *Cretenses cum acerbissima execratione adversus eos quos vehementer oderunt, uti volunt; ut malâ consuetudine delectentur, optant.* Valer. Max. L. VII. In Externis, §. 15.

appris de faire chacun qui oid une juste sentence, regardoit incontinent par où elle luy appartient en son propre : chascun trouveroit, que cette-cy n'est pas tant un bon mot comme un bon coup de fouet à la bestise ordinaire de son jugement. Mais on reçoit les advis de la verité & ses preceptes, comme adressés au peuple, non jamais à soy : & au lieu de les coucher sur ses mœurs, chascun les couche en sa memoire, tres-sottement & tres-inutilement. Revenons à l'Empire de la coustume.

Les Peuples nourris à la liberté & à se commander eux-mesmes, estiment toute autre forme de police monstreuse & contre nature. Ceux qui sont duits à la Monarchie en font de mesme. Et quelque facilité que leur preste fortune au changement, lors mesme qu'ils se sont avec grandes difficultez deffaitz de l'importunité d'un maistre, ils courent à en replanter un nouveau avec pareilles difficultez, pour ne se pouvoir resoudre de prendre en haine la maistrise. *Chaque Peuple est content de l'espece du Gouvernement à quoy il est accoutumé.*

C'est par l'entremise de la coustume que chacun est content du lieu où nature l'a planté : & (28) les sauvages *Pourquoi chacun est satisfait du Lieu de sa Naissance.*

(28) Qu'on nomme autrement les *Montagnards*

d'Escosse n'ont que faire de la Touraine, ny les Scythes de la Thessalie.

Proposition faite aux Indiens & aux Grecs, comment reçuë.

Darius demandoit à quelques Grecs, pour combien ils voudroient prendre la coustume des Indes, (29) de manger leurs peres trespassez (car c'estoit leur forme, estimans ne leur pouvoir donner plus favorable sepulture, que dans eux-mesmes) ils luy respondirent que pour chose du monde ils ne le feroient : mais s'estant aussi essayé de persuader aux Indiens de laisser leur façon, & prendre celle de Grece, qui estoit de brusler les corps de leurs peres, il leur fit encore plus d'horreur. Chacun en fait ainsi, d'autant que l'usage nous desrobbe le vray visage des choses.

[d] *Nil adeo magnum, nec tam mirabile quicquam*
Principio, quod non minuant mirarier omnes
Paulatim.

d'Ecosse, gens grossiers, qui, dit-on, ne vivent guéres que de rapine. Ceux qui ne connoissent point le Pays de ces Montagnards, n'ont qu'à consulter *Froissart*, Vol. II. c. 160, 169, & 174. pour voir ce qui peut avoir engagé Montagne à le mettre en opposition avec la Touraine.

(29) *Herodot.* L. III. p. 200. —— Touchant la coûtume que les Indiens avoient *de manger leurs Peres trepassez.* Voyez Sextus Empiricus, Pyrrh. Hypot. L. III. c. 24. p. 157.

[d] Il n'y a rien de si grand & de si merveilleux dans son commencement, que peu-à-peu tous les

Autrefois ayant à faire valoir quelqu'une de nos observations, & receuë avec resoluë authorité bien loing autour de nous : & ne voulant point, comme il se fait, l'establir seulement par la force des loix & des exemples, mais questant tousjours jusques à son origine, j'y trouvay le fondement si foible, qu'à peine que je ne m'en degoustasse, moy, qui avois à la confirmer en autruy. C'est cette recepte, par laquelle Platon entreprend (30) de chasser les des-naturées & preposteres amours de son temps : qu'il estime souveraine & principale : Assavoir, que l'opinion publique les condamne : que les Poëtes, que chacun en fasse de mauvais contes : Recepte, par le moyen de laquelle les plus belles filles n'attirent plus l'amour des peres, ny les freres plus excellents en beauté, l'amour des sœurs : les fables mesmes de Thyestes, d'Oedipus, de Macareus, ayant, avec le plaisir de leur chant, infus cette utile creance, en la tendre cervelle des enfants. De vray, la pudicité est une belle vertu, & de laquelle l'utilité est assez connuë : mais de la

hommes ne s'habituent à regarder avec moins d'abomiration. L. II. vs. 1027, &c.
(30) *De Legibus*, L. VIII. p. 646.

traitter & faire valoir selon nature, il est autant mal-aysé, comme il est aysé de la faire valoir selon l'usage, les loix, & les preceptes. Les premieres & universelles raisons sont de difficile perscrutation. Et les passent nos maistres en escumant, ou en ne les osant pas seulement taster, se jettent d'abordée dans la franchise de la coustume : là ils s'enflent, & triomphent à bon compte. Ceux qui ne se veulent laisser tirer hors cette originelle source, faillent encore plus : & s'obligent à des opinions sauvages, tesmoin Chrysippus, (31) qui sema en tant de lieux de ses Escrits, le peu de compte en quoy il tenoit les conjonctions incestueuses, quelles qu'elles fussent.

La Coûtume, unique fondement de plusieurs choses autorisées dans le Monde.

Qui voudra se desfaire de ce violent prejudice de la coustume, il trouvera plusieurs choses receuës d'une resolution indubitable, qui n'ont appuy qu'en la barbe chenuë & rides de l'usage, qui les accompaigne : mais ce masque arraché, rapportant les choses à la verité & à la raison, il sentira son jugement, comme tout bouleversé, & remis pourtant en bien plus seur estat. Pour exem-

(31) *Sextus Empiricus*, Pyrrh. Hypot. L. I. c. 14. p. 31.

ple, je luy demanderay lors, quelle chose peut estre plus estrange, que de voir un peuple obligé à suivre des loix qu'il n'entendit oncques: attaché en tous ses affaires domestiques, mariages, donations, testaments, ventes & achapts, à des reigles qu'il ne peut sçavoir, n'estans escrites ny publiées en sa langue, & desquelles par necessité il luy faille acheter l'interpretation & l'usage : non selon l'ingenieuse opinion d'Isocrates, qui conseille à son Roy de rendre (32) les trafiques & negociations de ses Subjects libres, franches, & lucratives; & leurs debats & querelles, onereuses, chargées de poisans subsides: mais selon une opinion prodigieuse, de mettre en trafique, la raison mesme, & donner aux loix cours de marchandise. Je sçay bon gré à la fortune, dequoy (comme disent nos Historiens) ce fut un Gentil-homme Gascon & de mon pays, qui le premier s'opposa à Charlemaigne, nous voulant donner les loix Latines & Imperiales.

Qu'est-il plus farouche que de voir *Vendre la*

___

(32) Τὰς μὲν ἐργασίας αὐτοῖς καθίστη κερδαλέας, τὰς δὲ πραγματείας ἐπιζημίους. *Orat. ad Nicocl.* p. 18. C. Ed. Henr. Step. Cette citation m'a été indiquée par M. *Barbeyrac.*

Justice, coûtume farouche: ses inconveniens.

(33) une Nation, où par legitime coustume la charge de juger se vende; & les jugemens soyent payez à purs deniers comptans; & où legitimement la justice soit refusée à qui n'a dequoy la payer: & aye cette marchandise si grand credit, qu'il se fasse en une police un quatriéme estat, de gens manians les procès, pour le joindre aux trois anciens, de l'Eglise, de la Noblesse, & du Peuple: lequel estat ayant la charge des loix & souveraine authorité des biens & des vies, fasse un corps à part de celuy de la Noblesse: d'où il advienne qu'il y ayt doubles loix, celles de l'honneur, & celles de la justice, en plusieurs choses fort contraires: aussi rigoureusement condamnent celles-là un dementi souffert, comme celles icy un dementi revanché: par le devoir des armes, celuy-là soit degradé d'honneur & de noblesse qui souffre un'injure, & par le devoir civil, celuy qui s'en venge, encoure une peine capitale: (qui s'adresse aux loix pour avoir raison d'une offence faicte à son honneur, il se deshonnore; & qui ne s'y adresse, il en est puny &

(33) *La France*, où ce désordre est allé en augmentant depuis Montagne, & où selon toutes les apparences il régnera aussi long-temps que la Monarchie.

Livre I. Chap. XXII. 211
chaſtié par les loix.) Et de ces deux pieces ſi diverſes, ſe rapportans toutesfois à un ſeul chef, ceux-là ayent la paix, ceux-cy la guerre en charge : ceux-là ayent le gain, ceux-cy l'honneur : ceux-là le ſçavoir, ceux-cy la vertu : ceux-là la parole, ceux-cy l'action : ceux-là la juſtice, ceux-cy la vaillance : ceux-là la raiſon, ceux-cy la force : ceux-là la robbe longue, ceux-cy la courte en partage?

Quant aux choſes indifferentes, comme veſtemens, qui les voudra ramener à leur vraye fin, qui eſt le ſervice & commodité du corps, d'où depend leur grace & bienſeance originelle : pour les plus fantaſtiques à mon gré qui ſe puiſſent imaginer, je luy donray entre autres nos bonnets carrez : cette longue queuë de velours pliſſé, qui pend aux teſtes de nos femmes, avec ſon attirail bigarré : & ce vain modelle & inutile, d'un membre que nous ne pouvons ſeulement honneſtement nommer, duquel toutesfois nous faiſons montre & parade en public. *Bizarrerie de la Coûtume à l'égard des habits.*

Ces conſiderations ne deſtournent pourtant pas un homme d'entendement de ſuivre le ſtile commun : Ains au rebours, il me ſemble que toutes façons eſcartées & particulieres partant pluſtoſt *Pour l'exterieur tout homme de bon ſens ſe conforme à la coûtume de ſon Païs.*

de folie, ou d'affectation ambitieuse, que de vraye raison : & que le Sage doit au dedans retirer son ame de la presse, & la tenir en liberté & puissance de juger librement des choses : mais quant au dehors, qu'il doit suivre entierement les façons & formes receuës. La societé publique n'a que faire de nos pensées : mais le demeurant, comme nos actions, nostre travail, nos fortunes & nostre vie, il la faut prester & abandonner à son service & aux opinions communes : comme ce bon & grand Socrates refusa de sauver sa vie par la desobeissance du Magistrat, voire d'un Magistrat tres-injuste & tres-inique. Car c'est la regle des reigles, & generale loy des loix, que chacun observe celles du lieu où il est :

(e) Νόμοις ἕπεσθαι τοῖσιν ἐγχωρίοις καλόν.

S'il est utile de changer les Loix établies par un long usage.

En voicy d'une autre cuvée. Il y a grand doute, s'il se peut trouver si evident profit au changement d'une loy receuë telle qu'elle soit, qu'il y a de mal à la remuer : d'autant qu'une police, c'est comme un bastiment de diverses pieces joinctes ensemble d'une telle liaison, qu'il est impossible d'en esbranler une que tout le corps ne s'en sente. Le

[e] Il est est beau que chacun suive les loix de son Pays. *In Excerptis Grotianis*, p. 937.

(34) Legiſlateur des Thuriens ordonna, que quiconque voudroit ou abolir une des vieilles loix, ou en eſtablir une nouvelle, ſe preſenteroit au Peuple la corde au col : afin que ſi la nouvelleté n'eſtoit approuvée d'un chacun, il fuſt incontinent eſtranglé. Et celuy de Lacedemone (35) employa ſa vie pour tirer de ſes citoyens une promeſſe aſſeurée, de n'enfraindre aucune de ſes ordonnances. L'Ephore (36) qui coupa ſi rudement les deux cordes que Phrinys avoit adjouſté à la muſique, (37) ne s'eſmoie pas, ſi elle en vaut mieux, ou ſi les accords en ſont mieux remplis : il luy ſuffit pour les condamner, que ce ſoit une alteration de la vieille façon. C'eſt ce que ſignifioit cette (38) Eſpée rouillée de la juſtice de Marſeille. Je ſuis deſgouſté de la nouvelleté, quelque viſage qu'elle porte; & ay raiſon, car j'en ay

(34) *Charondas*, Dans Diodore de Sicile, L. XII. c. 4.

(35) *Lycurgue*. Voyez ſa Vie par Plutarque, 22.

(36) Plutarque dans les *Dits notables des Lacedemoniens*, nomme cet Ephore *Emerepes*, Ἐμερεπής.

(37) *Ne ſe met point en peine.* —— D'eſmay ou eſmay qui veut dire, *ſouci, triſteſſe*, on a fait *s'eſmayer*, ou *s'eſmoyer*, ſe ſoucier. La Fontaine des Amoureux :

Ce fut au temps du mois de May
Qu'on doit chaſſer deuil & eſmay.

Borel.

(38) *Valer. Maxim.* L. II. c. 6. §. 7.

veu des effets tres-dommageables. Celle qui nous presse depuis tant d'ans, elle n'a pas tout exploicté : mais on peut dire avec apparence, que par accident, elle a tout produict & engendré; voire & les maux & ruines, qui se font depuis sans elle, & contre elle : c'est à elle (39) à s'en prendre au nez :

[f] *Heu patior telis vulnera facta meis!*

Ceux qui donnent le branle à un estat, sont volontiers les premiers absorbez en sa ruine. Le fruict du trouble ne demeure guere à celuy qui l'a esmeu : il bat & brouille l'eau pour d'autres pescheurs. La liaison & contexture de cette Monarchie & ce grand bastiment, ayant esté desmis & dissout, notamment sur ses vieux ans par elle, donne tant qu'on veut d'ouverture & d'entrée à pareilles injures. La majesté Royalle (40) s'avale

---

(39) *A mettre tout cela sur son compte.* — *Se prendre par le nez* signifie *se reconnoistre soy-mesme entaché de quelque vice qu'on reproche à un autre;* dit l'Auteur d'une explication morale *d'aucuns Proverbes communs en la Langue Françoyse* qu'on trouve dans NICOT *in folio*, imprimé à Paris en 1606.

[f] *Ah! c'est de moi que vient tout le mal que j'endure.* Ovid. *Epist.* Phillidis Demophoonti, *vs.* 48.

(40) Tombe, descend. *S'avaller*, subsidere, pessum ire, Nicot. — Il en est tout autrement, selon Montagne, de ceux à qui l'Ambition a fait naître l'envie de déposseder un Roi pour prendre sa place.

plus difficilement du sommet au milieu, qu'elle ne se précipite du milieu à fonds. Mais si les inventeurs sont plus dommageables, les imitateurs sont plus vicieux, de se jetter en des exemples, desquels ils ont senti & puni l'horreur & le mal. Et s'il y a quelque degré d'honneur, mesmes au mal faire, ceux-cy doivent aux autres, la gloire de l'invention, & le courage du premier effort. Toutes sortes de nouvelles desbauches (41) puisent en cette première & féconde source, les images & patrons

Ce qu'il dit un jour à cette occasion mérite d'être conservé. Le voici mot pour mot, comme le rapporte *D'Aubigné* dans son Histoire Universelle, *Tom.* III. Liv. 3. ch. 28. — ,, Et comme il n'y eust aucun ,, des Princes de la Ligue à qui il ne fust arrivé ,, quelque deffaveur par les combats, le peuple qui ,, n'a rien de mediocre en sa bouche, exageroit ,, leurs deffauts. Enfin la plus part en vindrent là, ,, que ceux qu'ils trouvoient fort beaux pour Prin- ,, ces, ne l'estoient pas assez pour Rois : suivant ,, ce que me dit un jour *Michel Montagne*, à savoir, ,, *Que les prétendans à la Couronne trouvent tous les* ,, *échelons jusques au marche-pied du Throsne, & petits* ,, *& aisez : mais que le dernier ne se pouvoit franchir,* ,, *pour sa hauteur.* — *Cromwel* lui-même n'osa se ,, parer du titre de Roy.

(41) J'ai trouvé dans plusieurs Editions, *puisent heureusement en cette première & feconde source*. Le mot *heureusement* fait ici un fort mauvais sens. Le dernier Traducteur Anglois qui s'en est apperçu, l'a rendu par un mot qui veut dire *aisément*. Pour moi, j'ai cru devoir le proscrire, parce qu'il n'est point dans l'Edition in 4to de 1588. Edition très-correcte, & qui a paru du vivant de Montagne.

à troubler nostre police. On lit en nos loix mesmes, faictes pour le remede de ce premier mal, l'apprentissage & l'excuse de toutes sortes de mauvaises entreprises : Et nous advient ce que Thucydides dit des guerres civiles de son temps, qu'en faveur des vices publics, (42) on les battisoit de mots nouveaux plus doux pour leur excuse, abastardissant & amollissant leurs vrais titres. C'est pourtant, pour reformer nos consciences & nos creances : [g] *honesta oratio est.* Mais le meilleur pretexte de nouvelleté est tres dangereux. (43) *Adeò nihil*

(42) Lib. III. §. 52. Edit. Oxon.

[g] Le prétexte est honnête. *Terent.* Andr. Act. I. sc. I. vs. 114.

(43) *Tant il est vrai que nul changement introduit dans un ansien établissement n'est louable.* C'est une réfléxion que Tite-Live (L. XXXIV. c. 54.) à l'ocasion d'un nouveau reglement par lequel dans certains spectacles le Peuple devoit être separé des Senateurs, qui jusqu'alors avoient été assis avec le Peuple sans aucune distinction. Et de peur qu'on ne prît droit d'en conclure, qu'il faudroit conserver les Usages les plus bizarres auxquels leur ancienneté donnera toûjours des défenseurs, ce sage Historien ajoûte, *Veteribus, nisi quæ usus evidenter arguit, stari malunt,* ,, Les hommes aiment mieux ,, qu'on s'en tienne aux ancienes pratiques, si ,, l'on en excepte celles où l'experience fait voir ,, des inconveniens palpables. — Au reste, ce Passage de Tite Live, *Adeò nihil motum ex antiquo probabile est,* ne se trouve, ni dans l'Edition in 4to d'*Abel l'Angelier*, de 1588. ni dans une autre du même Libraire in 8vo de 1602. quoiqu'il soit dans sa belle Edition *in folio* de 1595. Il ne se trouve pas

Livre I. Chap. XXII.

nihil motum ex antiquo probabile est. Si me semble-il, à le dire franchement, qu'il y a grand amour de soy & presomption, d'estimer ses opinions jusques-là, que pour les establir, il faille renverser une paix publique, & introduire tant de maux inevitables, & une si horrible corruption de mœurs que les guerres civiles apportent, & les mutations d'estat, en chose de tel poids, & les introduire en son Pays propre. Est-ce pas mal mesnagé, d'advancer tant de vices certains & cognus, pour combattre des erreurs contestées & debatables? Est-il quelque pire espece de vices, que ceux qui choquent la propre conscience & naturelle cognoissance ? Le Senat osa donner en payement cette deffaitte, sur le differend d'entre luy & le peuple, pour le ministere de leur religion : [h] *Ad Deos, id magis quàm*

pas non-plus dans une bonne Edition in 8vo faite à Paris en 1608. ni dans la Version Angloise imprimée à Londres en 1700. Je le conserve pourtant pour ne pas donner lieu à des soupçons injustes. Dans un sujet comme celui que Montagne traite ici, ce n'est pas la Raison ni les Regles de la Critique qui déterminent le jugement de la plupart des hommes : & en mon particulier je me défie autant de moi-même que des autres sur un article si chatouilleux.

[h] *Que cette affaire concernoit plûtôt les Dieux qu'eux ; & que leur providence sçauroit bien prendre soin que la Religion ne fût point profanée.* Tite Live

Tome I. K

ad se pertinere : ipsos visuros ; ne sacra sua polluantur, conformément à ce que respondit l'Oracle à ceux de Delphes, en la guerre Medoise, craignans l'invasion des Perses. Ils demanderent au Dieu, ce qu'ils avoient à faire des tresors sacrez de son temple, ou les cacher, ou les emporter : Il leur respondit ; (44) qu'ils ne bougeassent rien, qu'ils se souciassent d'eux : qu'il estoit suffisant pour prouvoir à ce qui lui estoit propre. La Religion Chrestienne a toutes les marques d'extreme justice & utilité : mais nulle plus apparente, que l'exacte recommandation de l'obeïssance du Magistrat, & manutention des polices. Quel merveilleux exemple nous en a laissé la Sapience Divine, qui pour establir le salut du genre humain, & conduire cette sienne glorieuse victoire contre la mort & le peché, ne l'a voulu faire qu'à la mercy de nostre ordre politique : & a sousmis son progrez & la conduicte d'un si haut effet & si salutaire, à l'aveuglement & injustice de nos observations & usances : y laissant

L. X. c. 6. L'application que Montagne fait ici des paroles de *Tite Live*, ne convient en aucune maniere au sens qu'elles ont dans cet Historien, comme s'en appercevront tous ceux qui voudront prendre la peine de le consulter.

(44) *Herodot*. L. VIII. p. 539, 540.

courir le sang innocent de tant d'esleus-ses favoris, & souffrant une longue perte d'années à meurir ce fruict inestimable ? Il y a grand à dire entre la cause de celuy qui suit les formes & les loix de son pays, & celuy qui entreprend de les regenter & changer. Celui-là allegue pour son excuse, la simplicité, l'obeïssance & l'exemple : quoy qu'il fasse, ce ne peut estre malice, c'est pour le plus malheur : [i] *Quis est enim quem non moveat clarissimis monimentis testata consignataque antiquitas ?* Outre ce que dit Isocrates, (45) que la defectuosité a plus de part à la moderation, que n'a l'excès. L'autre est en bien plus rude party. Car (46) qui se mesle de choi-

[i] *Car qui n'est point touché de respect pour une antiquité scellée & confirmée par les plus fameux témoignages ?* Cic. de Divinat. L. I. c. 40. Le Frere de Ciceron prétend confirmer par-là la verité de la Divination par le vol des Oiseaux, par l'inspection des entrailles, par les songes, &c. Ces differens moyens de connoître l'Avenir étoient effectivement autorisez depuis long-temps dans le monde ; & si le Principe sur quoi le Frere de Ciceron se fonde, est raisonnable, il n'est pas facile de voir pourquoi l'on méprise si fort aujourd'hui ces differentes especes de Divination.

(45) Αἱ γὰρ μετριότητες μᾶλλον ἐν ταῖς ἐνδείαις ἢ ἐν ταῖς ὑπερβολαῖς, ἰσχύουσι. *Orat. ad Nicocl.* p. 21. C.

(46) Ce qui suit ici, depuis ces mots, *Car qui se mesle*, &c. jusqu'au passage de Ciceron inclusi-

sir & de changer, usurpe l'authorité de juger; & se doit faire fort de voir la faute de ce qu'il chasse, & le bien de ce qu'il introduit. Cette si vulgaire consideration m'a fermy en mon siege: & tenu ma jeunesse mesme, plus temeraire, en bride de ne charger mes épaules d'un si lourd faix, que de me rendre respondant d'une science de telle importance; & oser en cette-cy, ce qu'en sain jugement je ne pourrois oser en la plus facile de celles ausquelles on m'avoit instruit, & ausquelles la temerité de juger est de nul prejudice : me semblant très-inique, de vouloir soûmettre les constitutions & observances publiques & immobiles, à l'instabilité d'une privée fantasie (la raison privée n'a qu'une juris-

---

vement qui finit ainsi, *non Zenonem, aut Cleanthem, aut Chrysippum sequor*, ne se trouve point dans l'Edition d'*Abel L'Angelier* in folio, imprimée à Paris en 1595. trois ans après la mort de l'Auteur, ni dans une autre Edition in folio, imprimée à Paris chez *Michel Blageart* en 1640. Dans ces deux Editions, immédiatement après ces mots, *L'autre est en bien plus rude parti*, il y a, *Dieu le sçache en nostre presente querelle*, &c. Sans prétendre décider si ce qu'il y a de plus ici, est de Montagne (sur quoi chacun est libre de penser ce qu'il voudra) je me crois obligé de le mettre dans cette Edition, parce que je le trouve non seulement dans des Editions de Paris imprimées depuis l'an 1640. mais encore dans trois Editions qui ont paru l'une à Paris en 1602. & imprimée (ce qui est assez remarquable) chez *Abel L'Angelier*; l'autre aussi à Paris en 1608. & la troisiéme à Leyde en 1609.

diction privée) & entreprendre fur les loix divines, ce que nulle police ne fupporteroit aux civiles: Aufquelles, encore que l'humaine raifon ayt beaucoup plus de commerce, fi font-elles fouverainement juges de leurs juges : & l'extreme fuffifance fert à expliquer & étendre l'ufage qui en eft receu, non à le détourner & innover. Si quelque fois la Providence divine a paffé par deffus les reigles, aufquelles elle nous a neceffairement aftreints, ce n'eft pas pour nous en difpenfer. Ce font coups de fa main divine, qu'il nous faut non pas imiter, mais admirer: & exemples extraordinaires, marques d'un exprés & particulier adveu, du genre des miracles qu'elle nous offre pour tefmoignage de fa toute puiffance, au deffus de nos ordres & de nos forces, qu'il eft folie & impieté d'effayer (47) à reprefenter : & que nous ne devons pas fuivre, mais contempler avec eftonnement: Actes de fon perfonnage, non pas du noftre. Cotta protefte bien opportunement : [k] *Quum de religione agitur,*

(47) à imiter.
[k] Quand il s'agit de la Religion, j'écoute T. Coruncanius, P. Scipion, P. Scevola, Souverains Pontifes, & non pas Zenon, Cleanthe, ou Chryfippe. *Cic. de Nat. Deor. L. III. c. 2.*

T. Coruncanium, P. Scipionem, P. Scævolam, Pontifices maximos, non Zenonem, aut Cleanthem, aut Chryſippum ſequor. Dieu le ſçache en noſtre preſente querelle, où il y a cent articles à oſter & remettre, grands & profonds articles, combien ils ſont qui ſe puiſſent vanter d'avoir exactement recogneu les raiſons & fondements de l'un & l'autre party. C'eſt un nombre, ſi c'eſt nombre, qui n'auroit pas grand moyen de nous troubler. Mais toute cette autre preſſe où va-elle? ſous quelle enſeigne ſe jette-elle à quartier? Il advient de la leur, comme des autres medecines foibles & mal appliquées : les humeurs qu'elle vouloit purger en nous, elle les a eſchaufées, exaſperées & aigries par le conflit, & ſi nous eſt demeurée dans le corps. Elle n'a ſceu nous purger par ſa foibleſſe, & nous a cependant affoiblis : en maniere que nous ne la pouvons vuider non plus, & ne recevons de ſon operation que des douleurs longues & inteſtines.

Dans une extrême neceſſité les Loix anciennes doivent faire place à de nouveaux réglemens.

Si eſt-ce que la fortune reſervant touſjours ſon authorité au deſſus de nos diſcours, nous preſente aucuneſfois la neceſſité ſi urgente, qu'il eſt beſoin que les loix luy faſſent quelque place :

Et quand on resiste à l'accroissance d'une innovation qui vient par violence à s'introduire, de se tenir en tout & par tout en bride & en regle contre ceux qui ont la clef des champs, ausquels tout cela est loisible qui peut advancer leur dessein, qui n'ont ny loy ny ordre que de suivre leur advantage, c'est une dangereuse obligation & inequalité.

[1] *Aditum nocendi perfido præstat fides.*

D'autant que la discipline ordinaire d'un Estat qui est en sa santé, ne pourvoit pas à ces accidens extraordinaires, elle presuppose un corps qui se tient en ses principaux membres & offices, & un commun consentement à son observation & obeïssance. L'aller legitime, est un aller froid, poisant & contraint: & n'est pas pour tenir bon, à un aller licencieux & effrené. On sçait qu'il est encore reproché à ces deux grands personnages, Octavius & Caton, aux guerres civiles, l'un de Sylla, l'autre de Cesar, d'avoir plustost laissé encourir toutes extremitez à leur Patrie, que de la secourir aux

[1] En nous fiant à un perfide, nous lui fournissons le moyen de nous trahir. *Senec. Oedip. Act. III. vs. 686.*

despens de ses loix, & que de rien remuer. Car à la verité en ces dernieres necessitez, où il n'y a plus que tenir, il seroit à l'avanture plus sagement fait, de baisser la teste & prester un peu au coup, que s'ahurtant outre la possibilité à ne rien relascher, donner occasion à la violence de fouler tout aux pieds : & vaudroit mieux faire vouloir aux loix ce qu'elles peuvent, puis qu'elles ne peuvent ce qu'elles veulent. Ainsi fit celuy (48) qui ordonna qu'elles dormissent vingt & quatre heures : Et celuy qui remua pour cette fois un jour du Calendrier : Et cet autre qui du mois de Juin (49) fit un second May. Les Lacedemoniens mesmes, tant religieux observateurs des ordonnances de leur Païs, estans pressez de leur loy, qui defendoit d'eslire par deux fois Admiral un mesme personnage, & de l'autre part leurs affaires requérans de toute necessité, que Lysander prist derechef cette charge, ils firent bien un Aracus Admiral, mais (50) Lysander Surintendant de la marine. Et de mesme subtilité,

(48) C'est *Agesilas*, Plutarch. *Apopht. Laced.* pag. 214. & *Agesil. Vit.* p. 612, 613.
(49) *Alexandre le Grand*. Voyez sa vie écrite par Plutarque, chap. 5. de la Version d'Amyot.
(50) Plutarque dans la Vie de *Lysander*, ch. 4.

un de leurs Ambassadeurs estant envoyé vers les Atheniens, pour obtenir le changement de quelqu'ordonnance, & Pericles luy alleguant qu'il estoit defendu d'oster le tableau où une loy estoit une fois posée, luy conseilla (51) de le tourner seulement, d'autant que cela n'estoit pas defendu. C'est ce dequoy Plutarque loüe Philopœmen, qu'estant né pour commander, il sçavoit non seulement commander selon les loix, (52) mais aux loix mesmes, quand la necessité publique le requeroit.

CHAPITRE XXIII.

Divers évenemens de mesme Conseil.

JAques (1) *Amiot*, grand Aumosnier de France, me recita un jour cette histoire à l'honneur d'un Prince des nostres (& nostre estoit-il à tres-bonnes enseignes, (2) encore que son origine fust estrangere) que durant nos pre-

(51) *Id.* dans la Vie de *Pericles*, ch. 18.
(52) Dans la *Comparaison de Titus Q. Flaminius avec Philopœmen*, vers la fin.
CHAP. XXXIII. (1) Le célébre Traducteur de Plutarque.
(2) *Le Duc de Guise*, de la Maison de Lorraine.

miers troubles au siege de Roüan, ce Prince ayant esté adverti par la Royne mere du Roy d'une entreprise qu'on faisoit sur sa vie, & instruit particulierement par ses lettres, de celuy qui la devoit conduire à chef, qui estoit un Gentil-homme Angevin ou Manceau, frequentant lors ordinairement pour cet effet, la maison de ce Prince, il ne communiqua à personne cet advertissement: mais se promenant le lendemain au mont saincte Catherine, d'où se faisoit nostre baterie à Roüan (car c'étoit (3) au temps que nous la tenions assiegée) ayant à ses costez ledit Seigneur grand Aumosnier, & un autre Evesque, il apperceut ce Gentil-homme, qui luy avoit été remarqué, & le fit appeller. Comme il fut en sa presence, il luy dit ainsi, le voyant desja pallir & fremir des alarmes de sa conscience : ”Mon-
” sieur de tel lieu, vous vous doutez
” bien de ce que je vous veux, & vostre
” visage le monstre. Vous n'avez rien à
” me cacher : car je suis instruit de vos-
” tre affaire si avant, que vous ne feriez
” qu'empirer vostre marché, d'essayer
” à le couvrir. Vous sçavez bien telle
” chose & telle (qui estoient les tenans

(3) En 1562.

„ & aboutiſſans des plus ſecretes pieces „ de cette menée) ne faillez ſur voſtre „ vie à me confeſſer la verité de tout ce „ deſſein. „ Quand ce pauvre homme ſe trouva pris & convaincu (car le tout avoit eſté deſcouvert à la Royne par l'un des complices) il n'eut qu'à joindre les mains & requerir la grace & miſericorde de ce Prince, aux pieds duquel il ſe voulut jetter, mais il l'en garda, ſuivant ainſi ſon propos : (4) „ Venez „ ça, vous ay-je autrefois fait deſplai- „ ſir ? ay-je offenſé quelqu'un des voſ- „ tres par haine particuliere ? Il n'y a „ pas trois ſemaines que je vous cog- „ nois, quelle raiſon vous a peu mou- „ voir à entreprendre ma mort ? Le Gentil-homme reſpondit à cela d'une voix tremblante, que ce n'eſtoit aucune occaſion particuliere qu'il en euſt, mais l'intereſt de la cauſe generale de ſon party, & qu'aucuns luy avoient perſuadé que ce ſeroit une execution plaine de pieté, d'extirper en quelque maniere que ce fuſt, un ſi puiſſant ennemy

―――――

(4) Tout ceci ſe trouve dans un Livre intitulé *La Fortune de la Cour*, compoſé par le ſieur de *Dampmartin*, ancien Courtiſan du Regne de Henry III. Liv. II. p. 139. L'Auteur raconte ce Fait arrivé de ſon temps, plus ſimplement & en moins de mots que Montagne.

Grande Clemence d'un Prince envers celui qui avoit conjuré sa mort.

de leur religion. » Or (suivit ce Prin-
» ce) je vous veux montrer, combien
» la religion que je tiens, est plus douce,
» que celle dequoy vous faictes profes-
» sion. La vostre vous a conseillé de me
» tuer sans m'oüir, n'ayant receu de
» moy aucune offense; & la mienne me
» commande que je vous pardonne,
» tout convaincu que vous estes de
» m'avoir voulu tuer sans raison. Allez-
» vous-en, retirez-vous, que je ne vous
» voye plus icy: & si vous estes sage,
» prenez doresnavant en vos entreprises
» des conseillers plus gens de bien que
» ceux-là.

Conjuration contre Auguste qu'il découvrit avant qu'elle pût être executée.

L'Empereur Auguste estant en la
Gaule, receut certain advertissement
(s) d'une conjuration que luy brassoit
L. *Cinna* : il delibera de s'en venger, &
manda pour cet effect au lendemain le
conseil de ses amis : mais la nuict d'en-
tredeux il la passa avec grande inquietude, considerant qu'il avoit à faire
mourir un jeune homme de bonne
maison, & nepveu du grand Pompeius:
& produisoit en se plaignant plusieurs
divers discours. »Quoy donc, faisoit-

(s) Voyez Seneque dans son Traité *de la Clemence*, L. I. ch. d'où toute cette Histoire a été trans-
portée ici mot pour mot.

LIVRE I. CHAP. XXIII. 229

»il, fera-il dict que je demeureray en
»crainte & en alarme, & que je lair-
»ray mon meurtrier se pourmener ce-
»pendant à son ayse? S'en ira-il quitte,
»ayant assailly ma teste, que j'ay sau-
»vée de tant de guerres civiles, de tant
»de batailles, par mer & par terre, &
»apres avoir estably la paix universelle
»du monde? sera-il absous, ayant de-
»liberé non de me meurtrir seulement,
»mais de me sacrifier?« Car la conjuration estoit faicte de le tuer, comme il feroit quelque sacrifice. Apres
cela s'estant tenu coy quelque espace de
temps, il recommençoit d'une voix plus
forte, & s'en prenoit à soy-mesme:
»Pourquoy vis-tu, s'il importe à tant
»de gens que tu meures? n'y aura-il
»point de fin à tes vengeances & à tes
»cruautez? Ta vie vaut-elle que tant
»de dommage se fasse pour la con-
»server?

Livia sa femme le sentant en ces an- *Avis que luy*
goisses: »Et les conseils des femmes y *donna sa*
»seront-ils receus, luy dit-elle? Fais *vie.*
»ce que font les Medecins, quand les
»receptes accoustumées ne peuvent ser-
»vir, ils en essayent de contraires. Par
»severité tu n'as jusques à cette heure
»rien profité: Lepidus a suivy Savidie-

» nus, Murena Lepidus, Cæpio Mu-
» rena, Egnatius Cæpio. Commence à
» experimenter comment te succederont
» la douceur & la clemence. Cinna est
» convaincu, pardonne-luy : de te nui-
» re desormais, il ne pourra, & profi-
» tera à ta gloire.

Auguste suit cet avis: son Discours à Cinna, Chef de la Conjuration. Auguste fut bien ayse d'avoir trouvé un advocat de son humeur, & ayant remercié sa femme & contremandé ses amis, qu'il avoit assignez au Conseil, commanda qu'on fist venir à luy Cinna tout seul. Et ayant fait sortir tout le monde de sa chambre, & fait (6) donner un siege à Cinna, il luy parla en cette maniere : » En premier lieu je te
» demande, Cinna, paisible audience :
» n'interromps pas mon parler, je te
» donray temps & loisir d'y respondre.
» Tu sçais, Cinna, que t'ayant pris au

(6) Cette circonstance, marquée expressément par Seneque, n'est point inutile, parcequ'elle nous apprend les mœurs de ces temps-là : & par cette raison je croi que le célèbre *Corneille* a bien fait de l'employer dans sa Tragédie de CINNA : *Cinnam unum ad se accersit*, dit Seneque, *dimissisque omnibus è cubiculo, cùm alteram Cinna poni cathedram jussisset*, &c. Un Roi qui feroit consister une partie de sa Majesté à ne voir jamais ses Sujets assis devant lui, n'auroit qu'une très-petite idée de la Grandeur. Elle ne dépend point de ces sortes de distinctions. Un Roi véritablement respectable peut s'en passer hardiment sans risquer de rien perdre de sa Dignité; non plus qu'*Auguste*, *Trajan*, ou *Marc-Aurele*.

» camp de mes ennemis, non seulement
» t'estant faict mon ennemy, mais estant
» né tel, je te sauvay, je te mis entre
» mains tous tes biens, & t'ay enfin
» rendu si accommodé & si aisé, que
» les victorieux sont envieux de la con-
» dition du vaincu : l'office du Sacer-
» doce que tu me demandas, je te l'ot-
» troyay, l'ayant refusé à d'autres, des-
» quels les peres avoyent tousjours com-
» battu avec moy : t'ayant si fort obli-
» gé, tu as entrepris de me tuer. « A
quoy Cinna s'estant escrié qu'il estoit
bien esloigné d'une si meschante pensée : » Tu ne me tiens pas, Cinna, ce
» que tu m'avois promis, suivit Au-
» guste : tu m'avois asseuré que je ne
» serois pas interrompu : ouy, tu as
» entrepris de me tuer, en tel lieu, tel
» jour, en telle compagnie, & de telle
» façon. Et le voyant transi de ces nouvelles, & en silence, non plus pour tenir le marché de se taire, mais de la
presse de sa conscience : » Pourquoy,
» *adjousta-il*, le fais-tu ? Est-ce pour
» estre Empereur ? Vrayement il va bien
» mal à la Chose Publique, s'il n'y a
» que moy, qui t'empesche d'arriver à
» l'Empire. Tu ne peux pas seulement
» deffendre ta maison, & perdis der-

» nierement un procés par la faveur d'un
» simple libertin. Quoi? n'as-tu moyen
» ny pouvoir en autre chose qu'à entre-
» prendre Cesar? Je le quitte, s'il n'y a
» que moy qui empesche tes esperan-
» ces. Penses-tu, que Paulus, que Fa-
» bius, que les Cosséens & Serviliens te
» souffrent? & une si grande troupe de
» Nobles, non seulement nobles de nom,
» mais qui par leur vertu honorent leur
» noblesse? » Apres plusieurs autres propos (car il parla à luy plus de deux heures entiéres.) *Or va, luy dit-il, je te donne, Cinna, la vie à traistre & à parricide, que je te donnay autrefois à ennemy: que l'amitié commence de ce jourd'huy entre nous: essayons qui de nous deux de meilleure foy, moy t'aye donné ta vie, ou tu l'ayes receuë.* Et se despartit d'avec luy en cette maniere. Quelque temps apres, il luy donna le Consulat, se plaignant dequoy il ne le luy avoit osé demander. Il l'eut depuis pour fort amy, & fut seul faict par luy heritier de ses biens. Or depuis cet accident, qui advint à Auguste au quarantiesme an de son aage, il n'y eut jamais de conjuration ny d'entreprise contre luy, & receut une juste recompense de cette sienne clemence. Mais il

n'en advint pas de mesmes (7) au nostre : car sa douceur ne le sceut garantir qu'il ne cheust depuis aux lacs de pareille trahison, tant c'est chose vaine & frivole que l'humaine prudence : & au travers de tous nos projects, de nos conseils, & precautions, la fortune maintient tousjours la possession des evenemens.

Nous appellons les Medecins heureux, quand ils arrivent à quelque bonne fin : comme s'il n'y avoit que leur art, qui ne se peust maintenir (8) elle mesme, & qui eust les fondemens trop frailes, pour s'appuyer de sa pro-

Sur quoi sont fondez les succez de la Medecine.

---

(7) Le même *Duc de Guise* dont Montagne venoit de parler au commencement de ce Chapitre : car ce Duc assiegeant Orleans en 1563. fut assassiné par un Gentilhomme d'Angoumois, nommé *Poltrot*, poussé à cette action infâme par le même motif qui avoit déja inspiré un dessein tout pareil au Gentilhomme *Manceau*, mentionné cy-dessus, & désigné positivement ainsi par le Sieur de Dampmartin.

(8) Le mot *art* qui est aujourd'hui masculin étoit feminin du temps de Montagne. Dans quelques nouvelles Editions des *Essais*, on a mis ici *luy-mesme*: mais je me suis fait une loi de donner le Livre de Montagne tel qu'il l'a laissé lui-même, en suivant exactement les plus anciennes Editions, & surtout d'*Abel L'Angelier* in folio, publiée à Paris après le decès de l'Auteur en 1595. —— Il est certain que dans les dernieres Editions on a souvent gâté les pensées & les expressions de Montagne en voulant les corriger. J'en donnerai quelques exemples incontestables.

pre force : & comme s'il n'y avoit qu'elle, qui ayt besoin que la fortune preste la main à ses operations. Je croy d'elle tout le pis, ou le mieux qu'on voudra : car nous n'avons, Dieu mercy, nul commerce ensemble. Je suis au rebours des autres : car je la mesprise bien tousjours, mais quand je suis malade, au lieu d'entrer en composition, je commence encore à la haïr & à la craindre : & respons à ceux qui me pressent de prendre medecine, qu'ils attendent au moins que je sois rendu à mes forces & à ma santé, pour avoir plus de moyen de soustenir l'effort & le hazard de leur breuvage. Je laisse faire nature, & présuppose qu'elle se soit pourveue de dents & de griffes, pour se deffendre des assauts qui luy viennent, & pour maintenir cette contexture, dequoy elle fuit la dissolution. Je crains au lieu de l'aller secourir, ainsi comme elle est aux prises bien estroites & bien jointes avec la maladie, qu'on secoure son adversaire au lieu d'elle, & qu'on la recharge de nouveaux affaires.

La fortune a beaucoup de part aux saillies Poëtiques. Or je dy que non en la Medecine seulement, mais en plusieurs arts plus certaines, la fortune y a bonne part.

Les saillies Poëtiques, qui emportent leur autheur, & le raviffent hors de foy, pourquoy ne les attribuerons-nous à fon bon-heur, puis qu'il confeffe luy-mefme qu'elles furpaffent la fuffifance & fes forces, & les recognoit venir d'ailleurs que de foy, & ne les avoir aucunement en fa puiffance : non plus que les Orateurs ne difent avoir en la leur ces mouvemens & agitations extraordinaires, qui les pouffent au delà de leur deffein?

Il en eft de mefmes en la Peinture, qu'il efchappe par fois des traits de la main du Peintre furpaffans fa conception & fa fcience, qui le tirent luy-mefmes en admiration, & qui l'eftonnent. Mais la fortune montre bien encores plus evidemment, la part qu'elle a en tous ces ouvrages, par les graces & beautez qui s'y treuvent, non feulement fans l'intention, mais fans la cognoiffance mefme de l'ouvrier. Un fuffifant Lecteur defcouvre fouvent és Efcrits d'autruy, des perfections autres que celles que l'Auteur y a mifes & apperceuës, & y prefte des fens & des vifages plus riches. *Aux Ouvrages de Peinture.*

Quant aux entreprifes militaires, chacun void comment la fortune y a *Aux entreprifes militaires.*

bonne part. En nos conseils mesmes & en nos deliberations, il faut certes qu'il y ayt du sort & du bonheur meslé parmy: car tout ce que nostre sagesse peut, ce n'est pas grand'chose. Plus elle est aiguë & vive, plus elle trouve en soy de foiblesse, & se deffie d'autant plus d'elle-mesme. Je suis de l'advis (9) de Sylla: & quand je me prens garde de près aux plus glorieux exploicts de la guerre, je voy, ce me semble, que ceux qui les conduisent, n'y employent la deliberation & le conseil, que par acquit; & que la meilleure part de l'entreprise, ils l'abandonnent à la fortune; & sur la fiance qu'ils ont à son secours, passent à tous les coups au delà des bornes de tout discours. Il survient des allegresses fortuites, & des fureurs estrangeres parmy leurs deliberations, qui les poussent le plus souvent à prendre le party le moins fondé en apparence, & qui grossissent leur courage au-dessus de la raison. D'où il est advenu à plusieurs grands Capitaines anciens, pour donner credit à ces conseils teme-

(9) *Qui osta l'envie à ses Faits, en louant souvent sa bonne fortune, & finalement en se surnommant* Faustus, La Fortune, *&c.* Plutarque: *Comment on se peut louer soy-mesme,* &c. Chapitre IX. Version d'Amyot.

raires, d'alleguer à leurs gens, qu'ils y estoient conviez par quelque inspiration, par quelque signe & prognostique.

Voyla pourquoy en cette incertitude & perplexité, que nous apporte l'impuissance de voir & choisir ce qui est le plus commode, pour les difficultez que les divers accidens & circonstances de chaque chose tirent quant & elle, le plus seur, quand autre consideration ne nous y convieroit, est, à mon advis, de se rejetter au party, où il y a plus d'honnesteté & de justice : & puisqu'on est en doubte du plus court chemin, tenir tousjours le droit. Comme en ces deux exemples, que je viens de proposer, il n'y a point de doubte, qu'il ne fust plus beau & plus genereux à celuy qui avoit receu l'offense, de la pardonner, que s'il eust fait autrement. S'il en est mes-advenu au premier, il ne s'en faut pas prendre à ce sien bon dessein : & ne sçait-on, quand il eust pris le party contraire, s'il eust eschappé la fin, à laquelle son destin l'appelloit ; & si eust perdu la gloire d'une telle humanité. *Le party qu'il faut prendre dans les cas dont l'évenement est incertain.*

Il se void dans les Histoires, forces gens, en cette crainte ; d'où la plus part ont suivy le chemin de courir au devant *S'il est avantageux de prévenir les Conjurations par des exe-cutions san-glantes.* des conjurations qu'on faisoit contre eux, par vengeance & par supplices: mais j'en voy fort peu ausquels ce remede ait servy; tesmoins tant d'Empereurs Romains. Celuy qui se trouve en ce danger, ne doit pas beaucoup esperer ny de sa force, ny de sa vigilance. Car combien est-il mal-aisé de se garentir d'un ennemy, qui est couvert du visage du plus officieux amy que nous ayons; & de cognoistre ses volontez & pensemens interieurs de ceux qui nous assistent? Il a beau employer des nations estrangeres pour sa garde, & estre tousjours ceint d'une haye d'hommes armez: Quiconque (10) aura sa vie à mespris, se rendra tousjours maistre de celle d'autruy.

Triste état d'un Prince trop défiant. Et puis, ce continuel soupçon, qui met le Prince en doubte de tout le monde, luy doit servir d'un merveilleux tourment. Pourtant Dion estant adverty que Callippus espioit les moyens de le faire mourir, n'eut jamais le cœur d'en informer, (11) disant qu'il aimoit mieux mourir que vivre en cette misere, d'avoir à se garder non de ses ennemis,

(10) Quisquis vitam suam contempsit, tuæ dominus est. *Senec.* Epist. IV.
(11) Plutarque dans *les Dits notables des anciens Roys*, &c.

seulement, mais aussi de ses amis. Ce qu'Alexandre representa bien plus vivement par effect, & plus roidement, quand ayant eu advis par une Lettre de Parmenion, que Philippus son plus cher Medecin estoit corrompu par l'argent de Darius pour l'empoisonner; en mesme temps qu'il donnoit à lire sa Lettre à Philippus, (12) il avala le bruvage qu'il luy avoit presenté. Fut-ce pas exprimer cette resolution, que si ses amis le vouloient tuer, il consentoit qu'ils le puissent faire ? Ce Prince est le souverain patron des actes hazardeux : mais je ne sçay s'il y a traict en sa vie, qui ayt plus de fermeté que cestui-cy, ny une beauté illustre par tant de visages. Ceux qui preschent aux Princes la deffiance si attentive, sous couleur de leur prescher leur seurté, leur preschent leur ruine & leur honte. Rien de noble ne se faict sans hazard. J'en sçay un de courage tres-martial de sa complexion & entreprenant, de qui tous les jours ont corrompt la bonne fortune par telles persuasions : Qu'il se resserre entre les siens, qu'il n'entende à aucune re-

(12) Quinte Curce, L. III. c. 6. *Epistolam à Parmenione missam sinistrâ manu tenens, accipit poculum, & hausit interritus, tùm Epistolam Philippum legere jubet*, &c.

conciliation de ses anciens ennemys, se tienne à part, & ne se commette entre mains plus fortes, quelque promesse qu'on luy face, quelque utilité qu'il y voye. J'en sçay un autre, qui a inesperément advancé sa fortune, pour avoir pris conseil tout contraire.

Jusqu'où doit s'étendre la hardiesse.

La hardiesse dequoy ils cherchent si avidement la gloire, (13) se represente, quand il est besoin, aussi magnifiquement en pourpoint qu'en armes : en un cabinet, qu'en un camp : le bras pendant, que le bras levé. La prudence si tendre & circonspecte, est mortelle ennemye des hautes executions. [* Scipion sceut, (14) pour pratiquer la volonté de Syphax, quittant son armée, & abandonnant l'Espaigne, douteuse encore sous sa nouvelle conqueste, passer en Afrique, dans deux simples vaisseaux, pour se commettre en terre ennemie, à la puissance d'un Roy barbare, à une

---

(13) *Eclatte, se fait voir.* Dans l'Edition in 4to de 1588. il y a, *se présente.*

* Depuis Scipion sceut, &c. jusqu'à ces mots, *fidem obligat :* j'enferme tout entre deux Crochets, & l'on verra dans la Note suivante pourquoi je me suis avisé de cet expédient, qui sauve un grand embarras au Lecteur, & une espece de contradiction à Montagne.

(14) *Pour gagner Syphax, pour l'attirer dans les interets des Romains.*

[a] La

à une foy incogneue, sans obligation, sans hostage, sous la seule seureté de la grandeur de son propre courage, de son bonheur, & de la promesse de ses hautes esperances. [a] *Habita fides ipsam plerumque fidem obligat.*] A une vie ambitieuse & fameuse, il faut (15) au rebours prester peu, & porter la bride courte aux soupçons. La crainte & la deffiance attirent l'offense & la convient. Le plus deffiant (16) de nos Roys establit ses affaires, principallement pour avoir volontairement abandonné & commis sa vie, & sa liberté, entre les

[a] La confiance que nous prenons en autrui, nous gagne souvent la sienne. *Tit. Liv. L. XXII. c. 22.*

(15) Cette Maxime, qu'à *une vie ambitieuse & fameuse, il faut prêter peu aux Soupçons, & leur tenir la bride courte*, paroît mal placée ici, surtout à cause du mot *au rebours*, qui semble la mettre en opposition avec ce qui précede immédiatement. Mais Montagne n'employe ici ce mot, que pour lier cette Maxime avec ce qu'il avoit dit, avant que de parler de Scipion, *Que la Prudence si tendre & circonspecte, est mortelle ennemye des hautes executions.* C'est ce qui paroît à l'œil dans l'Edition in 4to de 1588. où immédiatement après ces derniers mots, Montagne avoit dit, *A une vie ambitieuse & fameuse, il faut au rebours, prester peu, & porter la bride courte aux soupçons.* Ce qu'il a mis depuis entre deux touchant Scipion, n'a servi qu'à gâter la liaison du discours en separant ces deux Propositions qui étoient jointes fort naturellement ensemble.

(19) *Louis XI.* — Memoire de *Philippe de Commines*, Liv. II. ch. 5. & 6. où l'Historien blâme fort cette action de Louis XI. qui se mit par là en grand danger, ch. 7. & 9.

Tome I. L

mains de ses ennemis : montrant avoir entiere fiance d'eux, afin qu'ils la prinssent de luy. A ses Legions mutinées & armées contre luy, Cesar opposoit seulement l'authorité de son visage, & la fierté de ses paroles, & se fioit tant à soy & à sa fortune, qu'il ne craignoit point de l'abandonner & commettre à une armée seditieuse & rebelle.

[b] *stetit aggere fultus*
Cespitis intrepidus vultu, meruitque timeri.
Nil metuens.

La confiance doit être, ou paroître exempte de crainte.

Mais il est bien vray, que cette forte asseurance ne se peut representer bien entiere, & naïfve, que par ceux ausquels l'imagination de la mort, & du pis qui peut advenir apres tout, ne donne point d'effroy : car de la presenter tremblante encore, douteuse & incertaine, pour le service d'une importante reconciliation, ce n'est rien faire qui vaille. C'est un excellent moyen de gaigner le cœur & la volonté d'autruy, de s'y aller soufmettre & fier, pourveu que ce soit librement, & sans contrainte d'aucune necessité, & que ce soit en

[b] D'un air intrepide il parut debout sur le haut du rempart, & merita d'être craint en ne craignant rien lui-même. *Lucan.* L. V. vs. 316, &c.

condition, qu'on y porte une fiance pure & nette; le front au moins deschargé (17) de tout scrupule. Je vis en mon enfance, un Gentil-homme commandant à une grande ville, empressé à l'esmotion d'un Peuple furieux. Pour esteindre ce commencement du trouble, il prit party de sortir d'un lieu tres-asseuré où il estoit, & se rendre à cette tourbe mutine : d'où mal luy prit, & y fut miserablement tué. Mais il ne me semble pas que sa faute fust tant d'estre sorty, ainsi qu'ordinairement on le reproche à sa memoire, comme ce fut d'avoir pris une voye de soubmission & de mollesse : & d'avoir voulu endormir cette rage, plustost en suivant qu'en guidant, & en requerant plustost qu'en remontrant : & estime qu'une gracieuse severité, avec un commandement militaire, plein de securité, & de confiance, convenable à son rang, & à la dignité de sa charge, luy eust mieux succedé, au moins avec plus d'honneur, & de bien-seance. Il n'est rien moins esperable de ce Monstre ainsi agité, que l'humanité & la douceur : il recevra bien plustost la reverence & la crainte. Je luy reprocherois aussi,

(17) *De toute marque de crainte & de défiance.*

qu'ayant pris une resolution pluftoft brave à mon gré, que temeraire, de fe jetter foible & en pourpoint, emmy cette mer tempeftueufe d'hommes infenfez, il la devoit (18) avaller toute, & n'abandonner ce perfonnage. Là où il luy advint apres avoir recogneu le danger de prés, de faigner du nez, & d'alterer encore depuis cette contenance démife & flatteufe, qu'il avoit entreprife, en une contenance effrayée : chargeant fa voix & fes yeux d'eftonnement & de penitence : cherchant à (19) conniller & à fe defrober, il les enflamma & appella fur foy.

Confiance envers des Troupes fufpectes, qui eut un heureux fuccés.

On deliberoit de faire une montre generalle de diverfes troupes en armes, (c'eft le lieu des vengeances fecrettes ; & n'eft point où en plus grande feureté on les puiffe exercer) il y avoit publiques & notoires apparences, qu'il n'y faifoit pas fort bon pour aucuns, auf-

(18) *Il devoit foûtenir abfolument fa premiere refolution, fans abandonner ce perfonnage.*

(19) *Conniller c'eft efquiver, fe dérober*, comme Montagne l'explique lui-même. —— A propos d'un autre paffage des *Effais*, Liv. II. ch. 12. p. 339. où ce mot eft encore employé, Menage remarque dans fon Dictionaire Etymologique, que cette façon de parler qui eft fort en ufage dans l'Anjou, a pris fon origine des Lapereaux que nous appellions autrefois *Connils*, lefquels vont fe cachant dans les hayes.

quels touchoit la principalle & necessaire charge de les recognoistre. Il s'y proposa divers conseils, comme en chose difficile, & qui avoit beaucoup de poids & de suitte. Le mien fut, qu'on evitast sur tout de donner aucun tesmoignage de ce doubte, & qu'on s'y trouvast & meslast parmy les files, la teste droicte, & le visage ouvert; & qu'au lieu d'en retrancher aucune chose (à quoy les autres opinions visoyent le plus) au contraire, l'on sollicitast les Capitaines d'advertir les soldats de faire leurs salves belles & gaillardes en l'honneur des assistants, & n'espargner leur poudre. Cela servit de gratification envers ces troupes suspectes, & engendra dès-lors en avant une mutuelle & utile confidence.

La voye qu'y tint Julius Cesar, je trouve que c'est la plus belle qu'on y puisse prendre. Premierement il essaya par clemence, à se faire aymer de ses ennemis mesmes, se contentant aux conjurations qui luy estoient descouvertes, de declarer simplement qu'il en estoit adverti. Cela faict, il prit une tres-noble resolution, d'attendre sans effroy & sans solicitude, ce qui luy en pourroit advenir, s'abandonnant & se remettant

Moyens qu'employa Jule Cesar pour se faire aimer de ses Ennemis.

à la garde des Dieux & de la fortune. Car certainement c'est l'estat où il estoit quand il fut tué.

Conseil donne à un Tyran pour le mettre à couvert des Complots qu'on pourroit former contre lui.

Un estranger ayant dict & publié par tout qu'il pourroit instruire Dionysius Tyran de Siracuse, d'un moyen de sentir & descouvrir en toute certitude, les parties que ses Subjets machineroient contre luy, s'il luy vouloit donner une bonne piece d'argent, Dionysius en estant adverty, le fit appeller à soy, pour s'esclaicir d'un art si necessaire à sa conservation : cet estranger luy dict, qu'il n'y avoit pas d'autre art, sinon qu'il luy fist delivrer un talent, & se ventast d'avoir appris de luy un singulier secret. Dionysius (20) trouva cette invention bonne, & luy fit compter six cens escus. Il n'estoit pas vray-semblable, qu'il eust donné si grande somme à un homme incogneu, qu'en recompense d'un tres-utile apprentissage ; & servoit cette reputation à tenir ses ennemis en crainte. * Pourtant les Princes sagement publient les advis qu'ils reçoivent des menées qu'on dresse contre leur vie, pour faire

―――――

(20) Plutarque dans *les Dits notables des anciens Rois*, &c.

* Montagne dit ici *pourtant* au lieu de *partant*, *c'est pourquoi*, il a fait encore ailleurs la même faute.

croire qu'ils sont bien advertis, & qu'il ne se peut rien entreprendre dequoy ils ne sentent le vent. Le Duc d'Athenes fit plusieurs sottises en l'establissement de sa fresche tyrannie sur Florence: mais cette-cy la plus notable, qu'ayant receu le premier advis des (21) monopoles que ce Peuple dressoit contre luy, par Mattheo dit Morozo, complice d'icelles, il le fit mourir, pour supprimer cet advertissement, & ne faire sentir, qu'aucun en la ville s'ennuyast de sa domination.

Il me souvient avoir leu autrefois l'histoire de quelque Romain, personnage de dignité, lequel fuyant la tyrannie du Triumvirat, avoit eschappé mille fois les mains de ceux qui le poursuivoyent, par la subtilité de ses inventions. Il advint un jour, qu'une troupe de gens de cheval, qui avoit charge de le prendre, passa tout joignant un halier, où il s'estoit rapy, & faillit de

Resolution extraordinaire.

---

(21) *C'est-à-dire*, conspirations. Rabelais s'est servi du mot de *Monopole* dans ce sens-là, *Pleust à Dieu*, dit-il parlant des Mutineries du Peuple de Paris, *que je sceusse l'officine en laquelle sont forgez ces Schismes & Monoples, pour les mettre en évidence és confrairies de ma paroisse*, Liv. I. ch. 17. p. 107. Edit. d'Amst. d'*Henri Desbordes*, sous le nom feint d'*Henri Bordesius*. —— *Monopole*, conspiration, conjuration, *Nicot*.

le defcouvrir : Mais luy fur ce point-là, confiderant la peine & les difficultez, aufquelles il avoit desja fi long temps duré, pour fe fauver des continuelles & curieufes recherches, qu'on faifoit de luy par tout ; le peu de plaifir qu'il pouvoit efperer d'une telle vie, & combien il luy valoit mieux paffer une fois le pas, que demeurer toufjours en cette tranfe, luy-mefmes les r'appella, & leur trahit fa cachette, s'abandonnant volontairement à leur cruauté, pour ofter eux & luy d'une plus longue peine. D'appeller les mains ennemies, c'eft un confeil un peu gaillard : fi croy-je, qu'encore vaudroit-il mieux le prendre, que de demeurer en la fievre continuelle d'un accident, qui n'a point de remede. Mais puifque les provifions qu'on y peut apporter font pleines d'inquietude, & d'incertitude, il vaut mieux d'une belle affeurance fe préparer à tout ce qui en pourra advenir ; & tirer quelque confolation de ce qu'on n'eft pas affeuré qu'il advienne.

CHAPITRE XXIV.

Du Pedantisme.

JE me suis souvent despité en mon enfance, de voir ès Comedies Italiennes, tousjours un pedante pour badin, & le surnom de *magister*, n'avoir guere plus honorable signification parmy nous. Car leur estat donné en gouvernement, que pouvois-je moins faire que d'estre jaloux de leur reputation ? Je cherchois bien de les excuser par la disconvenance naturelle qu'il y a entre la vulgaire, & les personnes rares & excellentes en jugement, & en sçavoir; d'autant qu'ils vont un train entierement contraire les uns des autres. Mais en cecy perdois-je mon latin, que les plus galans hommes c'estoient ceux qui les avoyent le plus à mespris, tesmoins nostre bon du Bellay :

Mais je hay par sur tout un sçavoir pedantesque.

Et est cette coustume ancienne : car Plutarque dit (1) que *Grec & Escolier*,

Pedans meprisez des plus galans hommes.

(1) Dans la Vie de Ciceron, ch. 2. de la Traduction d'Amyot. Voici les propres paroles de Plutarque, ταῦτα δὴ τὰ Ῥωμαίων τοῖς βαναυσότα-

estoient mots de reproche entre les Romains, & de mespris. Depuis avec l'aage j'ay trouvé qu'on avoit une grandissime raison, & que (2) *magis magnos clericos non sunt magis magnos sapientes.* Mais d'où il puisse advenir qu'une ame riche de la cognoissance de tant de choses, n'en devienne pas plus vive, & plus esveillée; & qu'un esprit grossier & vulgaire puisse loger en soy, sans s'amender, les discours & les jugemens des plus excellens Esprits que le monde ait porté, j'en suis encore en doubte. A recevoir tant de cervelles estrangeres, & si fortes, & si grandes, il est necessaire (me disoit une fille, la premiere de nos Princesses, parlant de quelqu'un) que la sienne se foule, se contraigne & rappetisse, pour faire place aux autres. Je dirois volontiers, que comme les plantes s'estouffent de trop d'humeur, & les lampes de trop d'huile, aussi faict l'action de l'Esprit par trop d'estude & de

τοις πρόχειρα καὶ συνήθη ῥήματα, Γραικὸς καὶ Σχολαστικός. Pag. 1581. Tom. III. Edit. Henr. Steph.

/ (2) Espece de Proverbe qu'on n'a exprimé de cette maniere barbare que pour rendre les faux Savans plus ridicules. Vous le trouverez dans Rabelais, L. I. c. 29. Le Poëte *Regnier* l'a traduit ainsi, *Les plus grands Clercs ne sont pas les plus fins*, Sat. III. & c'est comme on parle encore aujourd'hui.

matiere, lequel occupé & embarrassé d'une grande diversité de choses, perde le moyen de se demesler, & que cette charge le tienne courbe & croupy. Mais il en va autrement, car nostre ame s'eslargit dautant plus qu'elle se remplit. Et aux exemples des vieux temps il se voit tout au rebours, des suffisans hommes aux maniemens des choses publiques, des grands Capitaines, & grands Conseillers aux affaires d'Estat, avoir esté ensemble très-sçavans.

Et quant aux Philosophes retirez de toute occupation publique, il ont esté aussi quelquefois à la verité mesprisez, par la liberté Comique de leur temps, leurs opinions & façons les rendans ridicules. Les voulez-vous faire juges des droits d'un procès, des actions d'un homme? Ils en sont bien prests! Ils cherchent encore, s'il y a vie, s'il y a mouvement, (3) si l'homme est autre

Philosophes méprisez, & pourquoi.

---

(3) Si Montagne a copié ceci du *Theætete* de Platon, p. 127. F. comme il paroit par tout ce qu'il ajoûte immediatement après, qu'il a visiblement tiré de ce Dialogue, il a fort mal pris la pensée de Platon, qui dit seulement ici, que le Philosophe ignore à tel point ce que fait son voisin, qu'il sait à peine si c'est un homme ou quelque autre animal : τὸν τοιοῦτον ὁ μὲν πλησίον καὶ ὁ γείτων λέληθεν, ὃ μόνον ὅ τι πράττει, ἀλλ' ὀλίγα καὶ εἰ ἄνθρωπός ἐστιν, ἤ τι ἄλλο θρέμμα.

chose qu'un bœuf: que c'est qu'agir & souffrir, quelles bestes ce sont, que loix & justice. Parlent-ils du Magistrat, ou parlent-ils à luy ? c'est d'une liberté irreverente & incivile. (4) Oyent-ils louer un Prince ou un Roy ? c'est un pastre pour eux, oisif comme un pastre, occupé à pressurer & tondre ses bestes, mais bien plus rudement. En estimez-vous quelqu'un plus grand, pour posseder deux mille arpents de terre ? (5) eux s'en moquent, accoustumés d'embrasser tout le monde, comme leur possession. Vous vantez-vous de vostre noblesse, pour compter sept ayeulx riches ? ils vous estiment (6) de peu, ne concevans

(4) Τύραννόν τε ἢ βασιλέα ἐγκωμιαζόμενον, ἕνα, τῶν νομέων, οἷον συβώτην ἢ ποιμένα ἤ τινα βόκολον, ἡγεῖται ἀκύειν εὐδαιμονιζόμενον, πολὺ βδάλλοντα. δυσκολώτερον καὶ ἐκείνων ζῷον καὶ ἐπιβουλότερον ποιμαίνειν τε καὶ βδάλλειν νομίζει αὐτός. Id. ibid. p. 128. A.

(5) Πάνυ σμικρὰ δοκεῖ ἀκύειν, εἰς ἅπασαν εἰωθὼς τὴν γῆν βλέπειν. Id. ibid.

(6) *C'est-à-dire, ils vous méprisent de ce que vous ne savez pas vous élever à la consideration de l'image universelle de Nature, & ne considerez pas combien chacun de nous a eu de prédécesseurs, &c.* ὑπὸ ἀπαιδευσίας ἢ δυναμένων εἰς τὸ πᾶν ἀεὶ βλέπειν, ἠδὲ λογίζεσθαι ὅτι πάππων καὶ προγόνων μυριάδες ἑκάστῳ γεγόνασιν ἀναρίθμητοι, ἐν

LIVRE I. CHAP. XXIV. 253
l'image univerſelle de nature, & combien chaſcun de nous a eu de prédeceſſeurs, riches, pauvres, Roys, valets, Grecs, Barbares. Et quand vous ſeriez cinquantieſme deſcendant de Hercules, ils vous trouvent vain, de faire valoir ce preſent de la fortune. Ainſi les deſdaignoit le Vulgaire, comme ignorants les premieres choſes & communes, & comme preſomptueux & inſolents.

Mais cette peinture Platonique eſt bien eſloignée de celle (7) qu'il faut à nos hommes. On envioit ceux-là comme eſtans au deſſus de la commune façon, comme meſpriſans les actions publiques, comme ayans dreſſé une vie particuliere & inimitable, reglée à certains diſcours hautains & hors d'uſage: ceux-cy on les deſdaigne, comme eſtans au deſſous de la commune façon, comme incapables des charges publiques, comme trainans une vie & des mœurs baſſes & viles aprés le vulgaire. [a] *Odi*

Extrême difference qu'il y a entre les anciens Philoſophes & nos Pedans.

αῖς πλέσιοι καὶ πλωχοὶ, καὶ βασιλεῖς καὶ δῦλοι, βάρβαροί τε καὶ Ἕλληνες, &c. Tout le reſte du paragraphe eſt encore pris mot pour mot du même Dialogue de Platon, p. 128. B. C.

(7) *Qui convient à nos Pedans.*

[a] Je hai les hommes dont les diſcours ſont Philoſophiques, & les actions lâches & frivoles. *Pacuvius*, apud *Aul. Gellium*, L. XIII. c. 8.

homines ignavâ operâ, Philosophâ sententiâ. Quant à ces Philosophes, dis-je, comme ils estoient grands en science, ils estoient encore plus grands en toute action. Et tout ainsi qu'on dit (8) ce Geometrien de Syracuse, lequel ayant esté destourné de sa contemplation, pour en mettre quelque chose en pratique, à la deffence de son païs, qu'il mit soudain en train des engins espouvantables, & des effects surpassans toute creance humaine ; desdaignant toutefois luy-mesme toute cette sienne manufacture, & pensant en cela avoir corrompu la dignité de son art, de laquelle ses ouvrages n'estoient que l'apprentissage & le jouet. Aussi eux, si quelquefois on les a mis à la preuve de l'action, on les a veu voler d'une aisle si haulte, qu'il paroissoit bien, leur cœur & leur ame s'estre merveilleusement grossie & enrichie par l'intelligence des choses. Mais aucuns voyants la place du gouvernement politique saisie par hommes incapables, s'en sont reculés. Et celuy qui demanda à Crates, jusques à quand il faudroit philosopher, en receut cette responses : (9) *Jusques à tant que ce ne*

(8) *Archimede*, dans la Vie de *Marcellus* par Plutarque, de la Traduction d'Amyot, ch. 6.
(9) *Diog. Laërt.* in vitâ Cratetis, L. VI. Segm. 92.

Livre I. Chap. XXIV. 255

soient plus des asniers, qui conduisent nos armées. Heraclitus (10) resigna la Royauté à son frere. Et aux Ephesiens, qui luy reprochoient, qu'il passoit son temps à joüer avec les enfans devant le Temple : (11) *Vaut-il pas mieux faire cecy, que gouverner les affaires en vostre compaignie?* D'autres ayans leur imagination logée au dessus de la fortune & du monde, trouverent les sieges de la justice, & les thrones mesmes des Roys, bas & viles. Et refusa (12) Empedocles la Royauté, que les Agrigentins luy offrirent. Thales (13) accusant quelquefois le soin du mesnage & de s'enrichir, on lui reprocha que c'estoit à la mode du renard, pour n'y pouvoir advenir.

Μέκρις ἂν δόξωσιν οἱ ςρα[τ]ηγοὶ εἶναι ὀνηλάται.
(10) *Diog. Laërt.* in Vitâ Heracliti, L. IX. Segm. 6. ἐκχωρῆσαι τ' ἀδελφῷ τῆς βασιλείας. Par βασιλεία il faut entendre ici, selon Menage, non la Royauté proprement dite, mais une charge particuliere qui en portoit le nom à Ephese, comme chez les Atheniens & les Romains, après qu'ils eurent renoncé au Gouvernement Monarchique. Voyez sur cet endroit de Diogene Laërce la Note de *Kuhnius*, qui contient la preuve de ce que Menage s'étoit contenté d'affirmer.
(11) *Id. Ibid.* Segm. 3. ἢ ἐ κρεῖτ[τ]ον τοῦτο ποιεῖν ἢ μεθ' ὑμῶν πολιτεύεςαι;
(12) *Diog. Laërt.* in Vitâ Empedoclis, L. VIII. Segm. 63.
(13) *Blâmant.*

Il lui print envie par paſſetemps d'en montrer l'experience, & ayant pour ce coup ravalé ſon ſçavoir au ſervice du proffit & du gain, (14) dreſſa une trafique qui dans un an rapporta telles richeſſes, qu'à peine en toute leur vie, les plus experimentez de ce meſtier-là en pouvoient faire de pareilles. Ce qu'Ariſtote recite d'aucuns, qui appelloyent & celuy-là, & Anaxagoras, & leurs ſemblables, ſages, & non prudents, pour n'avoir aſſez de ſoin des choſes plus utiles : outre ce que je ne digere pas bien cette difference de mots, cela ne ſert point d'excuſe à mes gens : & à voir la baſſe neceſſiteuſe fortune, dequoy ils ſe payent, nous aurions pluſtoſt occaſion de prononcer tous les deux, qu'ils ſont, & non ſages, & non prudents.

Savans mépriſables, parce qu'ils ſont mal appris.

Je quitte cette premiere raiſon, & croy qu'il vaut mieux dire, que ce mal vienne de leur mauvaiſe façon de ſe prendre aux Sciences : & qu'à la mode dequoy nous ſommes inſtruicts, il n'eſt pas merveille, ſi ny les eſcoliers, ny les

---

(14) *Cic. de Divinat. L. I. c. 49. Qui Thales ut objurgatores ſuos convinceret, oſtenderetque etiam Philoſophum, ſi ei commodum eſſet, pecuniam facere poſſe, omnem oleam, antequam florere cœpiſſet, in agro Mileſio coemiſſe dicitur.* Vide Diog. Laërt. in Vitâ Thaletis, L. I. Segm. 26.

maistres n'en deviennent pas plus habiles, quoy qu'ils s'y facent plus doctes. De vray le soin & la despence de nos peres, ne vise qu'à nous meubler la teste de science : du jugement & de la vertu, peu de nouvelles. Criez d'un passant à nostre peuple : *O le sçavant homme !* Et d'un autre, *O le bon homme !* Il ne faudra pas à destourner les yeux & son respect vers le premier. Il y faudroit un tiers crieur : O les lourdes testes ! Nous nous enquerons volontiers. Sçait-il du Grec ou du Latin ? escrit-il en vers ou en prose ? mais, s'il est devenu meilleur ou plus advisé, c'estoit le principal, & c'est ce qui demeure derriere. Il falloit s'enquerir qui est mieux sçavant, non qui est plus sçavant.

Nous ne travaillons qu'à remplir la memoire, & laissons l'entendement & la conscience vuide. Tout ainsi que les oiseaux vont quelquefois à la queste du grain, & le portent au bec sans le taster, pour en faire bechée à leurs petits : ainsi nos pedants vont pillotans la Science dans les livres, & ne la logent qu'au bout de leurs lévres, pour la dégorger seulement, & mettre au vent. C'est merveille combien proprement la sottise se loge sur mon exemple. Est-ce pas faire

Ils ne s'appliquent qu'à se remplir la memoire.

de mesme, ce que je fay en la plus part de cette composition? Je m'en vay escornifflant par-cy par-là, des livres, les sentences qui me plaisent, non pour les garder, (car je n'ay point de gardoire) mais pour les transporter en cettuy-cy; où, à vray dire, elles ne sont non plus miennes, qu'en leur premiere place.

Ne songent qu'à faire une vaine montre de leur Science.

Nous ne sommes, ce croy-je, sçavants, que de la science presente: non de la passée, aussi peu que de la future. Mais qui pis est, leurs escoliers & leurs petits ne s'en nourrissent & alimentent non plus, ains elle passe de main en main, pour cette seule fin, d'en faire parade, d'en entretenir autruy, & d'en faire des comptes, comme une vaine monnoye inutile à tout autre usage & emploite, qu'à compter & jetter. [b] *Apud alios loqui didicerunt, non ipsi secum.* [c] *Non est loquendum, sed gubernandum.* Nature pour monstrer, qu'il n'y a rien de sauvage en ce qu'elle conduit, faict naistre souvent és Nations moins cultivées par art, des productions d'esprit, qui luittent les plus artistes productions. Comme sur mon propos,

[b] Ils ont appris à parler aux autres, & non pas à eux-mêmes, *Cic.* Tusc. Quæst. L. V. ch. 36.
[c] Il ne s'agit pas de parler, mais de conduire le Vaisseau. *Senec.* Epist. 108.

le proverbe Gascon tiré d'une chalemie, est-il delicat, *Bouha prou boucha, mas à remuda lous dits qu'em?* Souffler pour souffler, mais à remuer les doits, nous en sommes là. Nous sçavons dire, Cicero dit ainsi, voila les mœurs de Platon, ce sont les mots mesmes d'Aristote: nais nous, que disons-nous nous-mesmes? que faisons-nous? que jugeons-nous? Autant en diroit bien un perroquet.

Cette façon me faict souvenir de ce (15) riche Romain, qui avoit esté soigneux à fort grande despence, de recouvrer des hommes suffisans en tout genre de science, qu'il tenoit continuellement autour de luy, affin que quand il escheoit entre ses amis, quelque occasion de parler d'une chose ou d'autre, ils suppleassent en sa place, & fussent tous prests à luy fournir, (16)

Sottise d'un Romain qui se croyoit sçavant, parce qu'il avoit des Savans à ses gages.

(15) *Clavisius Sabinus*. Il vivoit du temps de Seneque, qui, outre ce que dit ici Montagne, rapporte des traits encore plus ridicules de la sottise de ce riche impertinent, *Epist.* XXVII.

(16) Huic memoria tàm mala erat, ut illi modò nomen Ulixis excideret, modò Achillis, modò Priami : quos tàm benè noverat, quàm pædagogos nostros novimus. ——— Nihilominùs eruditus volebat videri. Hanc itaque compendiariam excogitavit : magnâ summâ emit servos, unum qui Homerum teneret, alterum qui Hesiodum. Novem præterea Lyricis, singulos assignavit. ——— Habeat ad pedes hos, à quibus subinde cùm peteret versus,

qui d'un discours, qui d'un vers d'Homere, chacun selon son gibier : & pensoit ce sçavoir estre sien, parce qu'il estoit en la teste de ses gens. Et comme font aussi ceux, desquels la suffisance loge en leurs somptueuses Librairies. J'en cognoy, à qui quand je demande ce qu'il sçait, il me demande un livre pour le monstrer : & n'oseroit me dire, qu'il a le derriere galeux, s'il ne va sur le champ estudier en son Lexicon que c'est galeux, & que c'est que derriere.

La Science n'est utile qu'autant qu'elle nous devient propre.

Nous prenons en garde les opinions & le sçavoir d'autruy, & puis c'est tout : il les faut faire nostres. Nous semblons proprement celuy, qui ayant besoin de feu, (17) en iroit querir chez son voisin, & y en ayant trouvé un beau & grand, s'arresteroit là à se chauffer, sans plus se souvenir d'en rapporter chez soy. Que nous sert-il d'avoir la panse pleine de viande, si elle ne se digere, si elle ne se transforme en nous ? si elle ne nous augmente & fortifie ? Pensons-nous que

quos referret, sæpè in medio versu excidebat. —
—— Ille tamen in eâ opinione erat, ut putaret se scire, quod quisquam in domo suâ sciret. *Senec.* ibid.

(17) Vous trouverez cette comparaison à la fin du Traité de Plutarque, intitulé *Comment il faut ouyr.* Et c'est de là sans doute que Montagne l'a prise, puisqu'il l'exprime à peu près dans les mêmes termes qu'*Amyot.*

Lucullus, que les Lettres (18) rendirent & formerent si grand Capitaine sans experience, les eust prises à nostre mode? Nous nous laissons si fort aller sur les bras d'autruy, que nous aneantissons nos forces. Me veux-je armer contre la crainte de la mort? c'est aux despens de Seneca. Veux-je tirer de la consolation pour moy, ou pour un autre? je l'emprunte de Cicero : je l'eusse prise en moy-mesme, si on m'y eust exercé. Je n'ayme point cette suffisance relative & mendiée. Quand bien nous pourrions estre sçavans du sçavoir d'autruy, au moins sages ne pouvons-nous estre que de nostre propre sagesse.

(19) μισῶ σοφιςὴν, ὅςις ὐχ αὑτῷ σοφός.

(20) Je hai le sage qui n'est pas sage pour soy-mesmes. [c] *Ex quo Ennius :*

---

(18) *Cic.* Acad. Quæst. Lib. IV. c. 1. Ad Mithridaticum bellum missius à Senatu, —— cùm totum iter & navigationem consumpsisset partim in percunctando à peritis ; partim in rebus gestis legendis, in Asiam perfectus Imperator venit, cùm esset Româ profectus rei militaris rudis.

(19) Paroles d'*Euripide*, comme nous l'apprend Ciceron, *Epist.* 15. ad Cæsar. L. XIII.

(20) Dans l'Edition d'*Abel l'Angelier* de 1588. on trouve cette Traduction faite par Montagne, & inserée dans le Texte immediatement après le Vers Grec, comme ici.

[c] C'est pourquoi, dit Ennius, vaine est la

Nequidquam sapere sapientem, qui ipse sibi prodesse non quiret:

[d] *si cupidus, si Vanus, & Euganeâ quantumvis mollior agnâ.*

[e] *Non enim paranda nobis solùm, sed fruenda sapientia est.* (21) Dionysius se moquoit des Grammairiens, qui ont soin de s'enquerir des maux d'Ulysses, & ignorent les propres : des Musiciens, qui accordent leurs flutes, & n'accordent pas leurs mœurs : des Orateurs qui etudient à dire justice, non à la faire. Si nostre ame n'en va un meilleur branfle, si nous n'en avons le jugement plus sain, j'aimerois aussi cher que mon escolier eût passé le temps à joüer à la paume : au moins le corps en seroit plus allegre. Voyez-le revenir de là, apres quinze ou

---

sagesse du sage, s'il ne sait pas se faire du bien à lui-même. *Apud* Cic. de Offic. L. III. c. 15.

[d] S'il est avare, menteur, & efféminé. *Juvenal.* Sat. VIII. vs. 14.

[e] Car il ne suffit pas d'acquerir la sagesse, il faut en joüir. *Cic.* de Finib. L. I. c. 1.

(21) Dans toutes les Editions de Montagne que j'ai vuës, sans en excepter la derniere Traduction Angloise, j'ai trouvé *Dionysius*. Cependant, les sages reflexions que Montagne attribuë ici à ce prétendu *Dionysius*, c'est *Diogene le Cynique* qui les a faites, comme on peut voir dans la Vie de ce Philosophe, écrite par *Diogene Laërce,* L. VI. Segm. 27. & 28.

feize ans employez, il n'eſt rien ſi mal propre à mettre en beſogne: tout ce que vous y recognoiſſez davantage, c'eſt que ſon Latin & ſon Grec l'ont rendu plus ſot & preſomptueux qu'il n'eſtoit party de la maiſon. Il en devoit rapporter l'ame pleine, il ne l'en rapporte que bouffie: & l'a ſeulement enflée, en lieu de la groſſir.

Ces maiſtres icy, comme Platon dit des Sophiſtes, leurs germains, ſont de tous les hommes, ceux qui promettent d'eſtre les plus utiles aux hommes, & ſeuls entre tous les hommes, qui non ſeulement n'amendent point ce qu'on leur commet, comme faict un charpentier & un maſſon: mais l'empirent, & ſe font payer de l'avoir empiré. Si la loy (22) que Protagoras propoſoit à ſes diſciples, eſtoit ſuivie: ou qu'ils le payaſſent ſelon ſon mot, ou qu'ils juraſſent au temple, combien ils eſtimoient le profit qu'ils avoient receu de ſa diſcipline, & ſelon iceluy ſatisfiſſent ſa peine, mes pedagogues ſe trouveroient (23) chouez, s'eſtans remis au ferment de mon experience. Mon vulgaire Perigordin ap-

Caractere des faux Savans.

(22) *Plato* in Protagorâ, *Tom.* I. p. 328. Edit. H. Steph.

(23) *Fruſtrez, déchus de leur eſperance.* De *chouër* qui n'eſt pas en uſage, eſt venu *échouer.*

pelle fort plaisamment *Lettre-ferits*, ces sçavanteaux, comme si vous disiez Lettre-ferus, ausquels les Lettres ont donné un coup de marteau, comme on dit. De vray le plus souvent ils semblent estre ravalez, mesmes du sens commun. Car le païsan & le cordonnier vous leur voyez aller simplement & naïvement leur train, parlant de ce qu'ils sçavent: ceux-cy pour se vouloir eslever & gendarmer de ce sçavoir qui nage en la superficie de leur cervelle, vont s'embarrassant, & empreftant sans cesse. Il leur eschappe de belles paroles, mais qu'un autre les accommode: ils cognoissent bien Galien, mais nullement le malade: ils vous ont desja rempli la teste de loix, & si n'ont encore conceu le nœud de la cause: ils sçavent la Theorique de toutes choses, cherchez qui la mette en practique.

Caractere d'un parfait Pedant.

J'ay veu chez moy un mien amy, par maniere de passe-temps, ayant affaire à un de ceux-cy, contrefaire un jargon de Galimatias, propos sans suitte, tissu de pieces rapportées, sauf qu'il estoit souvent entrelardé de mots propres à leur dispute, amuser ainsi tout un jour ce sot à debattre, pensant tousjours respondre aux objections qu'on luy faisoit. Et si
estoit

estoit homme de lettres & de reputation, & qui avoit une belle Robbe.

[f] *Vos, ô Patritius sanguis quos vivere par est Occipiti caco, postica occurrite sanna.*

Qui regardera de bien pres à ce genre de gens, qui s'estend bien loin, il trouvera comme moy, que le plus souvent ils ne s'entendent, ny autruy, & qu'ils ont la souvenance assez pleine, mais le jugement entierement creux: sinon que leur nature d'elle mesme le leur ait autrement façonné, comme j'ay veu *Adrianus Turnebus*, qui n'ayant faict autre profession que de lettres, en laquelle c'estoit, à mon opinion, le plus grand homme, qui fust il y a mil ans, n'ayant toutesfois rien de pedantesque que le port de sa robbe, & quelque façon externe, qui pouvoit n'estre pas civilisée à la courtisanne: qui sont choses de neant. Et hay nos gens qui supportent plus mal-ayfement une robbe qu'une ame de travers: & regardent à sa reverence, à son maintien & à ses bottes, quel homme il est. Car audedans c'estoit l'ame la plus polie du monde. Je l'ay souvent à mon

[f] O nobles Patriciens qui n'avez pas le don de voir ce qui se passe derriere vous, prenez garde que ceux à qui vous tournez le dos, ne vous fassent la nique. *Pers.* Sat. I. *vs.* 61. & 62.

escient jetté en propos esloignez de son usage, il y voyoit si clair, d'une apprehension si prompte, d'un jugement si sain, qu'il sembloit, qu'il n'eust jamais faict autre mestier que la guerre, & affaires d'Estat. Ce sont natures belles & fortes :

[g] *queis arte benigna*
Et meliore luto finxit præcordia Titan,

qui se maintiennent au travers d'une mauvaise institution. Or ce n'est pas assez que nostre institution ne nous gaste pas, il faut qu'elle nous change en mieux.

La science doit être accompagnée de jugement.

Il y a aucuns de nos parlemens, quand ils ont à recevoir des Officiers, qui les examinent seulement sur la science : les autres y adjoustent encores l'essay du sens, en leur presentant le jugement de quelque cause. Ceux-cy me semblent avoir un beaucoup meilleur stile : Et encore que ces deux pieces soyent necessaires, & qu'il faille qu'elles s'y trouvent toutes deux, si est-ce qu'à la verité celle du sçavoir est moins prisable, que celle du jugement; cette-cy se peut pas-

[g] Que Dieu a formées d'un meilleur limon, & gratifiées d'un plus excellent génie. *Juvenal.* Sat. XIV. vs. 34. & 35.

fer de l'autre, & non l'autre de cette-cy.
Car comme dict ce vers Grec,

[h] ὡς ὐδὲν ἡ μάθησις, ἦν μὴ νῦς παρῇ:

A quoy faire la science, si l'entendement n'y est ? Pleuſt à Dieu que pour le bien de noſtre juſtice ces Compagnies-là le trouvaſſent auſſi bien fournies d'entendement & de conſcience, comme elles ſont encore de ſcience. [i] *Non vita, ſed ſchola diſcimus.* Or il ne faut pas attacher le ſçavoir à l'ame, il l'y faut incorporer: il ne l'en faut pas arrouſer, il l'en faut teindre; & s'il ne la change, & meliore ſon eſtat imparfaict, certainement il vaut beaucoup mieux le laiſſer là. C'eſt un dangereux glaive, & qui empeſche & offence ſon maiſtre s'il eſt en main foible, & qui n'en ſçache l'uſage : [k] *Ut fuerit melius non didiciſſe.* A l'adventure eſt-ce la cauſe que & nous, & la Theologie ne requerons pas beaucoup de ſcience aux Femmes, & que François Duc de Bretaigne fils de Jean V. comme on luy parla de ſon mariage

[h] Apud *Stob.* Tit. III. p. 37.— La Traduction de ce Vers Grec ſe trouve immediatement après, imprimée en Italique.

[i] Nous n'apprenons point à vivre, mais à diſputer. *Senec.* Epiſt. 106. *in fine.*

[k] De ſorte qu'il auroit mieux vallu n'avoir rien appris. *Cic.* Tuſc. Quæſt. L. II. c. 4.

avec Isabeau fille d'Escosse, & qu'on luy adjousta qu'elle avoit esté nourrie simplement & sans aucune instruction de lettres, respondit, *qu'il l'en aymoit mieux, & qu'une femme estoit assez sçavante, quand elle sçavoit mettre difference entre la chemise & le pourpoint de son mary.*

Si les Lettres sont d'une absoluë nécessité. Aussi ce n'est pas si grande merveille, comme on crie, que nos ancestres n'ayent pas faict grand estat des lettres, & qu'encores aujourd'huy elles ne se trouvent que par rencontre aux principaux conseils de nos Roys : & si cette fin de s'en enrichir, qui seule nous est aujourd'huy proposée par le moyen de la Jurisprudence, de la Medecine, du Pedantisme, & de la Theologie encore, ne les tenoit en credit, vous les verriez sans doute aussi marmiteuses qu'elles furent onques. Quel dommage, si elles ne nous apprennent ny à bien penser, ny à bien faire ? [I] *Postquam docti prodierunt, boni desunt.* Toute autre science est dommageable à celuy qui n'a la science de bonté.

Toute sorte de Genies ne sont pas ca- Mais la raison que je cherchois tantost, seroit-elle point aussi de là, que

---

[I] Depuis que les Doctes ont paru, l'on ne voit plus de gens de bien. *Senec.* Epist. 95.

noſtre eſtude en France n'ayant quaſi *pables d'etre ameliorez par la Science.*
autre but que le profit, moins de ceux
que nature a faict naiſtre à plus genereux offices que lucratifs, s'adonnants
aux Lettres, ou s'y addonants * court-
ement (retirez avant que d'en avoir
pris appetit, à une profeſſion qui n'a
rien de commun avec les livres) il ne
reſte plus ordinairement, pour s'engager tout à faict à l'eſtude, que les gens
de baſſe fortune, qui y queſtent des
moyens à vivre. Et de ces gens-là, les
ames eſtans & par nature, & par inſtitution domeſtique & exemple, du plus
bas aloy, (24) rapportent fauſſement le
fruit de la Science. Car elle n'eſt pas
pour donner jour à l'ame qui n'en a
point, ny pour faire voir un aveugle.
Son meſtier eſt non de luy fournir de
veuë, mais de la luy dreſſer, de luy
regler ſes allures, pourveu qu'elle aye
de ſoy les pieds, & les jambes droites
& capables. C'eſt une bonne drogue
que la Science, mais nulle drogue n'eſt
aſſés forte, pour ſe preſerver ſans alteration & corruption, ſelon le vice du
vaſe (25) qui l'eſtuye. Tel a la veuë

* *Fort peu de temps.*
(24) *Font un mauvais uſage de la ſcience.*
(25) *Où elle eſt renfermée. D'eſtuy on a fait eſtuyer,*

claire, qui ne l'a pas droite : & par conſequent void le bien, & ne le ſuit pas : & void la ſcience, ne s'en ſert pas. La principale ordonnance de Platon en ſa Republique, c'eſt donner à ſes citoyens ſelon leur nature, leur charge. Nature peut tout, & fait tout. Les boiteux ſont mal propres aux exercices du corps : & aux exercices de l'eſprit les ames boiteuſes. Les baſtardes & vulgaires ſont indignes de la Philoſohie. Quand nous voyons un homme mal chauſſé, nous diſons que ce n'eſt pas merveille, s'il eſt chauſſetier. De meſme il ſemble, que l'experience nous offre ſouvent, un Medecin plus mal medeciné, un Theologien moins reformé, & couſtumierement un Sçavant moins ſuffiſant qu'un autre. Ariſto Chius avoit anciennement raiſon de dire, que les Philoſophes nuiſoient (26) aux auditeurs : d'autant que la pluspart des ames ne ſe trouvent propres à faire leur profit de telle inſtruction : qui, ſi elle ne ſe

qui ſignifie *cacher, renfermer, mettre dans un eſtuy.* On dit encore en Languedoc *s'eſtuya* pour dire *rentrer dans ſa maiſon.* Voyez dans le *Treſor de Recherches Gauloiſes* de Borel, les mots *eſtoyer* & *s'eſtuyer.*

(26) *Iis qui benè dicta, malè interpretarentur,* à ces Auditeurs qui prenoient mal les bonnes choſes qu'on leur diſoit. *Cic. de Nat. Deor. L. III. c. 31.*

LIVRE I. CHAP. XXIV. 271

met à bien, se met à mal : [m] ἀσώτες ex Aristippi, acerbos ex Zenonis scholâ exire.

En cette belle institution que Xenophon preste aux Perses, nous trouvons qu'ils apprenoient la Vertu à leurs enfans, comme les autres Nations font les Lettres. Platon dit que le fils aisné en leur succession royale, (27) estoit ainsi nourry. Apres sa naissance, on le donnoit, non à des femmes, mais à des ennuches de la premiere authorité autour des Roys, à cause de leur vertu. Ceux-cy prenoient charge de luy rendre le corps beau & sain : & apres sept ans le duisoient à monter à cheval, & aller à la chasse. Quand il estoit arrivé au quatorziesme, ils le deposoient entre les mains de quatre : le plus sage, le plus juste, le plus temperant, le plus vaillant de la Nation. Le premier luy apprenoit la Religion : le second, à estre tousjours veritable : le tiers, à se rendre maistre des cupidités : le quart, à ne rien craindre.

Les Perses enseignoient la Vertu à leurs Enfans, au lieu des Lettres.

C'est chose digne de tres-grande consideration, qu'en cette excellente police

Jeunesse Lacedemonienne instruite.

(m) Qu'il sortoit des Débauchez de l'Ecole d'Aristippe, & des Esprits malins de celle de Zenon. Cic. de Nat. Deor. L. III. c. 31.
(27) Dans le *Premier Alcibiade*, p. 32.

M 4

à toute autre chose qu'aux Lettres. de Lycurgus, & à la verité monstrueuse par sa perfection, si soigneuse pourtant de la nourriture des enfans, comme de sa principale charge, & au giste mesmes des Muses, il s'y face si peu de mention de la doctrine : comme si cette genereuse jeunesse desdaignant tout autre joug que de la vertu, on luy aye deu fournir, au lieu de nos maistres de science, seulement des maistres de vaillance, prudence, & justice : Exemple que Platon a suivy en ses Loix. La façon de leur discipline, c'estoit leur faire des questions sur le jugement des hommes, & de leurs actions : & s'ils condamnoient & loüoient, ou ce personnage, ou ce faict, (28) il falloit raisonner leur dire, & par ce moyen ils aiguisoient ensemble leur entendement, & apprenoient le Droit. Astyages (29) en Xenophon, demande à Cyrus compte de sa derniere leçon ; C'est, dit-il, qu'en nostre Escole un grand garçon ayant un petit saye, le donna à l'un de ses compagnons de plus petite taille, & luy osta son saye, qui estoit plus grand : nostre precepteur m'ayant fait juge de

(28) C'est-à-dire, ils étoient obligez de rendre raison du parti qu'ils prenoient.
(29) Dans la *Cyropedie* de Xenophon, L. I. ch. 2. §. 14.

ce differend, je jugeay qu'il falloit laisser les choses en cet estat, & que l'un & l'autre sembloit estre mieux accommodé en ce point : sur quoy il me remontra que j'avois mal fait. Car je m'estois arresté à considerer la bienseance, & il falloit premierement avoir proveu à la justice, qui vouloit que nul ne fust forcé en ce qui luy appartenoit. Et dit (30) qu'il en fut fouëté, tout ainsi que nous sommes en nos villages, pour avoir oublié le premier Aoriste de τύπτω. Mon Regent me feroit une belle harangue *in genere demonstrativo*, avant qu'il me persuadast que son Escole vaut cette-là. Ils ont voulu coupper chemin : & puisqu'il est ainsi que les Sciences, lors mesmes qu'on les prent de droit fil, ne peuvent que nous enseigner la prudence, la preud'hommie & la resolution, ils ont voulu d'arrivée mettre leurs enfans au propre des effects, & les instruire non par ouïr dire, mais par l'essay de l'action, en les formant & moulant vifvement, non seulement de preceptes & paroles, mais principalement d'exem-

---

(30) Πληγὰς ἔλαβον, ὡς ἐκ ὀρθῶς δικάσας. *Je fus battu*, dit le petit Cyrus, *pour n'avoir pas jugé droitement.*

ples & d'œuvres : afin que ce ne fuſt pas une ſcience en leur ame, mais ſa complexion & habitude : que ce ne fuſt pas un acqueſt, mais une naturelle poſſeſſion. A ce propos, on demandoit à Ageſilaus ce qu'il ſeroit d'advis, que les enfans apprinſent : (31) *Ce qu'ils doivent faire eſtans hommes*, reſpondit-il. Ce n'eſt pas merveille, ſi une telle inſtitution a produit des effets ſi admirables.

Difference entre l'inſtruction qu'on donnoit aux Enfans à Sparte, & celle qu'on leur donnoit à Athenes.

On alloit, dit-on, aux autres villes de Grece chercher des Rhetoriciens, des Peintres, & des Muſiciens : mais en Lacedemone des Legiſlateurs, des Magiſtrats, & Empereurs d'armée : à Athenes on aprenoit à bien dire, & icy à bien faire : là à ſe deſmeſler d'un argument ſophiſtique, & à rabattre l'impoſture des mots captieuſement entrelaſſez ; ici à ſe deſmeſler des appats de la volupté, & à rabatre d'un grand courage les menaſſes de la fortune & de la mort : ceux-là s'embeſognoient apres les parolles, ceux-cy apres les choſes : là c'eſtoit une continuelle exercitation de la langue, icy une continuelle exercitation de l'ame. Parquoy

(31) Plutarque dans les *Dits notables des Lacédémoniens.*

il n'eſt pas eſtrange, ſi Antipater leur demandant cinquante enfans pour oſtages, ils reſpondirent tout au rebours de ce que nous ferions, (32) qu'ils aymoient mieux donner deux fois autant d'hommes faicts ; tant ils eſtimoient la perte de l'education de leur pays. Quand Ageſilaus convie Xenophon d'envoyer nourrir ſes enfans à Sparte, ce n'eſt pas pour y apprendre la Rhetorique, ou Dialectique : mais (33) *pour apprendre (ce dit-il) la plus belle ſcience qui ſoit, aſçavoir la ſcience d'obeïr & de commander.*

Il eſt tres-plaiſant, de voir Socrates, à ſa mode ſe moquant de Hippias, (34) qui luy recite, comment il a gaigné, ſpecialement en certaines petites villetes de la Sicile, bonne ſomme d'argent, à regenter : & qu'à Sparte il n'a gaigné pas un ſol : Que ce ſont gens idiots, (35) qui ne ſçavent ny meſurer ny compter : ne font eſtat ny de Grammaire ny de rythme : s'amu-

Comment Socrate ſe jouë d'un Sophiſte qui n'avoit rien gagné à Sparte.

―――――――――――
(32) Plutarque dans le même Traité.
(33) Ὡς μαθησομένους τῶν μαθημάτων τὸ κάλλιστον ἄρχεσθαι καὶ ἄρχειν. Plutarque dans la Vie d'*Ageſilaus*, ch. 7.
(34) Platonis *Hippias Major*, p. 96.
(35) *Id.* ibid. p. 97.

sans seulement à sçavoir (36) la suitte des Roys, establissement & decadence des Etats, & tels fatras de comptes. Et au bout de cela, Socrates luy faisant advouër par le menu, l'excellence de leur forme de gouvernement public, l'heur & vertu de leur vie privée, luy laisse deviner la conclusion de l'inutilité de ses arts.

Les Sciences amollissent le courage.

Les exemples nous apprennent, & en cette martiale police, & en toutes ses semblables, que l'estude des sciences amollit & effemine les courages, plus qu'il ne les (37) fermit & aguerrit. Le plus fort Estat, qui paroisse pour le present au monde, est celuy des Turcs, peuples également duicts à l'estimation des armes, & mespris des lettres. Je trouve Rome plus vaillante avant qu'elle fust sçavante. Les plus belliqueuses nations en nos jours, sont les plus grossieres & ignorantes. Les Scythes, les Parthes, Tamburlan, nous servent à

(36) Περὶ τῶν γενῶν, ὦ Σώκρατες, τῶν τε ἡρώων καὶ τῶν ἀνθρώπων καὶ τῶν κατοικήσεων, ὡς τοαρχαῖον ἐκτίθησαν αἱ πόλεις καὶ συλλήβδην πάσης τῆς ἀρχαιολογίας ἥδιστα ἀκροῶσθαι. Id. Ibid.

(37) Fortifie.

cette preuve. Quand les (38) Gots ravagerent la Grece, ce qui sauva toutes les Librairies d'estre passées au feu, ce fut un d'entre eux, qui sema cette opinion, qu'il falloit laisser ce meuble entier aux ennemis : propre à les destourner de l'exercice militaire, & amuser à des occupations sedentaires & oysives. Quand nostre Roy, *Charles huictieme*, quasi sans tirer l'espée du fourreau, se veid maistre du Royaume de Naples, & d'une bonne partie de la Toscane, les Seigneurs de sa suitte attribuerent cette inesperée facilité de conqueste, à ce que les Princes & la Noblesse d'Italie s'amusoient plus à se rendre ingenieux & sçavans, que vigoureux & guerriers.

―――――――――――

CHAPITRE XXV.

De l'institution des Enfans, à Madame Diane de Foix, Comtesse de Gurson.

JE ne vis jamais pere, pour bossu ou teigneux que fust son fils, qui laissast de l'advouer : non pourtant, s'il

A quoi se réduit la connoissance que Montagne avoit des Sciences.

―――

(38) Plusieurs Auteurs citent ce Fait après *Philippe Camerarius*, Medit. Histor. Cent. III. c. 51. où il cite lui-même *J. Baptist. Egnatius.* ―― Je tiens ceci de M. *Barbeyrac*.

n'est du tout enyvré de cett'affection, qu'il ne s'apperçoive de sa défaillance : mais tant y a qu'il est sien. Aussi moy, je voy mieux que tout autre, que ce ne sont icy que resveries d'homme, qui n'a gousté des Sciences que la crouste premiere en son enfance, & n'en a retenu qu'un general & informe visage : un peu de chaque chose, & rien de tout, à la Françoise. Car en somme, je sçay qu'il y a une Medecine, une Jurisprudence, quatre parties en la Mathematique, & grossierement ce à quoy elles visent. Et à l'adventure encore sçay-je la pretention des Sciences en general, au service de nostre vie : mais d'y enfoncer plus avant, de m'estre rongé les ongles à l'estude d'Aristote monarque de la doctrine moderne, ou opiniastré apres quelque science, je ne l'ay jamais faict : ny n'est art dequoy je peusse peindre seulement les premiers lineaments. Et n'est enfant des classes moyennes, qui ne se puisse dire plus sçavant que moy : qui n'ay seulement pas de quoy l'examiner sur sa premiere leçon. Et si l'on m'y force, je suis contraint assez ineptement, d'en tirer quelque matiere de propos universel, sur quoy j'examine son jugement naturel : Leçon, qui leur est autant incognue, comme à moy la leur.

Je n'ay dressé commerce avec aucun livre solide, sinon Plutarque & Seneque, où je puyse comme les Danaides, remplissant & versant sans cesse. J'en attache quelque chose à ce papier, à moy, si peu que rien. L'Histoire c'est mon gibier en matiere de Livres, ou la Poësie, que j'ayme d'une particuliere inclination : car, comme disoit Cleanthes, tout ainsi que la voix contrainte dans l'étroit canal d'une trompette sort plus aigue & plus forte : ainsi me semble-il que la sentence pressée aux pieds nombreux de la Poësie, s'eslance bien plus brusquement, & me (1) fiert d'une plus vive secousse. Quant aux facultez naturelles qui sont en moy, dequoy c'est icy l'essay, je les sens flechir sous la charge : mes conceptions & mon jugement ne marche qu'à tastons, chancelant, bronchant & chopant : & quand je suis allé le plus avant que je puis, si ne me suis-je aucunement satisfaict. Je voy encore du païs au delà : mais d'une veuë trouble, & en nuage, que je ne puis demesler : Et entreprenant de parler indifferemment de tout ce qui se

Plutarque & Seneque, Livres favoris de Montagne.

CHAP. XXIV. (1) *Frappe*, du verbe Latin *ferit*.

présente à ma fantasie, & n'y employant que mes propres & naturels moyens, s'il m'advient, comme il fait souvent, de rencontrer de fortune dans les bons Autheurs ces mesmes lieux, que j'ay entrepris de traiter, comme je viens de faire chez Plutarque tout presentement, son discours de la force de l'imagination : à me recognoistre au prix de ces gens-là, si foible & si chetif, si poisant & si endormy, je me fay pitié, ou desdain à moy-mesmes. Si me gratifie-je de cecy, que mes opinions ont cet honneur de rencontrer souvent aux leurs, & que je vays au moins de loin apres, (2) disant que voire : aussi que j'ay cela, que chacun n'a pas, de cognoistre l'extreme difference d'entre-eux & moy : Et laisse ce neantmoins courir mes inventions ainsi foibles & basses, comme je les ay produites, sans en replastrer & recoudre les defauts que cette comparaison m'y a descouverts.

Ecrivains modernes qui découvrent la foiblesse de leur génie en pillant les Anciens.

Il faut avoir les reins bien fermes pour entreprendre de marcher front à front avec ces gens-là. Les Escrivains indiscrets de nostre siecle, qui parmy leurs ouvrages de neant, vont semant

(2) *Disant qu'ils ont raison.*

des lieux entiers des anciens Autheurs, pour se faire honneur, font le contraire. Car cett'infinie dissemblance de lustres rend un visage si paste, si terni, & si laid à ce qui est leur, qu'ils y perdent beaucoup plus qu'ils n'y gaignent. [(3) C'estoient deux contraires (4) fantasies. Le Philosophe Chrysippus mesloit à ses livres, non les passages seulement, (5) mais des ouvrages entiers d'autres Autheurs : & en un la Medée d'Euripides : & disoit Apollodorus, que, qui en retrancheroit ce qu'il y avoit d'estranger, son papier demeureroit en

(3) Dans l'Edition in 4to. de 1558. chez *Abel l'Angelier*, immediatement après ces mots, *qu'ils n'y gagnent*, on trouve, *Il m'avint l'autre jour de tomber sur un tel passage*, &c. Ce que Montagne a mis depuis, entre deux, touchant la differente maniere d'écrire de Chrysippe & d'Epicure, quoiqu'assez curieux en soi-même, fait ici un fort mauvais effet : car le Lecteur depaïsé par cette espece de parenthese, ne sait plus pourquoi Montagne dit ensuite, *Il m'avint l'autre jour de tomber sur un tel passage*, &c. Ce que je viens de dire suffira pour faire voir à quoi il faut rapporter ces dernieres paroles ; & je montrerai plus particulierement dans la Préface, les inconveniens de ces sortes d'additions qui sont très-fréquentes dans Montagne.

(4) Ou *fantaisies*, comme on a mis dans les dernieres Editions, & comme on parle aujourd'ui. On prononçoit autrefois *fantasie*, d'où est venu *fantasieux*, qui signifie *chimerique* selon Borel, dans son *Tresor de Recherches Gauloises*, &c.

(5) Diog. Laërt. dans la Vie de Chrysippe, Liv. VII. Segm. 181, & 182.

blanc. Epicurus au rebours, en trois cents volumes qu'il laiſſa, (6) n'avoit pas mis une ſeule allegation.] Il m'advint l'autre jour de tomber ſur un tel paſſage; j'avois trainé languiſſant apres des paroles Françoiſes, ſi (7) exangues, ſi deſcharnées, & ſi vuides de matiere & de ſens, que ce n'eſtoient voirement que paroles Françoiſes: au bout d'un long & ennuyeux chemin, je vins à rencontrer une piece haute, riche, & eſlevée juſques aux nuës: Si j'euſſe trouvé la pente douce, & la montée un peu alongée, cela euſt eſté excuſable: c'eſtoit un precipice ſi droit & ſi coupé, que des ſix premieres paroles je cogneus que je m'envolois en l'autre monde: de là je deſcouvris la fondriere d'où je venois, ſi baſſe & ſi profonde, que je n'eus oncques-puis le cœur de m'y ravaler. Si j'eſtoffois l'un de mes diſcours de ces riches deſpouilles, il eſclaireroit par trop la beſtiſe des autres. Repren-

(6) Diog. Laërt. Dans la Vie d'Epicure, Liv. X. Segm. 26. — γέγραπται δὲ μαρτύριον ἔξωθεν ἐν αὐτοῖς ὀδέν, Paroles très-bien traduites dans Montagne, & fort mal par le Traducteur Latin qui les rend ainſi, *quibus nullus extrinſecùs titulus inſcriptus eſt.*

(7) Ce mot qui vient du Latin *exſanguis*, ſans ſang, ſignifie *ſec*, *maigre*, lorſqu'on l'applique à un Diſcours.

dre en autruy mes propres fautes, ne me semble non plus incompatible, que de reprendre, comme je fay souvent, celle d'autruy en moy. Il les faut accuser par tout, & leur oster tout lieu de franchise. Si sçay-je, combien audacieusement j'entreprens moi-mesmes à tous coups, de m'égaler à mes larrecins, d'aller pair à pair quant & eux : non sans une temeraire esperance, (8) que je puisse tromper les yeux des Juges à les discerner. Mais c'est autant par le benefice de mon application, que par le benefice de mon invention & de ma force. Et puis je ne luitte point en gros ces vieux champions-là, & corps à corps : c'est par reprises, menuës & legeres atteintes. Je ne m'y aheurte pas ; je ne fay que les taster : & ne vay point tant, comme je marchande d'aller. Si je leur pouvois (9) tenir palot, je se-

(8) Ce que Montagne dit ici de lui-même est exactement vrai. On en peut voir une preuve dans le Chapitre XXI. de ce PREMIER LIVRE : & dans l'occasion j'en donnerai d'autres tout aussi palpables.

(9) C'est-à-dire, *si je pouvois aller de pair avec eux.* Je ne sai pourtant pas ce que veut dire ici le mot de *palot.* Cotgrave l'a mis dans son Dictionnaire François-Anglois, mais sans l'expliquer. *Palot*, dit-il : de là *tenir palot à*, ce qu'il explique par des Expressions Angloises, qui signifient *aller de pair avec quelqu'un, être à deux de jeu avec lui.*

rois honneste homme : car je ne les entreprens, que par où ils sont les plus roides. De faire ce que j'ay descouvert d'aucuns, se couvrir des armes d'autruy, jusques à ne montrer pas seulement le bout de ses doigts : conduire son dessein (comme il est aisé aux Sçavans en une matiere commune) sous les inventions anciennes, rappiecées par-cy par-là : à ceux qui les veulent cacher & faire propres, c'est premierement injustice & lascheté, que n'ayans rien en leur vaillant, par où se produire, ils cherchent à se presenter par une valeur purement estrangere : & puis, grande sottise, se contentant par piperie de s'acquerir l'ignorante approbation du Vulgaire, se descrier envers les gens d'entendement, qui hochent du nez cette incrustation empruntée : desquels seuls la louange a du poids. De ma part il n'est rien que je vueille moins faire. (10) Je ne dis les autres, sinon pour d'autant plus me dire. Cecy ne touche pas (11) les Centons, qui se

(10) *Je ne parle des autres que pour pouvoir plus expressément parler de moi-même, & m'avertir de ce que je dois faire ou éviter en ce point. C'est-là, je croi, le vrai sens de ces paroles de Montagne,* Je ne dis les autres, sinon pour d'autant plus me dire.

(11) On appelle *Centon* un Ouvrage de Poësie composé de Vers ou de bouts de Vers, pris d'un ou

publient pour Centons : & j'en ay veu de tres-ingenieux en mon temps : entre-autres un, (12) sous le nom de *Capilupus :* outre (13) les anciens. Ce sont des Esprits, qui se font veoir, & par ailleurs, & par là, comme Lipsius en ce docte & laborieux tissu de ses Politiques.

Quoy qu'il en soit, veux-je dire, & quelles que soient ces inepties, je n'ay pas deliberé de les cacher, non plus qu'un mien pourtraict chauve & grison-

Jugement que Montagne fait de son ouvrage.

de plusieurs Auteurs pour exprimer toute autre chose que ce que ces Vers signifient dans les Auteurs d'où ils ont été empruntez.

(12) *Lelius Capilupus*, natif de Mantouë, & qui fleurissoit dans le seiziéme Siecle, se rendit fameux par cette espece d'Ouvrage, comme on peut voir dans le *Dictionnaire de Bayle*, à l'article CAPILUPUS, p. 793. *Le Centon qu'il fit contre les Moines,* dit M. Bayle, *est inimitable.* On le trouve à la fin du *Regnum Papisticum* de Naogeorgus. Il en fit un aussi contre les femmes. *C'est,* dit encore M. Bayle, *une piéce très-ingenieuse, mais trop Satirique*, qui a été inserée dans un Recueil, intitulé *Baudii amores*, imprimé à Leyde en 1638. Ce Lelius Capilupus eut un Neveu, nommé *Julius Capilupus*, qui se signala par des Centons, & eut même pour cela un talent superieur à celui de son Oncle, si l'on en croit Possevin, *Biblioth. Select.* L. XVII. c. 24. Mais quoi qu'en disent Montagne, Bayle, & Possevin, c'est un bonheur pour les Lettres qu'on ait negligé ces sortes d'Ouvrages dont le stile ne peut qu'être plein d'expressions dures, impropres, & enigmatiques.

(13) Comme les Centons d'*Ausone*, tout composez de Vers de Virgile.

nant, où le peintre auroit mis, non un visage parfaict, mais le mien. Car aussi ce sont icy mes humeurs & opinions: Je les donne, pour ce qui est en ma creance, non pour ce qui est à croire. Je ne vise icy qu'à descouvrir moy-mesmes, qui seray par adventure autre demain, si nouvel apprentissage me change. Je n'ay point l'authorité d'estre creu, ny ne le desire, me sentant trop mal instruit pour instruire autruy.

Son sentiment sur l'éducation des Enfans.

Quelcun donc ayant veu l'article precedent, me disoit chez moy l'autre jour, que je me devois estre un petit estendu sur le discours de l'institution des enfans. Or, Madame, si j'avois quelque suffisance en ce subject, je ne pourrois la mieux employer que d'en faire un present à ce petit homme, qui vous menasse de faire tantost une belle sortie de chez vous : (vous estes trop genereuse pour commencer autrement que par un masle.) Car ayant eu tant de part à la conduite de vostre mariage, j'ay quelque droit & interest à la grandeur & prosperité de tout ce qui en viendra : outre ce que l'ancienne possession que vous avez sur ma servitude, m'oblige assez à desirer honneur, bien & advantage à tout ce qui vous touche :

Mais à la verité je n'y entens sinon cela, que la plus grande difficulté & importance de l'humaine science semble estre en cet endroit, où il se traite de la nourriture & instruction des enfans. Tout ainsi qu'en l'Agriculture, les façons, qui vont devant le planter, sont certaines & aisées, & le planter, mesme. Mais depuis que ce qui est planté, vient à prendre vie : à l'eslever, il y a une grande varieté de façons & difficulté : (14) pareillement aux hommes, il y a peu d'industrie à les planter : mais depuis qu'ils sont naiz, on se charge d'un soing divers, plein d'em-

(14) Cette pensée qui semble se presenter si naturellement à l'Esprit, est prise d'un Dialogue de Platon, intitulé *Theages*, où un Pere qui avec son Fils vient consulter Socrate pour savoir à qui il doit confier l'éducation de ce Fils, dit d'abord, comme Montagne, ,, que dans l'Agriculture les ,, façons qui vont devant le planter, n'ont rien ,, de difficile, non plus que le planter, & qu'à ,, cet égard il en est des Animaux, comme de ,, toutes les Plantes : mais qu'après que les Plantes ,, ont une fois pris racine, la culture en est fort ,, variée & très-difficile. *Et il me semble*, ajoûte-t-,, il, *qu'il en est de même des hommes, autant que ,, j'en puis juger par mon fils :* οὕτω δὲ ἔχειν ἔοικε καὶ τὸ περὶ τῶν ἀνθρώπων ——— καὶ γὰρ ἐμοὶ ἡ τῦ υἱέος τυτοῦ εἴτε φυτείαν, εἴτε παιδοποιΐαν δεῖ αὐτὴν ὀνομάζειν, πάντων ῥᾴστη γέγονεν. ἡ δὲ τροφὴ δύσκολός τε καὶ ἀεὶ ἐν φόβῳ, περὶ αὐτῦ δεδιότι. Plato in Theage, p. 88. C. *Francofurti* apud Claud. Marnium, &c. an. 1602.

besoignement & de crainte, à les dresser & nourrir.

Il est tres-difficile de prevoir par les premieres actions des Enfans, ce qu'ils seront un jour.

La montre de leurs inclinations est si tendre en ce bas aage, & si obscure, les promesses si certaines & fausses, qu'il est mal-aisé d'y establir aucun solide jugement. Voyez Cimon, voyez Themistocles & mille autres, combien ils se sont disconvenus à eux-mesmes. Les petits des ours, & des chiens, montrent leur inclination naturelle; mais les hommes se jettans incontinent en des accoustumances, en des opinions, en des loix, se changent ou se deguisent facilement. Si est-il difficile de forcer les propensions naturelles: D'où il advient que par faute d'avoir bien choisi leur route, pour neant se travaille-on souvent, & employe-l'on beaucoup d'aage, à dresser des enfans aux choses ausquelles ils ne peuvent prendre pied. Toutesfois en cette difficulté mon opinion est, de les acheminer tousjours aux meilleures choses & plus profitables; & qu'on se doit peu appliquer à ces legeres divinations & prognostiques, que nous prenons des mouvemens de leur enfance. Platon en sa Republique, me semble leur donner trop d'autorité.

Madame

Madame, c'est un grand ornement *Science, de quelle utilité.* que la Science, & un outil de merveilleux service, notamment aux personnes eslevées en tel degré de fortune, comme vous estes. A la verité elle n'a point son vray usage en mains viles & basses. Elle est bien plus fiere, de prester ses moyens à conduire une guerre, à commander un Peuple, à pratiquer l'amitié d'un Prince, ou d'une Nation estrangere, qu'à dresser un argument dialectique, ou à plaider un appel, ou ordonner une masse de pillules. Ainsi, Madame, parce que je croy que vous n'oublierez pas cette partie en l'institution des vostres, vous qui en avez savouré la douceur, & qui estes d'une race lettrée (car nous avons encore les escrits de ces anciens Comtes de Foix, d'où Monsieur le Comte vostre mary & vous, estes descendus: & François Monsieur de Candale, vostre oncle, en faict naistre tous les jours d'autres, qui estendront la cognoissance de cette qualité de vostre famille, à plusieurs siecles) je vous veux dire là-dessus une seule fantasie, que j'ay contraire au commun usage: C'est tout ce que je puis conferer à vostre service en cela.

La charge du Gouverneur, que vous *Le succès de*

l'éducation d'un Enfant, dépend du choix qu'on fera de son Gouverneur.

luy donnerez, du chois duquel depend tout l'effect de son institution, elle a plusieurs autres grandes parties, mais je n'y touche point, pour n'y sçavoir rien apporter qui vaille : & de cet article, sur lequel je me mesle de luy donner advis, il m'en croira autant qu'il y verra d'apparence. A un enfant de maison, qui recherche les Lettres, non pour le gain (car une fin si abjecte est indigne de la grace & faveur des Muses, & puis, elle regarde & depend d'autruy) ny tant pour les commoditez externes, que pour les siennes propres, & pour s'en enrichir & parer au dedans, ayant pluftost envie d'en reussir habil' homme, qu'homme sçavant, je voudrois aussi qu'on fust soigneux de luy choisir un conducteur, qui eust pluftost la teste bien faicte, que bien pleine : & qu'on y requist tous les deux, mais plus les mœurs & l'entendement que la science : & qu'il se conduisist en sa charge d'une nouvelle maniere.

Le Gouverneur d'un Enfant doit le faire parler quelquesfois avant lui, & quelquefois après.

On ne cesse de criailler à nos oreilles, comme qui verseroit dans un entonnoir ; & nostre charge ce n'est que redire ce qu'on nous a dit. Je voudrois qu'il corrigeast cette partie ; & que de belle arrivée, selon la portée de l'ame, qu'il a en main, il commençaſt à la mettre ſur la montre, luy faiſant gouſter les choſes, les choiſir, & diſcerner d'elle-meſme: quelquefois luy ouvrant le chemin, quelquefois le luy laiſſant ouvrir. Je ne veux pas qu'il invente, & parle ſeul: je veux qu'il eſcoute ſon Diſciple parler à ſon tour. Socrates, & depuis Arceſilaus (15) faiſoient premierement parler leurs diſciples, & puis ils parloient à eux. [a] *Obeſt plerumque iis, qui diſcere volunt, auctoritas eorum, qui docent.* Il eſt bon qu'il le face trotter devant luy, pour juger de ſon train: & juger juſques à quel point il ſe doibt ravaller, pour s'accommoder à ſa force. A faute de cette proportion, nous gaſtons tout. Et de la ſçavoir choiſir, & s'y conduire bien meſurément, c'eſt une des plus ardues beſoignes que je ſçache: Et eſt l'effect d'une haute ame & bien forte, ſçavoir condeſcendre à ces alleures pueriles, & les guider. Je marche plus ferme & plus ſeur, (16) à mon qu'à val. Ceux qui, comme noſtre uſage porte, entrepre-

---

(15) Diog. Laërt. Lib. IV. Segm. 36.
[a] L'autorité de ceux qui enſeignent, nuit ſouvent à ceux qui veulent apprendre. *Cic. de Nat. Deor.* Liv. I. ch. 5.
(16) *En montant qu'en deſcendant.*

nent d'une mesme leçon & pareille mesure de conduite, regenter plusieurs esprits de si diverses mesures & formes : ce n'est pas merveille, si en tout un peuples d'enfants, ils en rencontrent à peine deux ou trois, qui rapportent quelque juste fruit de leur discipline. Qu'il ne luy demande pas seulement compte des mots de sa leçon, mais du sens & de la substance. Et qu'il juge du profit qu'il aura fait, non par le tesmoignage de sa memoire, mais de sa vie. Que ce qu'il viendra d'apprendre, il le luy face mettre en cent visages, & accommoder à autant de divers subjets, pour voir s'il l'a encore bien pris & bien faict sien, (17) prenant l'instruction à son progrez, des pedagogismes de Platon. C'est tesmoignage de crudité & indigestion que de regorger la viande comme on l'a avallée : l'estomach n'a pas faict son operation, s'il n'a faict changer la façon & la forme à ce qu'on

---

(17) C'est-à-dire, si je ne me trompe, *se servant, pour l'avancer dans des connoissances utiles, d'interrogations simples & familieres conduites avec cet art qu'on admire dans les Dialogues de Platon.* Montagne s'exprime ici d'une maniere si concise, que je n'ose assurer que ce soit là précisément ce qu'il a voulu dire. Le Traducteur Anglois, qui a mis, *taking instruction by his progress from the institution of Plato*, me paroît encore plus obscur que Montagne.

luy avoit donné à cuire. Noſtre ame ne branle qu'à crédit, liée & contrainte à l'appetit des fantaſies d'autruy, ſerve & captivée ſous l'authorité de leur leçon. On nous a tant aſſubjectis aux cordes, que nous n'avons plus de franches alleures : noſtre vigueur & liberté eſt eſteinte. [b] *Nunquam tutelæ ſuæ fiunt.* Je vis privément à Piſe honneſte homme, mais ſi Ariſtotelicien, que le plus general de ſes dogmes eſt : Que la touche & regle de toutes imaginations ſolides, & de toute verité, c'eſt la conformité à la doctrine d'Ariſtote. Que hors de là, ce ne ſont que chimeres & inanité : Qu'il a tout veu & tout dict. Cette ſienne propoſition, pour avoir eſté un peu trop largement & iniquement interpretée, le mit autrefois & tint long temps en grand (18) acceſſoire à l'Inquiſition à Rome. Qu'il luy face tout paſſer par l'eſtamine, & ne loge rien en ſa teſte par ſimple authorité, & à credit. Les principes d'Ariſtote ne luy ſoyent principes, non plus que ceux des Stoïciens ou Epicuriens : Qu'on luy propoſe cette diverſité de jugemens, il

---

[b] Ils ne ſortent jamais de tutelle pour jouïr de leurs droits. *Senec.* Epiſt. 33.
(18) *Danger.*

choisira s'il peut : sinon, il en demeurera en doute :

[c] *Che non men che saver dubbiar m'aggrada.*

Car s'il embrasse les opinions de Xenophon & de Platon, par son propre discours, ce ne seront plus les leurs, ce seront les siennes. Qui suit un autre, il ne suit rien : il ne trouve rien : voire il ne cherche rien. [d] *Non sumus sub Rege, sibi quisque se vindicet.* Qu'il sache, qu'il sçait, au moins. Il faut qu'il (19) impoive leurs humeurs, non qu'il apprenne leurs preceptes : Et qu'il oublie hardiment s'il veut, d'où il les tient, mais qu'il se les sache approprier. La verité & la raison sont communes à un chacun, & ne sont non plus à qui les a dites premierement, qu'à qui les dit apres. Ce n'est non plus selon Platon, que selon moy : puisque luy & moy l'entendons & voyons de

[c] *Car à mon sens,*
Aussi bien que savoir, douter a son merite.
Dante *Inferno*, Cant. XI. vs. 93. ―― Dans toutes les Editions de Montagne qui me sont tombées entre les mains, j'ai trouvé *aggrada*, au lieu d'*aggrata*. Tous deux sont bons : mais dans Dante il y a *aggrata*, & l'autre n'y viendroit pas bien, à cause de la rime.

[d] Nous ne vivons pas sous un Roi : que chacun dispose librement de soi-même. *Senec.* Epist. 33.

(19) *Soit imbu de leurs humeurs.*

mesme. Les abeilles pilotent deçà delà les fleurs, mais elles en font apres le miel, qui est tout leur; ce n'est plus thin, ny marjolaine: Ainsi les pieces empruntées d'autruy, il les transformera & confondra, pour en faire un ouvrage tout sien: (20) à sçavoir son jugement, son institution, son travail & estude ne vise qu'à le former. Qu'il cele tout ce dequoy il a esté secouru, & ne produise que ce qu'il en a faict. Les pilleurs, les emprunteurs, mettent en parade leurs bastiments, leurs achapts, non pas ce qu'ils tirent d'autruy. Vous ne voyez pas les espices d'un homme de Parlement: vous voyez les alliances qu'il a gaignées, & honneurs à ses enfants. Nul ne met en compte publique sa recette: chacun y met son acquest.

Le gain de nostre estude, c'est en estre devenu meilleur & plus sage. C'est (disoit Epicharmus) l'entendement

Ce qu'on doit gagner par l'Etude.

(20) *C'est-à-dire, qu'il doit employer son jugement, son institution, son travail & son étude, à former cet Ouvrage. C'est-là, je croi, la pensée de Montagne, un peu plus clairement exprimée, mais qui dans le fond ne me paroît pas tout-à-fait exempte d'obscurité. Cet Ouvrage consiste, si je ne me trompe, à pouvoir former sur les matieres dont on a pris soin de s'instruire, un jugement distinct & précis, dont on voye nettement les raisons, & qu'on puisse rappeller dans son Esprit toutes les fois qu'on voudra se donner la peine de reflechir de nouveau sur ces mêmes matiéres.*

(21) qui voyt & qui oyt: c'est l'entendement qui (22) approfite tout, qui dispose tout, qui agit, qui domine & qui regne: toutes autres choses sont aveugles, sourdes & sans ame. Certes nous le rendons servile & coüard, pour ne luy laisser la liberté de rien faire de soy. Qui demanda jamais à son Disciple ce qu'il luy semble de la Rhetorique & de la Grammaire, de telle ou telle sentence de Ciceron? On nous les placque en la memoire toutes empennées, comme des oracles, où les lettres & les syllabes sont de la substance de la chose. Sçavoir par cœur n'est pas sçavoir: c'est tenir ce qu'on a donné en garde à sa memoire. Ce qu'on sçait droittement, on en dispose, sans regarder au patron, sans tourner les yeux vers son livre. Fascheuse suffisance, qu'une suffisance pure livresque! Je m'attens qu'elle serve d'ornement, non de fondement:

(21) Νῦς γὰρ ὁρᾷ, καὶ Νοῦς ἀκύει,

T' ἀλλὰ δὲ τυφλὰ, καὶ κωφὰ τυγχάνει:

Animus cernit, Animus audit: Reliqua surda & cæca sunt. La plûpart des Savans croyent que ce Passage appartient à un Livre qu'Epicharme avoit composé *sur la Nature des Choses*, & dont il ne reste que quelques Fragmens. On le trouve dans les *Stromates* de Clement Alexandrin, L. II. dans Plutarque *de solertiâ Animalium*, p. 961. A. *Lutet. Paris.* 1624. & ailleurs.

(22) *Met tout à profit.*

suivant l'advis de Platon, qui dit, la fermeté, la foy, la sincerité, estre la vraye Philosophie : les autres Sciences, & qui visent ailleurs, n'estre que fard. Je voudrois que *le Paluël* ou *Pompée*, ces beaux danseurs de mon temps, nous apprissent des caprioles, à les voir seulement faire, sans nous bouger de nos places, comme ceux-cy veulent instruire nostre entendement, sans l'esbranler : ou qu'on nous apprist à manier un cheval, ou une pique, ou un Luth, ou la voix, sans nous y exercer : comme ceux icy nous veulent apprendre à bien juger, & à bien parler, sans nous exercer à parler ny à juger. Or à cet apprentissage tout ce qui se presente à nos yeux, sert de livre suffisant : la malice d'un page, la sottise d'un valet, un propos de table, ce sont autant de nouvelles matieres.

A cette cause le commerce des hommes y est merveilleusement propre, & la visite des Pays estrangers : non pour en rapporter seulement, à la mode de nostre Noblesse Françoise, combien de pas a (23) *Sancta rotonda*, ou la richesse

De quelle utilité sont les Voyages à un Jeune homme.

(23) Temple qu'Agrippa fit bâtir, sous le Regne d'Auguste, & qu'il nomma *Pantheum*. Il subsiste encore, consacré à la Vierge, mais beaucoup moins orné que du temps des Payens.

des caleſſons de la *Signora Livia*, ou comme d'autres, combien le viſage de Neron, de quelque vieille ruyne de là, eſt plus long ou plus large, que celuy de quelque pareille medaille : mais pour en rapporter principalement les humeurs de ces Nations & leurs façons : & pour frotter & limer noſtre cerveille contre celle d'autruy.

Quand un jeune-homme devroit commencer de voyager.

Je voudrois qu'on commençaſt à le promener dès ſa tendre enfance : & premierement, pour faire d'une pierre deux coups, par les Nations voiſines, où le langage eſt plus eſloigné du noſtre, & auquel ſi vous ne la formez de bonn'heure, la langue ne ſe peut plier. Auſſi bien eſt-ce une opinion receuë d'un chacun, que ce n'eſt pas raiſon de nourrir un enfant au giron de ſes parens. Cette amour naturelle les attendrit trop, & relaſche, voire les plus ſages : ils ne ſont capables ny de chaſtier ſes fautes, ny de le voir nourry groſſierement comme il faut, & haſardeuſement. Ils ne le ſçauroient ſouffrir revenir ſuant & poudreux de ſon exercice, boire chaud, boire froid, ny (24) le voir ſur un che-

(24) Dans l'Edition in 4to de 1588. il y a ici, *ny le voir hazarder tantoſt ſur un cheval farouche, tantoſt un floreſt au poing, tantoſt un'harquebouſe :* ce qui peut ſervir de commentaire à l'autre tour que

val rebours, ny contre un rude tireur le floret au poing, ou la premiere harquebuse. Car il n'y a remede, qui en veut faire un homme de bien, sans doute il ne le faut espargner en cette jeunesse : & faut souvent choquer les regles de la medecine :

[e] *Vitámque subdio & trepidis agat*
In rebus.

Ce n'est pas assez de luy roidir l'ame, il luy faut aussi roidir les muscles : elle est trop pressée, si elle n'est secondée : & a trop à faire, de seule fournir à deux offices. Je sçay combien (25) ahanne la mienne en compagnie d'un corps si tendre, si sensible, qui se laisse si fort aller sur elle. Et apperçoy souvent (26) en ma leçon, qu'en leurs escrits, mes maistres font valoir pour magnanimité & force de courage, des exemples, qui tiennent volontiers plus de l'especississure de la peau & durté des os. J'ay veu des hommes, des femmes

---

Montagne a pris dans la suite pour exprimer la même chose, & qui paroît plus obscur & plus embarrassé.

[e] Qu'exposé à l'air jour & nuit, il s'accoûtume à essuyer les plus grands dangers. *Horat.* L. III. Od. 2. vs. 5, 6.

(25) *Souffre, travaille.*

(26) *C'est-à-dire*, dans mes lectures. *Leçon*, Lecture, Nicot.

& des enfants, ainsi nays, qu'une bastonade leur est moins qu'à moy une chiquenaude; qui ne remuent ny langue ny sourcil, aux coups qu'on leur donne. Quand les Athletes contrefont les Philosophes en patience, c'est plustost vigueur de nerfs que de cœur. Or l'accoustumance à porter le travail, est accoustumance à porter la douleur: [f] *labor callum obducit dolori.* Il le faut rompre à la peine, & aspreté des exercices, pour le dresser à la peine, & aspreté de la dislocation, de la colique, du caustere : & de (27) la geaule aussi, & de la torture. (28) Car de ces derniers icy, encore peut-il estre en prise, qui regardent les bons, selon le temps, comme les meschants. Nous en sommes à l'espreuve. Quiconque combat les loix, menace les gens de bien d'escourgées & de la corde. Et puis, l'authorité du Gouverneur, qui doit estre souveraine sur luy, s'interrompt & s'empesche par la presence des parens. Joint que ce respect que la famille luy porte, la cognoissance des moyens & grandeurs

---

[f] Le travail nous endurcit à la douleur. *Cic.* Tusc. Quæst. Liv. II. ch. 15.

(27) La prison. *La prison, la torture.*

(28) *Car encore peut-il être exposé à ces dernier accidens, qui regardent les bons,* &c.

de sa maison, ce ne sont à mon opinion pas legeres incommoditez en cet aage.

En cette escole du commerce des hommes, j'ay souvent remarqué ce vice, qu'au lieu de prendre cognoissance d'autruy, nous ne travaillons qu'à la donner de nous: & sommes plus en peine (29) d'emploiter nostre marchandise, que d'en acquerir de nouvelles. Le silence, & la modestie sont qualitez tres-commodes à la conversation. On dressera cet enfant à estre espargnant & mesnager de sa suffisance, quand il l'aura acquise, à ne se formalizer point des sortises & fables qui se diront en sa presence: car c'est une incivile importunité de choquer tout ce qui n'est pas de nostre appetit. Qu'il se contente de se corriger soy-mesme: & ne semble pas reprocher à autruy, tout ce qu'il refuse à faire: ny (30) contraster aux mœurs publiques. [g] *Licet sapere sine*

La modestie fort necessaire aux jeunes gens.

(29) C'est-à-dire, *de debiter*, comme on a mis dans une des dernieres Editions.

(30) *Blâmer, contredire, censurer les mœurs publiques.*— *Contraster*, qui n'a point d'autre sens dans Cotgrave que celui que lui donne ici Montagne, est presentement hors d'usage en ce sens-là. Ce n'est qu'un terme de peinture & de sculpture.

[g] On peut être sage sans faste, & sans se rendre odieux à personne. *Senec. Epist. 103. Ce sont les dernieres paroles de l'Epitre.*

pompâ : sine invidiâ, (31) Fuie ces images regenteuses du monde, & inciviles ; & cette puerile ambition de vouloir paroistre plus fin, pour estre autre ; & comme si ce fust marchandise malaisez, que repehensions & nouvelletez, vouloir tirer de là, nom de quelque peculiere valeur. Comme (32) il n'affiert qu'aux grand Poëtes, d'user des licences de l'art : aussi n'est-il supportable, qu'aux grandes ames & illustres de se privilegier au dessus de la coustume. [h] *Si quid Socrates & Aristippus contra morem & consuetudinem fecerunt, idem sibi ne arbitretur licere : Magnis enim illi & divinis bonis hanc licentiam assequebantur.* On luy appren-

(31) Ou, *Qu'il fuye*, comme nous parlons aujourd'hui.

(32) *Affiert*, c'est-à-dire, convient, appartient. Borel dans son *Trésor de Recherches Gauloises*, &c. qui le prouve par ces deux Vers d'un Livre intitulé, *Satyres Chrestiennes*,

Faites à mon nez l'honneur
Qui affiert à tel Seigneur,

Et Marot dédiant à *François* I. sa Traduction du premier Livre des Metamorphoses d'Ovide, lui dit, *Lors je consideroy que à Prince de haut esprit hautes choses lui affierent.*

[h] S'il est échappé à Socrate & à Aristippe quelque mot ou quelque action contraire aux coûtumes ou aux mœurs de leurs Païs, il ne faut pas qu'il se figure de pouvoir se donner la même liberté : car ce que ces grands hommes avoient d'excellent & de divin, les autorisoit à prendre cette espece de licence. *Cic. De Offic. L. I. c. 41.*

LIVRE I. CHAP. XXV. 305

dra de n'entrer en discours & contestation, que là où il verra un champion digne de sa lutte : & là-mesmes à n'employer pas tous les tours qui luy peuvent servir, mais ceux-là seulement qui luy peuvent le plus servir. Qu'on le rende delicat au chois & triage de ses raisons, & aymant la pertinence, & par consequent la briefveté. Qu'on l'instruise sur tout à se rendre, & à quitter le armes à la verité, tout aussi-tost qu'il l'appercevra : soit qu'elle naisse és mains de son adversaire, soit qu'elle naisse en luy-mesme par quelque ravisement. Car il ne sera pas mis en chaise pour dire un rolle prescrit : il n'est engagé à aucune cause, que parce qu'il l'appreuve. Ny ne sera du mestier, où se vend à purs deniers comptans, la liberté de se pouvoir (33) repentir & recognoistre. [i] *Neque, ut omnia, quæ præscripta & imperata sint, defendat, necessitate ullâ cogitur.*

Si son gouvernement tient de mon humeur, il luy formera la volonté à *Il doit être affectionné à son Prince,*

___

(33) Ou, *raviser, & reconnoistre*, comme Montagne avoit mis dans l'Edition *in* 4to de 1588. & dans les deux précedentes de 1580. & 158 .

[i] Nulle nécessité ne l'oblige de défendre toutes les choses qui lui ont été enseignées & prescrites. *Cic. Acad. Quæst. L. IV. c. 3.*

sans s'atta-cher à lui par des emplois à la Cour. estre tres-loyal serviteur de son Prince, & tres-affectionné, & tres-courageux : mais il luy refroidira l'envie de s'y attacher autrement que par un devoir publique. Outre plusieurs autres inconvenients qui blessent nostre liberté, par ces obligations particulieres, le jugement d'un homme gagé & achetté, ou il est moins entier & moins libre, ou il est taché & d'imprudence & d'ingratitude. Un pur Courtisan ne peut avoir ny loy ny volonté, de dire & penser que favorablement d'un Maistre, qui parmi tant de milliers d'autres subjects, l'a choisi pour le nourrir & elever de sa main. Cette faveur & utilité corrompent non sans quelque raison, sa franchise, & l'esblouissent. Pourtant void on coustumierement, (34) le langage de ces gens-là, divers à tout autre langage, en un estat, & de peu de foy en telle maniere.

Il faut inspirer la sincerité à un jeune enfant. Que sa conscience & sa vertu reluisent en son parler, & n'ayent que la raison pour conduite. Qu'on luy face entendre, que de confesser la faute qu'il descouvrira en son propre discours,

(34) C'est-à-dire, que le langage de ces gens-là est tout different du langage des autres personnes du même Païs, & qu'il ne merite pas grand' creance lorsqu'il roule sur des choses qui concernent la Cour & le Prince.

encore qu'elle ne soit apperceuë que par luy, c'est un effet de jugement & de sincerité, qui sont les principales parties qu'il cherche. Que l'opiniastrer & contester, sont qualitez communes: plus apparentes aux plus basses ames. Que se r'adviser & se corriger, abandonner un mauvais party, sur le cours de son ardeur, ce sont qualitez rares, fortes, & philosophiques.

On l'advertira, estant en compagnie, d'avoir les yeux par tout: car je trouve que les premiers sieges sont communement saisis par les hommes moins capables, & que les grandeurs de fortune ne se trouvent gueres meslées à la suffisance. J'ay veu cependant qu'on s'entretenoit au haut bout d'une table, de la beauté d'une tapisserie, ou du goust de la malvoisie, se perdre beaucoup de beaux traicts à l'autre bout. Il sondera la portée d'un chacun: un bouvier, un masson, un passant, il faut tout mettre en besoigne, & emprunter de chacun selon sa marchandise, car tout sert en mesnage: la sottise mesme, & foiblesse d'autruy luy sera instruction. (35) A contreroller les graces & façons d'un chacun,

Il faut l'avertir d'avoir en compagnie les yeux ouverts sur tout ce qui s'y passe.

(35) C'est-à-dire, En examinant, en observant les graces & les maniéres d'un chacun.

il s'engendrera envie des bonnes, & mespris des mauvaises.

On lui doit inspirer une honnête curiosité.
Qu'on luy mette en fantasie une honneste curiosité de s'enquerir de toutes choses : tout ce qu'il y aura de singulier autour de luy, il le verra : un bastiment, une fontaine, un homme, le lieu d'une bataille ancienne, le passage de César ou de Charlemagne.

[k] *Qua tellus sit lenta gelu, qua putris ab æstu,*
Ventus in Italiam quis benè vela ferat.

L'étude de l'Histoire lui sert d'un grand usage.
Il s'enquerra des mœurs, des moyens & des alliances de ce Prince, & de celuy-là. Ce sont choses tres-plaisantes à apprendre, & tres-utiles à sçavoir. En cette pratique des hommes, j'entens y comprendre, & principalement, ceux qui ne vivent qu'en la memoire des livres. Il praticquera par le moyen des Histoires, ces grandes Ames des meilleurs siecles. C'est un vain estude qui veut : mais qui veut aussi c'est un estude de fruit inestimable : & le seul estude, comme dit Platon (36), que les

[k] Quel est le terroir que le froid rend plus pesant ; quel celui que la chaleur rend plus leger ; & quel vent pousse les Vaisseaux droit en Italie. *Propert.* L. IV. Eleg. 3. vs. 39, 40.

(36) Dans le Grand Hippias, Tom. III. p. 249.

Lacedemoniens euſſent reſervé à leur part. Quel profit ne ſera-il en cette part-là, à la lecture des Vies de noſtre Plutarque? Mais que mon guide ſe ſouvienne où viſe ſa charge; & qu'il n'imprime pas tant à ſon Diſciple, la date de la ruine de Carthage, que les mœurs de Hannibal & de Scipion: ny tant où mourut Marcellus, que pourquoy il fut indigne de ſon devoir, qu'il mouruſt là. Qu'il ne luy apprenne pas tant les hiſtoires, qu'à en juger. C'eſt à mon gré, entre toutes, la matiere à laquelle nos Eſprits s'appliquent de plus diverſe meſure. J'ay leu en Tite Live cent choſes que tel n'y a pas leu. Plutarque y en a leu cent, outre ce que j'y ay ſceu lire: & à l'adventure outre ce que l'Autheur y avoit mis. A d'aucuns c'eſt un pur eſtude grammairien: à d'autres, l'anatomie de la Philoſophie, par laquelle les plus abſtruſes parties de noſtre nature ſe penetrent. Il y a dans Plutarque beaucoup de diſcours eſtendus tres dignes d'eſtre ſceus: car à mon gré c'eſt le maiſtre ouvrier de telle beſoigne: mais il y en a mille qu'il n'a que touché ſimplement: il guigne ſeulement du doigt par où nous irons, s'il nous plaiſt; & ſe contente quelquefois de ne donner qu'une atteinte dans le plus vif d'un propos. Il les faut arracher de là, & mettre en place marchande. Comme ce sien mot, (37) *Que les habitans d'Asie servoient à un seul, pour ne sçavoir prononcer une seule syllabe*, qui est, *Non*, donna peut-estre, la matiere, & l'occasion à (38) *la Boëtie*, de sa *Servitude volontaire*. Cela mesme de luy voir trier une legere action en la vie d'un homme, ou un mot, qui semble (39) ne porter pas cela, c'est un discours. C'est dommage que les gens d'entendement, ayment tant la briefveté : sans doute leur reputation en vaut mieux, mais nous en

---

(37) Dans son Traité, *De la mauvaise honte :* ch. 7. de la Traduction d'Amyot.

(38) C'est le nom de l'Ami de Montagne, dont j'aurai occasion de parler encore ailleurs. Il se nommoit *Estienne de la Boëtie*, & composa le Livre de la *Servitude volontaire* que Montagne cite en cet endroit, & dont il nous entretiendra plus particulierement au Chapitre XXVII. *De l'Amitié*, L. I. — Une chose assez surprenante, c'est que dans toutes les Editions que j'ai pû consulter, au lieu de *la Boëtie* on a mis ici *Bœotie*, Païs de Grece ; & que dans toutes celles où l'on a mis à la marge de petits Sommaires de ce qui est contenu dans le Corps du Livre, l'on nous dit qu'à l'occasion du mot de Plutarque, ce Païs de Grece étoit tombé dans une Servitude volontaire : accident funeste qu'on a soin de désigner à la marge par ces mots nullement équivoques, *Servitude volontaire des Bœotiens*. Voilà bien du désordre causé par une petite faute d'impression.

(39) C'est-à-dire, *n'est pas d'une si grande importance, ne meriter pas d'être trié, & remarqué.*

valons moins : Plutarque ayme mieux que nous le vantions de son jugement, que de son sçavoir : il ayme mieux nous laisser desir de soy, que satieté. Il sçavoit qu'és choses bonnes mesmes on peut trop dire, & que Alexandridas reprocha justement, à celuy qui tenoit aux Ephores des bons propos, mais trop longs : (40) *O Estranger, tu dis ce qu'il faut, autrement qu'il ne faut.* Ceux qui ont le corps grefle, le grossissent d'embourrures : ceux qui ont la matiere (41) exile, l'enflent de paroles.

Il se tire une merveilleuse clarté pour le jugement humain, de la frequentation du monde. Nous sommes tous contraints & amoncellez en nous, & avons la veuë racourcie à la longeur de nostre nez. On demandoit à Socrates d'où il estoit, il ne respondit pas, d'Athenes, mais, (42) du monde. Luy qui avoit

La fréquentation du Monde contribuë beaucoup à nous former le jugement.

---

(40) Plutarque dans les *Dits notables des Lacedemoniens.*

(41) *Exile,* c'est-à-dire, *mince.*

(44) Cic. Tusc. Quæst. L. v. c. 37. & Plutarque dans son Traité *Du Bannissement, ou de l'Exil,* c. 4. Montagne remarque fort sagement ici, qu'on doit inspirer de bonne heure aux Enfans l'*Humanité,* qui avoit porté le bon Socrate à se lier d'affection avec tout le Genre Humain. Il est d'autant plus necessaire de faire de cette affection universelle un article à part dans l'Education des Enfans, que l'Education ordinaire tend à leur inculquer des sentimens directement opposez à cette vertu. En

l'imagination plus pleine & plus eften-

Espagne un jeune Enfant fait méprifer les François & les Portugais dès qu'il commence à begayer; & en Portugal & en France les Enfans ne tardent pas plus long-temps à maltraiter les Espagnols. Cette coûtume inhumaine a paffé du Continent dans les Iles, où elle a été fort bien reçuë. Et en cela les Enfans ne font qu'imiter leurs Peres: car chaque Peuple fe fait une habitude de haïr fes Voifins, & de regarder avec mépris tous les Peuples qui parlent un autre langage, ou qui s'habillent autrement que lui; & prefque par tout la Politique & la *Religion* confpirent à entretenir & à fortifier ces beaux fentimens. Mais quoique dans les Païs les plus civilifez l'*Humanité* foit fort peu connuë par fes effets, elle eft pourtant la baze de toutes les Vertus fociales, fans en excepter les plus Chretiennes: & fans elle, ces Vertus ne font que de vains phantômes. Car qu'eft-ce que la Juftice, la Bonté, la Sincerité, la Charité, fi renfermées dans un Païs, & bornées par une Montagne, une Rivière, ou un Bras de Mer; elles fe permettent toute forte de duretez, d'injuftices, de trahifons & de fourberies à l'égard des hommes qui vivent au-delà de ces Limites? Il eft certain d'ailleurs que l'Humanité feroit furtout néceffaire aux Peuples les plus puiffans, qui par cela même font continuellement expofez à la tentation d'en violer les devoirs. Combien previendroit-elle de Guerres vifiblement injuftes, de perfidies effrontées dans le Commerce, & d'animofitez mal fondées qui privent les Peuples de plufieurs fecours reciproques? C'eft donc une Vertu qu'on devroit recommander expreffement aux Enfans, & qu'il faudroit tâcher de leur rendre naturelle, d'auffi bonne heure, & avec autant de foin qu'on leur infpire communément la Paffion contraire. Rien ne feroit plus propre à leur donner de grandes vuës, & à leur remplir le Cœur de fentimens de douceur & d'équité, que la confideration de ce qu'ils doivent à tous les Peuples de la Terre, dont Dieu eft *le Pere*, & qu'il prend également fous fa protection. —— Ce n'eft là qu'une legere paraphrafe de ce que Montagne a voulu nous faire entendre, lorfqu'il dit ,, que Socrate embraffoit

duë, embraſſoit l'Univers, comme ſa ville, jettoit ſes cognoiſſances, & ſa ſocieté & ſes affections à tout le genre humain: non pas comme nous, qui ne regardons qu'à nos pieds. Quand les vignes gelent en mon village, mon Preſtre en argumente l'ire de Dieu ſur la race humaine, & juge (43) que la pepie en tienne desja les Cannibales. A voir nos guerres civiles, qui ne crie que cette machine ſe bouleverſe, que le jour du Jugement nous prent au collet : ſans s'adviſer que pluſieurs pires choſes ſe ſont veuës, & que les dix mille parts du monde ne laiſſent pas de (44) galler le bon

„ l'Univers comme ſa Ville, qu'il jettoit ſes con-
„ noiſſances, ſa ſocieté, & ſes affections à tout le
„ Genre Humain, *non pas comme nous qui ne regar-*
„ *dons qu'à nos pieds.*

(43) *Que les Cannibales ſont ſur le point de mourir de ſoif.* Je fonde cette explication ſur ce qui précéde, que les Vignes venant à geler dans un Village du Perigord, le Prêtre *en argumente l'ire de Dieu ſur la race humaine*; d'où il conclut que *les Cannibales en ont déja la pepie*, c'eſt-à-dire la langue toute brulante de ſoif. —— *Pepier de ſoif*, dit Cotgrave, c'eſt avoir la Langue toute pelée en conſequence d'une ſoif extraordinaire. Les Poules qui ont la pepie ne ſauroient boire : tel va être le ſort des Cannibales, ſelon ce pauvre Curé, qui s'imagine qu'un petit accident arrivé dans ſon Village doit intereſſer tout le Globe de la Terre.

(44) *Galer*, c'eſt-à-dire, *ſe rejouïr.* VILLON.
Je plains le temps de ma jeuneſſe
Auquel ay plus qu'en autre temps galé.
Borel dans ſon *Treſor de Recherches Gauloiſes*, &c. où

temps cependant ? Moy, selon leur licence & impunité, admire de les voir si douces & molles. A qui il gresse sur la teste, tout l'hemisphere semble estre en tempeste & orage : Et disoit le Savoïard, que si ce sot de Roy de France eust sceu bien conduire sa fortune, il estoit homme pour devenir maistre d'hostel de son Duc. Son imagination ne concevoit autre plus eslevée grandeur, que celle de son Maistre. Nous sommes insensiblement tous en cette erreur : erreur de grande suitte & prejudice. Mais qui se presente comme dans un Tableau, cette grande image de nostre mere Nature, en son entiere majesté : qui lit en son visage, une si generale & constante varieté : qui se remarque là dedans, & non soy, mais tout un Royaume, comm un traict d'une pointe très-delicate, celuylà seul estime les choses selon leur juste grandeur.

Le Monde doit être le Livre d'un jeune homme.

Ce grand Monde, que les uns multiplient encore comme especes soubs un genre, c'est le miroüer, où il nous faut regarder

il fait voir que *Gale* signifioit autrefois *rejouïssance* : témoin, entr'autres, ce passage d'*Alain Chartier*, au Livre des 4. Dames,

Soit l'aventure bonne ou male,
Rire, plorer, courroux, ou gale.

(45) C'est

regarder, pour nous cognoistre de bon biais. Somme, je veux que ce soit le Livre de mon escolier. Tant d'humeurs, de sectes, de jugemens, d'opinions, de loix, & de coustumes, nous aprennent à juger sainement des nostres, & aprennent nostre jugement à recognoistre son imperfection & sa naturelle foiblesse : qui n'est pas un legier aprentissage. Tant de remuemens d'Estat, & changements de fortune publique, nous instruisent à ne faire pas grand miracle de la nostre. Tant de noms, tant de victoires & conquestes ensevelies sous l'oubliance, rendent ridicule l'esperance d'eterniser nostre nom par la prise de dix (44) argoulets, & d'un pouillier, qui n'est cognu que de sa cheute. L'orgueil & la fierté de tant de pompes estrangeres, la majesté si enflée de tant de Cours & de grandeurs, nous fermit & asseure la veuë, à soustenir l'esclat des nostres, sans filler les yeux. Tant de milliasses d'hommes enterrez avant nous, nous encouragent à ne craindre d'aller trouver si bonne compaignie en l'autre mon-

(44) C'est-à-dire, *chetifs Soldats*. —— *Les Agoulets étoient des Arquebusiers à cheval : & comme ils n'étoient pas considérables en comparaison des autres Cavaliers, on a dit un Argoulet pour un homme de néant :* Menage dans son Dictionaire Etymologyque.

Tome I. O

de : ainsi du reste. Nostre vie, disoit Pythagoras, (45) retire à grande & populeuse assemblée des jeux Olympiques. Les uns exercent les corps, pour en acquerir la gloire des jeux : d'autres y portent des marchandises à vendre, pour le gain. Il en est (& qui ne sont pas les pires) lesquels n'y cherchent autre fruict, que de regarder comment & pourquoy chasque chose se faict, & est-ce spectateurs de la vie des autres hommes, pour en juger & reigler la leur.

La science des mœurs doit être inculquée de bonne heure dans l'Esprit des Enfans.

Aux exemples se pourront proprement assortir tous les plus profitables discours de la Philosophie, à laquelle se doivent toucher les actions humaines, comme à leur reigle. On luy dira,

[1] *quid fas optare, quid asper*

(45) *Similem sibi videri vitam hominum, & mercatum cum qui haberetur maxumo ludorum apparatu totius Graciæ celebritate : nam ut illic alii corporibus exercitatis gloriam & nobilitatem corona peterent, alii emendi aut vendendi quæstu & lucro ducerentur : esset autem quoddam genus eorum, idque vel maxume ingenuum, qui nec plausum, nec lucrum quærerent ; sed videndi causa venirent, studioseque perspicerent quid ageretur & quo modo : ita nos quasi in mercatus quandam celebritatem ex urbe aliqua, sic in hanc vitam ex alia vita & natura profectos.* Cic. Tusc. Quæst. L. V. c. 3. —— Notre vie retire à la grande assemblée des Jeux Olympiques, c'est-à-dire, *Notre vie ressemble à cette grande Assemblée.* —— *Retirer à quelqu'un,* lui ressembler : *Nicot.*

[1] A quoi nous devons borner nos desirs ; quel

Utile nummus habet, patriæ charifque propinquis
Quantum elargiri deceat, quem te Deus effe
Juffit, & humanâ quâ parte locatus es in re.
Quid fumus, aut quidnam victuri gignimur:---

Que c'eſt que ſçavoir & ignorer, qui doit eſtre le but de l'eſtude : que c'eſt que vaillance, temperance, & juſtice : ce qu'il y a à dire entre l'ambition & l'avarice : la ſervitude & la ſubjection, la licence & la liberté : à quelles marques on cognoit le vray & ſolide contentement : juſques où il faut craindre la mort, la douleur & la honte :

[m] *Et quo quemque modo fugiátque ferátque laborem.*

Quels reſſorts nous meuvent, & le moyen de tant de divers branles en nous. Car il me ſemble que les premiers diſcours, de-quoy on luy doit abbreuver l'entendement, ce doivent eſtre ceux qui reglent

eſt le veritable uſage de l'Argent ; ce qu'on en doit employer pour ſes Parens & pour ſa Patrie ; le perſonnage que Dieu veut que nous faſſions ſur la Terre ; le rang que nous y tenons ; ce que nous ſommes ; & pourquoi nous venons dans ce Monde. *Perſ.* Sat. III. *vſ.* 69, ⸺ 72. ⸺ *Montagne a trouvé à propos de déplacer ce Vers*, Quid fumus, aut quidnam victuri gignimur, *qui dans* Perſe *va devant les autres, & eſt le ſoixante-ſeptiéme.*

[m] *Et comment nous devons porter & fuir la peine.* Virg. Æneid. L. III. *vſ.* 459.

ses meurs & son sens, qui luy apprendront à se cognoistre, & à sçavoir bien mourir & bien vivre. Entre les Arts liberaux, commençons (46) par l'art qui nous faict libres. (47) Elles servent toutes voirement en quelque maniere à l'instruction de nostre vie, & à son usage : comme toutes autres choses y servent en quelque maniere aussi. Mais choisissons celle qui y sert directement & professoirement. Si nous sçavions restraindre les appartenances de nostre vie à leurs justes & naturels limites, nous trouverions, que la meilleure part des Sciences, qui sont en usage, est hors de nostre usage. Et en celles-mesmes qui le sont, qu'il y a des estendues & enfonceures tres-inutiles, que nous ferions mieux de laisser là : & suivant (48) l'institution de Socrates, borner le

(46) *Unum Studium verè liberale est quod liberum facit :* Senec. Epist. 88.

(47) Nous avons déja vû que Montagne employe le mot d'*Art* au feminin. Mais après avoir dit *les Arts liberaux*, il est surprenant qu'il l'ait voulu faire feminin. Il est certain qu'on trouve ici *Elles* dans deux ou trois des plus anciennes Editions. — *L'Art n'est jamais si naïfve que la nature :* Nicot, qui ayant cité ces paroles d'après un certain Auteur, ajoûte, *L'Art ici est feminin*.

(48) Diog. Laërce, dans la Vie de Socrate, Liv. II. Segm. 21. — *Socrates primus Philosophiam devocavit à cælo, — & coëgit de vitâ & moribus, rebusque bonis & malis quærere.* Cic. Tusc. Quæst. L. V. c. 4.

cours de noſtre eſtude en icelles, (49) où faut l'utilité.

[n] *ſapere aude,*
Incipe: Vivendi qui rectè prorogat horam,
Ruſticus expectat dum defluat amnis; at ille
Labitur, & labetur in omne volubilis ævum.

C'eſt une grande ſimpleſſe d'aprendre à nos enfans,

[o] *Quid moveant Piſces, animoſáque ſigna*
Leonis,
Lotus & Heſperiâ quid Capricornus aquâ:

La ſcience des aſtres & le mouvement de la huictieſme ſphere, avant que * les leurs propres.

[p] Τί Πλειάδεσσι κἀμοί,
Τί δ' ἄστρασι βοώτεω;

(49) *Là où l'utilité vient à faillir.*
[n] „Oſe être vertueux. Commence. Celui qui „differe de bien vivre, fait comme ce Païſan qui „ayant trouvé un Fleuve ſur ſon chemin, atten-„doit de le voir écouler pour paſſer au-delà:
Il attend ce moment: mais le Fleuve rapide
Continuë à ſuivre ſon cours,
Et le ſuivra toûjours.
Horat. L. I. Epiſt. 2. vſ. 40. — 43.
[o] Quelle eſt l'influence des Poiſſons, du Lion, & du Capricorne, qui ſe plonge dans la Mer d'Eſ-pagne. *Propert. L. IV. Eleg. 1. vſ. 85, 86.*
* *Leurs propres mouvemens, & le moyen de les bien régler.*
[p] Que me ſoucie-je des Pleiades, ou des Etoi-les du Bootes? *Anacreon, Od. XVII. vſ. 10, 11.*

O 3

Anaximenes (50) escrivant à Pythagoras : De quel sens puis-je m'amuser aux secrets des estoilles, ayant la mort ou la servitude tousjours présente aux yeux ? Car lors les Roys de Perse préparoient la guerre contre son pays. (51) Chacun doit dire ainsi : Estant battu d'ambition, d'avarice, de témérité, de superstition : & ayant au dedans tels autres ennemis de la vie, iray-je songer au branfle du monde ?

En quel tems il faut instruire un Enfant dans les Sciences.

Après qu'on lui aura appris ce qui sert à le faire plus sage & meilleur, on l'entretiendra que, c'est que Logique, Physique, Geometrie, Rhetorique : & la science qu'il choisira, ayant desja le jugement formé, il en viendra bientost à bout. Sa leçon se fera tantost par devis, tantost par livre : tantost son gouverneur luy fournira de l'Autheur mesme propre à cette fin de son institution : tantost il luy en donnera la moelle, & la substance toute maschée. Et si de soy mesme il n'est assez familier des livres, pour y trouver tant de beaux discours qui y sont, pour l'effect de son dessein, on luy pourra joindre quelque homme de

---

(50) *Diog. Laërt. Lib. II. Segm. 4.*

(51) *De même chacun doit dire :* Etant battu d'ambition, d'avarice, &c. —— irai-je songer au branfle du Monde.

lettres, qui à chaque besoing fournisse les munitions qu'il faudra, pour les distribuër & dispenser à son nourrisson. Et que cette leçon ne soit plus aisée, & naturelle que celle de (52) Gaza, qui y peut faire doute? Ce sont là preceptes espineux & mal plaisans, & des mots vains & descharnez, où il n'y a point de prise, rien qui vous esveille l'esprit: en cette-cy l'ame trouve où mordre, où se paistre. Ce fruict est plus grand sans comparaison, & si sera plustost meury.

C'est grand cas que les choses en soyent là en nostre siecle, que la Philosophie soit jusques aux gens d'entendement, un nom vain & fantastique, qui se treuve de nul usage, & de nul prix par opinion & par effect. Je croy que ces ergotismes en sont cause, qui ont saisi ses avenues. On a grand tort de la peindre inaccessible aux enfans, & d'un visage renfroigné, soutcilleux & terrible. Qui me l'a masquée de ce faux visage pasle

Philosophie méprisée même par les gens sensez, & pourquoi.

(52) Qui né à Thessalonique passa en Italie avec plusieurs autres Savans de Grece, vers le milieu du quinziéme Siecle. *Gaza* contribua beaucoup à faire revivre dans notre Europe l'étude des belles Lettres. Sa Grammaire Greque dont parle ici Montagne, fut estimée des Savans: mais elle parut trop obscure, pour ceux qui commencent; & c'est à cela peut-être que Montagne fait allusion en cet endroit.

& hideux? Il n'est rien plus gay, plus gaillard, plus enjoué, & à peu que je ne die follastre. Elle ne presche que feste & bon temps. Une mine triste & transie montre que ce n'est pas là son giste. Demetrius le Grammairien rencontrant dans le temple de Delphes une troupe de Philosophes assis ensemble, il leur dit : (53) Ou je me trompe, ou à vous voir la contenance si paisible & si gaye, vous n'estes pas en grand discours entre vous. A quoy l'un d'eux, Heracleon le Megarien, respondit : C'est à faire à ceux qui cherchent si le futur du verbe βάλλω a double λ, ou qui cherchent la derivation des comparatifs χεῖρον & βέλτιον, & des superlatifs χείριστον & βέλτιστον, qu'il faut rider le front s'entretenant de leur science : mais quant aux discours de la Philosophie, ils ont accoustumé d'esgayer & resjouïr ceux qui les traictent, non les renfroigner & contrister.

[q] *Deprendas animi tormenta latentis in agro*

(53) Plutarque, *Des Oracles qui ont cessé*. ch. 5. de la Traduction d'Amyot.

[q] Les tourmens, les inquietudes de l'Ame se découvrent, aussi-bien que sa joye, par la Disposition exterieure du Corps : ces deux Passions opposées donnent au visage un air tout different. *Juvenal.* Sat. IX. vs. 18, 19.

Corpore, deprendas & gaudia: sumit utrumque
Inde habitum facies.

L'ame qui loge la Philosophie, doit par sa santé rendre sain encore le corps: elle doit faire luire jusques au dehors, son repos, & son aise: doit former à son moüe le port exterieur, & l'armer par consequent d'une gracieuse fierté, d'un maintien actif, & allaigre, & d'une contenance contente & debonnaire. La plus expresse marque de la sagesse, c'est une esjouïssance constante: son estat est comme des choses au dessus de la Lune, tousjours serein. C'est *Baroco* & *Baralipton*, qui rendent leurs supposts ainsi crottez & enfumez; ce n'est pas elle, ils ne la cognoissent que par ouyr dire. Comment? elle faict estat de sereiner les tempestes de l'ame, & d'apprendre la faim & les fiebvres à rire, non par quelques Epicycles imaginaires, mais par raisons naturelles & palpables.

La joye & la serenité marque de Sagesse.

Elle a pour son but, la vertu: qui n'est pas, comme dit l'eschole, plantée à la teste d'un mont coupé, raboteux & inaccessible. Ceux qui l'ont approchée, la tiennent au rebours, logée dans une belle plaine fertile & fleuris-

Vertu, son vrai portrait: Où logée.

sante : d'où elle void bien sous soy toutes choses, mais si peut-on y arriver, qui en sçait l'addresse, par des routes ombrageuses, gazonnées : & doux-fleurantes ; plaisamment, & d'une pante facile & polie, comme est celle des voutes celestes. Pour n'avoir hanté cette Vertu supreme, belle, triomphante, amoureuse, delicieuse pareillement & courageuse, ennemie professe & irreconciliable d'aigreur, de desplaisir, de crainte, & de contrainte, ayant pour guide nature, fortune & volupté pour compagnes : ils sont allez selon leur foiblesse, feindre cette sotte Image, triste, querelleuse, despite, menaceuse, mineuse, placer sur un rocher à l'escart, emmy des ronces, fantosme à estonner les gens.

Vertu doit être representée aux jeunes gens mille fois plus aimable que le Vice.

Mon gouverneur qui cognoist devoir remplir la volonté de son disciple, autant ou plus d'affection, que de reverence envers la vertu, luy sçaura dire, que les Poëtes suivent les humeurs communes : & luy faire toucher au doigt, que les Dieux ont mis plustost la sueur aux advenues des cabinets de Venus que de Pallas. Et quand il commencera de se sentir, luy presentant (54) *Bra-*

(54) Deux Heroïnes dans le Poëme de l'Arioste intitulé *Orlando furioso*.

damante ou *Angelique*, pour maiſtreſſe à jouyr : & d'une beauté naïfve, active, genereuſe, non hommaſſe, mais virile, au prix d'une beauté molle, affettée, delicate, artificielle ; l'une traveſtie en garçon, coiffée d'un morion luiſant : l'autre veſtue en garce, coiffée d'un attiffet emperlé : il jugera maſle ſon amour meſme, s'il choiſit tout diverſement à cet effeminé paſteur de Phrygie.

Il luy fera cette nouvelle leçon, que le prix & hauteur de la vraye vertu, eſt en la facilité, utilité & plaiſir de ſon exercice : ſi eſloigné de difficulté, que les enfans y peuvent comme les hommes, les ſimples comme les ſubtils. Le reglement c'eſt ſon outil, non pas la force. Socrates ſon premier mignon, quitte à eſcient ſa force, pour gliſſer en la naïfveté & aiſance de ſon progrés. C'eſt la mere nourrice des plaiſirs humains. En les rendant juſtes, elle les rend ſeurs & pures. Les moderant, elle les tient en haleine & en appetit. Retranchant ceux qu'elle refuſe, elle nous aiguiſe envers ceux qu'elle nous laiſſe, & nous laiſſe abondamment tous ceux que veut Nature ; juſques à la ſatieté, ſinon juſques à la * laſſeté, mater-

Comme facile à acquerir, & comme la ſource des vrais plaiſirs.

nellement : si d'adventure nous ne voulons dire, que le regime, qui arreste le beuveur avant l'yvresse, le mangeur avant la crudité, le paillard avant la pelade, soit ennemy de nos plaisirs.

Le veritable emploi de la Vertu.

Si la fortune commune luy faut, (55) elle luy eschappe : ou elle s'en passe, & s'en forge une autre toute sienne : non plus flottante & roulante : elle sçait estre riche, & puissante, & sçavante, & coucher en des matelats musquez. Elle aime la vie, elle aime la beauté, la gloire, & la santé. Mais son office propre & particulier, c'est sçavoir user de ces biens-là reglement, & les sçavoir perdre constamment : office bien plus noble qu'aspre, sans lequel tout cours de vie est desnaturé, turbulent & difforme : & y peut-on justement attacher ces escueils, ces haliers, & ces monstres. Si ce disciple se ren-

* *Lassitude.* — *Lasseté*, entierement hors d'usage aujourd'hui, étoit si usité du temps de Nicot, qu'on ne trouve point celui de *lassitude* dans son Dictionaire.

(55) Je ne saurois voir l'opposition que Montagne veut mettre ici entre *échapper à la Fortune*, & *se passer de la Fortune*. Il me semble que la Vertu n'échappe à la Fortune qu'en se passant d'elle. Mais peut-être que je m'embarrasse ici moi-même, faute d'entendre ce que Montagne a voulu dire par *échapper à la Fortune*. J'en fais ma déclaration avec plaisir, dans l'esperance que quelqu'un prendra la peine d'expliquer cette énigme.

contre de si diverse condition, qu'il aime mieux ouyr une fable, que la narration d'un beau voyage, ou un sage propos, quand il l'entendra : Qui au son du tabourin, qui arme la jeune ardeur de ses compagnons, se destourne à un autre, qui l'appelle au jeu des battelleurs : Qui par souhait ne trouve plus plaisant & plus doux, revenir poudreux & victorieux d'un combat, que de la paulme ou du bal, avec le prix de cet exercice : je n'y trouve autre remede, sinon qu'on le mette patissier dans quelque bonne ville, fust-il fils d'un Duc, suivant le precepte de Platon, *qu'il faut colloquer les enfans, non selon les facultez de leur pere, mais selon les facultez de leur ame.*

Puis que la Philosophie est celle qui nous instruict à vivre, & que l'enfance y a sa leçon, comme les autres aages, pourquoy ne la luy communique l'on ? *Philosophie doit estre communiquée à l'Enfance.*

[r] *Udum & melle lutum est, nunc nunc properandus, & acri*
Fingendus sine fine rotâ.

On nous apprent à vivre, quand la vie

[r] C'est une argille molle & humide. Il faut se hâter de la façonner sur la rouë, sans perdre un moment de temps. *Pers. Sat. III. vs. 23, 24.*

est passée. Cent escoliers ont pris la verolle avant que d'estre arrivez à leur leçon d'Aristote de la temperance. Cicero disoit, (56) que quand il vivroit la vie de deux hommes, il ne prendroit pas le loisir d'estudier les Poëtes Lyriques. Et je trouve ces ergotistes plus tristement encores inutiles. Nostre enfant est bien plus pressé : il ne doit au paidagogisme que les premiers quinze ou seize ans de sa vie : le demeurant est deu à l'action. Employons un temps si court aux instructions necessaires. Ce sont abus : ostez, ostez toutes ces subtilitez espineuses de la Dialectique, dequoy nostre vie ne se peut amender, prenez les simples discours de la Philosophie, sçachez les choisir & traitter à point, ils sont plus aisez à concevoir qu'un conte de Boccace. Un enfant en est capable au partir de la nourrisse, beaucoup mieux que d'apprendre à lire ou escrire. La Philosophie a des discours pour la naissance des hommes, comme pour la decrepitude.

Comment Aristote conduisit l'instruction d'Alexandre.

Je suis de l'advis de Plutarque, qu'Aristote n'amusa pas tant son grand disci-

(56) Tout ceci est pris de Seneque. *Negat Cicero, si duplicetur sibi ætas, habiturum se tempus quo legat lyricos, eodem modo Dialecticos. Tristius inepti sunt.* Senec. *Epist.* 49.

pleà l'artifice de composer syllogismes, ou aux principes de Geometrie, comme à l'instruire de bons preceptes, touchant la vaillance, la proüesse, la magnanimité & temperance, & l'assurance de ne rien craindre : & avec cette munition, il l'envoya encores enfant subjuguer l'Empire du monde à tout 30000. hommes de pied, 4000. chevaulx, & quarante deux mille escus seulement. Les autres Arts & Sciences, dit-il, Alexandre les honoroit bien, & loüoit leur excellence & gentillesse, mais pour plaisir qu'il y prist, il n'estoit pas facile à se laisser surprendre à l'affection de les vouloir exercer.

[f] *Petite hinc juvenisque senesque*
Finem animo certum, miserisque viatica
canis.

C'est ce que disoit Epicurus au commencement de sa Lettre à Meneceus : (57) *Ny le plus jeune refuye à philoso-*

---

[f] Jeunes & vieux, tirez de là les resolutions qui doivent regler votre conduite ; & des provisions qui puissent vous servir à passer doucement les tristes années de la vieillesse. *Pers. Satyr.* V. vs. 64, 65.

(57) Μήτε νέος τίς ὢν μελλέτω φιλοσοφεῖν, μήτε γέρων ὑπάρχων κοπιάτω φιλοσοφῶν. Diog. Laërt. L. X. Segm. 122.

pher, *ny le plus vieil s'y lasse*. Qui fait autrement, il semble dire, ou qu'il n'est pas encores saison d'heureusement vivre : ou qu'il n'en est plus saison. Pour tout cecy, je ne veux pas qu'on emprisonne ce garçon, je ne veux pas qu'on l'abandonne à la colere & humeur melancholique d'un furieux maistre d'escole : je ne veux pas corrompre son esprit, à le tenir à la gehenne & au travail, à la mode des autres, quatorze ou quinze heures par jour, comme un portefaix : Ny ne trouveroys bon, quand par quelque complexion solitaire & melancholique, on le verroit adonné d'une application trop indiscrette à l'estude des livres, qu'on la luy nourrist. Cela les rend ineptes à la conversation civile, & les destourne de meilleures occupations. Et combien ay-je veu de mon temps, d'hommes abestis, par temeraire avidité de science ? Carneades s'en trouva si affollé, (58) qu'il n'eut plus le loisir de se faire le poil & les ongles. Ny ne veux gaster ses mœurs genereuses par l'incivilité & barbarie d'autruy. La sagesse Françoise

―――――――――――
(58) *Diog. Laërt.* dans la Vie de Carneade : Liv. IV. Segm. 62. Ὅθεν καὶ ἐκόμα καὶ ἔτρεφεν ὄνυχας, ἀσχολίᾳ τῇ περὶ τοὺς λόγους.

Livre I. Chap. XXV. 329

a esté anciennement en proverbe, pour une sagesse qui prenoit de bonn'heure, & n'avoit gueres de tenue. A la verité nous voyons encores qu'il n'est rien si gentil que les petits enfans en France: mais ordinairement ils trompent l'esperance qu'on en a conceuë: & hommes faicts, on n'y voit aucune excellence. J'ay ouy tenir à gens d'entendement, que ces colleges où on les renvoye, dequoy ils ont foison, les abrutissent ainsi.

Au nostre, un cabinet, un jardin, la table, & le lict, la solitude, la compagnie, le matin & (59) le vespre, toutes heures luy seront unes: toutes places luy seront estude: car la Philosophie, qui, comme formatrice des jugements & des mœurs, sera sa principale leçon, a ce privilege, de se mesler par tout. Isocrates l'Orateur estant prié en un festin de parler de son art, chacun trouve qu'il eut raison de respondre: (60) *Il n'est pas maintenant temps de ce que je sçay faire, & ce dequoy il est maintenant temps, je ne le sçay pas*

Philosophie formatrice des mœurs, se mêle par tout.

_____

(59) *Le Soir.* — Vépre, quoique fort usité dans les Provinces, n'est plus reconnu pour François au singulier.

(60) Plutarque dans ses *Propos de Table*, Liv. I. Question premiere.

faire : Car de presenter des harangues ou des disputes de rhetorique, à une compagnie assemblée pour rire & faire bonne chere, ce seroit un meslange de trop mauvais accord. Et autant en pourroit-on dire de toutes les autres Sciences : Mais quant à la Philosophie, en la partie où elle traicte de l'homme & de ses devoirs & offices, ç'a esté le jugement commun de tous les sages, que pour la douceur de sa conversation, (61) elle ne devoit estre refusée, ny aux festins, ny aux jeux ? Et Platon l'ayant invitée à son (62) convive, nous voyons comme elle entretient l'assistance d'une façon molle, & accommodée au temps & au lieu, quoy que ce soit de ses plus hauts discours & plus salutaires.

[t] *Æquè pauperibus prodest, locupletibus æquè,*

Et neglecta æquè pueris senibúsque nocebit.

(61) *Id.* ibid.

(62) Ici *Convive* signifie *Festin*, repas. Amyot employe souvent ce mot en ce sens-là dans son *Plutarque.* Parlant des Lacedemoniens que la Loi de Lycurgue obligeoit à manger en public, *ils estoient*, dit-il, *contraints de se trouver tous ès sales des* convives. —— *Les Enfans mesmes alloyent à ces* convives, *ne plus ne moins qu'à des escoles d'honneur & de temperance, là où ils entendoyent de bons & graves devis touchant le gouvernement de la Chose publique*, &c. Vie de *Lycurgus*, ch. 9.

[t] Elle est également utile aux pauvres & aux

Ainsi sans doute (63) il chommera moins que les autres. Mais comme les pas que nous employons à nous promener dans une galerie, quoy qu'il y en ait trois fois autant, ne nous lassent pas, comme ceux que nous mettons à quelque chemin dessigné : aussi nostre leçon, se passant comme par rencontre, sans obligation de temps & de lieu, & se meslant à toutes nos actions, se coulera sans se faire sentir.

Les jeux mesmes & les exercices feront une bonne partie de l'estude : la course, la lucte, la musique, la danse, la chasse, le maniement des chevaux & des armes. Je veux que la bien seance exterieure, & l'entregent, & la disposition de la personne se façonne quant & quant l'ame. Ce n'est pas une ame,

Les exercices du Corps, & la bienseance exterieure doivent faire une bonne partie de l'Education.

---

riches, & les vieillards & les jeunes gens ne peuvent la negliger impunément. *Horat.* Epist. l. L. I. vs. 25, 26.

(63) *Ainsi l'Enfant dressé à la recherche, & à l'amour de la Vertu, sera sans doute moins desœuvré que les autres.* —— J'ai d'abord eu quelque peine à découvrir le rapport de cet *il*. Mais si Ciceron, ce grand maître dans l'art d'écrire, ne veut pas qu'on s'amuse trop scrupuleusement à relever * *non ingratam negligentiam de re hominis magis quàm de verbis laborantis*, nous pouvons bien avoir la même indulgence pour Montagne, qui certainement en a grand besoin de temps en temps, je dirai même, si l'on veut, un peu trop souvent.

* Ad Brutum *Orator.* cap. 23. *Edit. Gronov.*

ce n'est pas un corps qu'on dresse, c'est un homme, il n'en faut pas faire à deux. Et comme dit Platon (64), il ne faut pas les dresser l'un sans l'autre, mais les conduire également, comme une coulpe de chevaux attelez à mesme timon. Et à l'ouïr semble-il pas prester plus de temps & de solicitude, aux exercices du corps : & estimer que l'Esprit s'en exerce quant & quant, & non au contraire.

Les Enfans ne doivent point être portez à l'étude par la severité.

Au demeurant, cette institution se doit conduire par une severe douceur, non comme il se fait. Au lieu de convier les enfans aux lettres, on ne leur presente à la verité, qu'horreur & cruauté. Ostez-moy la violence & la force ; il n'est rien à mon advis qui abatardisse & estourdisse si fort une nature bien née. Si vous avez envie qu'il craigne la honte & le chastiement, ne l'y endurcissez pas : Endurcissez-le à la sueur & au froid, au vent, au soleil & aux hazards qu'il luy faut mespriser : Ostezluy toute mollesse & delicatesse au vestir & coucher, au manger & au boire : accoustumez-le à tout : que ce ne soit pas un beau garçon & dameret, mais

(64) Montagne a pris ceci de *Plutarque*, dans le Traité *des moyens de conserver la santé*, à la fin.

un garçon vert & vigoureux. Enfant, homme, vieil, j'ay tousjour creu & jugé de mesme. Mais entre autres choses, cette police de la plus part de nos Colleges m'a tousjours despleu. On eust failly à l'adventure moins dommageablement, s'inclinant vers l'indulgence. C'est une vraye (65) geaule de jeunesse captive. On la rend desbauchée, l'en punissant avant qu'elle le soit. Arrivez-y sur le point de leur office, vous n'oyez que cris, & d'enfants suppliciez, & de maistres enyvrez en leur cholere. Quelle maniere, pour esveiller l'appetit envers leur leçon, à ces tendres ames, & craintives, de les y guider d'une troigne effroyable, les mains armées de fouets! Inique & pernicieuse forme. Joint ce que Quintilian (66) en a tres-bien remarqué : que cette imperieuse authorité tire des suittes perilleuses : & nommément à nostre façon de chastiement. Combien leurs classes seroient plus decemment jonchées de fleurs & de feuillées, que de tronçons d'osiers sanglants! J'y feroy pourtraire la joye, l'allegresse, & Flora, & les Graces comme fit (67)

(65) Prison, de *gabiola*, cage : *Borel* dans son *Tresor de Recherches*, &c.
(66) *Inst. Orat.* Lib. I. cap. 3.
(63) Χαρίτων τε ἀγάλματα ἀνέθηκεν ἐν

en son eschole le Philosophe Speusippus. Où est leur profit, que là fust aussi leur esbat. On doit ensucrer les viandes salubres à l'enfant : & enfieller celles qui luy sont nuisibles. C'est merveille combien Platon se montre soigneux en ses Loix, de la gayeté & passetemps de la jeunesse de sa Cité : & combien il s'arreste à leurs courses, jeux, chansons, saults & danses : desquelles il dit, que l'antiquité a donné la conduite & le patronnage aux Dieux mesmes, Apollon, aux Muses & Minerve. Il s'estend à mille preceptes pour ses gymnases. Pour les Sciences lettrées, il s'y amuse fort peu : & semble ne recommander particulierement la Poësie, que pour la musique.

Il faut les corriger de toute humeur estrange & particuliere.

Toute estrangeté & particularité en nos mœurs & conditions (68) est evitable, comme ennemie de societé. Qui ne s'estonneroit de la complexion (69) de Demophon, maistre d'hostel d'Alexandre, qui suoit à l'ombre, & trembloit au Soleil ? J'en ay veu fuir la senteur des pommes, plus que les harque-

τῷ μυσείῳ : *Diog. Laërce* dans la Vie de Speusippe, L. IV. Segm. 1.

(68) *Doit être évitée.*

(69) *Sextus Empiricus*, Pyrrh. Hypot. Liv. I. ch. 14. pag. 17.

buzades : d'autres s'effrayer pour une souris : d'autres rendre la gorge à voir de la cresme : d'autres à voir brasser un lict de plume : comme Germanicus ne pouvoit souffrir ny la veuë ny le chant des coqs (70). Il y peut avoir à l'advanture à cela quelque proprieté occulte ; mais on l'esteindroit, à mon advis, qui s'y prendroit de bonn'heure. L'institution a gaigné cela sur moy, il est vray que ce n'a point esté (sans quelque soing) que sauf la biere, mon appetit est accommodable indifferemment à toutes choses, dequoy on se plaist.

Le corps est encore souple, on le doit à cette cause plier à toutes façons & coustumes : & pourveu qu'on puisse tenir l'appetit & la volonté soubs boucle, qu'on rende hardiment un jeune homme commode à toutes nations & compagnies, voire au desreglement & aux excés, si besoing est. Son exercitation suive l'usage. Qu'il puisse faire toutes choses, & n'ayme à faire que les bonnes. Les Philosophes mesmes ne trouvent pas louable en Callisthenes, d'avoir perdu la bonne grace du grand Alexandre son maistre, pour n'avoir

Les habituer de bonne heure à toute sorte de coutumes, même à pouvoir supporter quelques excez.

---

(70) Ceci est tiré de Plutarque, au Traité *de l'Envie & de la Haine*, vers le commencement.

voulu boire d'autant à luy. Il rira, il follastrera, il se desbauchera avec son Prince. Je veux qu'en la desbauche mesme, il surpasse en vigueur & en fermeté ses compagnons, & qu'il ne laisse à faire le mal, n'y à faute de force ny de science, mais à faute de volonté. [u] *Multum interest, utrum peccare quis nolis, aut nesciat.* Je pensois faire honneur à un Seigneur aussi esloigné de ces debordemens qu'il en soit en France, de m'enquerir à luy en bonne compagnie, combien de fois en sa vie il s'estoit enyvré, pour la necessité des affaires du Roy en Allemagne: il le print de cette façon, & me respondit que c'estoit trois fois, lesquelles il recita. J'en sçay, qui à faute de cette faculté, se sont mis en grand' peine, ayans à pratiquer cette Nation. J'ay souvent remarqué avec grande admiration la merveilleuse nature d'Alcibiades (71), de se transformer si aisément à façons si diverses, sans interest de sa santé ; surpassant tantost la somptuosité & pompe Persienne, tantost l'austerité & frugalité Lacede-

---

[u] Il y a grande difference entre ne vouloir pas, ou ne savoir pas mal faire. *Senec.* Epist. 90. *sub finem.*

(71) Plutarque, en sa Vie, p. 203.

Lacedemonienne ; autant reformé en Sparte, comme voluptueux en Ionie.

[x] *Omnis Aristippum decuit color, & status & res.*

Tel voudrois-je former mon disciple :

[y] *quem duplici panno patientia velat,*
Mirabor, vita via si conversa decebit,
Personámque feret non inconcinnus utramque.

Voyci mes leçons : Celuy-là y a mieux proffité, qui les fait, que qui les sçait. Si vous le voyez, vous l'oyez : si vous l'oyez, vous le voyez. Ja à Dieu ne plaise, dit quelqu'un en Platon, que philosopher ce soit apprendre plusieurs choses, & traiter les arts. [z] *Hanc amplissimam omnium artium bene vivendi disciplinam, vitâ magis quàm litteris persequuti sunt.* Leon Prince des

---

[x] Toute sorte d'états & de caractères seyoient bien à Aristippe. *Horat. Epist.* 17. L. I. *vs.* 23.

[y] J'admirerai celui qui d'un Esprit tranquille se voit habillé de méchans haillons, si venant à passer dans un genre de vie tout opposé, il le fait decemment, & sait joüer avec grace l'un & l'autre personnage. *Id. ibid. vs.* 25, 26, 29. *Montagne fait ici une application très-ingenieuse des paroles d'Horace, en les employant dans un sens directement opposé à celui que leur a donné ce Poëte.*

[z] C'est plûtôt par leurs mœurs que par leur savoir, qu'ils se sont devouez à cette souveraine directrice de l'art de bien vivre. *Cic. Tusc. Quæst.* L. IV. ch. 3.

Tome I. P

Phliasiens, s'enquerant à (72) Heraclides Ponticus, de quelque science, de quelle art il faisoit profession : *Je ne sçay*, dit-il, *ny art, ny science : mais je suis Philosophe*. On reprochoit à Diogenes, comment, estant ignorant, il se mesloit de la Philosophie : *Je m'en mesle,* dit-il, *d'autant mieux à propos*. Hegesias le prioit de luy lire quelque livre : *Vous estes plaisant*, (73) luy respondit-il : *vous choisissez les figues vrayes & naturelles, non peintes : que ne choisissez-vous aussi les exercitations naturelles, vrayes, & non escrites ?*

C'est par les actions d'un jeune homme qu'on doit juger des progrez qu'il fait.

Il ne dira pas tant sa leçon, comme il la fera. Il la repetera en ses actions. On verra s'il y a de la prudence en ses entreprises : s'il y a de la bonté, de la justice en ses deportemens : s'il a du jugement & de la grace en son parler : de la vigueur en ses maladies : de la modestie en ces jeux : de la temperance en ses voluptez : de l'ordre en

---

(72) Ce n'est pas Heraclide, mais *Pythagore* qui fit cette réponse à *Leon* Prince des Phliasiens; & c'est d'un Livre d'*Heraclide*, Auditeur de Platon, que Ciceron a tiré ce Fait, comme il nous l'apprend dans ses Tusculanes, *ut scribit auditor Platonis Ponticus Heraclides* : Liv. V. ch. 3. Platon ne vint au monde que plus de cent ans après Pythagore.

(73) *Diogene Laërce* dans la Vie de Diogene le Cynique, L. VI. Segm. 48.

son œconomie : de l'indifference en son goust, soit chair, poisson, vin ou eau : [aa] *Qui disciplinam suam non ostentationem scientiæ, sed legem vitæ putet : quique obtemperet ipse sibi, & decretis pareat.* Le vray miroir de nos discours, est le cours de nos vies. Zeuxidamus respondit à un qui luy demanda pourquoy les Lacedemoniens ne redigeoient par escrit les ordonnances de la prouesse, & ne les donnoient à lire à leurs jeunes gens. Que c'estoit, (74) *parce qu'ils les vouloient acoustumer aux faits, non pas aux paroles.* Comparez au bout de 15. ou 16. ans, à cettuy-cy, un de ces latineurs de College, qui aura mis autant de temps à n'apprendre simplement qu'à parler. Le monde n'est que babil, & ne vis jamais homme, qui ne die plustot plus, que moins qu'il ne doit : toutesfois la moitié de nostre aage s'en va là. On nous tient quatre ou cinq ans à entendre les mots & les coudre en clauses, encores autant à en proportionner un grand corps estendu

[aa] De sorte qu'il ne considere pas sa Discipline, comme une vaine montre de science, mais comme une regle de conduite, se respectant luimême, & vivant conformément à ses Principes. *Cic.* Tusc. Quæst. L. II. c. 4.

(74) Plutarque, dans les *Dits notables des Lacedemoniens.*

en quatre ou cinq parties, autres cinq pour le moins à les sçavoir brefvement mesler & entrelasser de quelque subtile façon. Laissons-le à ceux qui en font profession expresse.

Des deux Regents qui alloient à Bourdeaux.

Allant un jour à Orleans, je trouvay dans cette plaine au deça de Clery, deux Regents qui venoyent à Bourdeaux, environ à cinquante pas l'un de l'autre: plus loing derriere eux, je voyois une troupe, & un maistre en teste, qui estoit feu Monsieur le Comte de la Rochefoucaut: un de mes gens s'enquit au premier de ces Regents, qui estoit ce Gentil-homme qui venoit après luy: lui qui n'avoit pas veu ce train qui le suivoit, & qui pensoit qu'on luy parlast de son compagnon, respondit plaisamment, *Il n'est pas Gentil-homme, c'est un Grammairien, & je suis Logicien.*

Un Enfant de bonne Maison doit être plus soigneusement instruit dans la connoissance des choses, que dans celle des mots.

Or nous qui cherchons ici au rebours, de former non un Grammairien ou Logicien, mais un Gentil-homme, laissons les abuser de leur loisir: nous avons affaire ailleurs. Mais que nostre disciple soit bien pourveu de choses, les parolles ne suivront que trop: il les trainera, si elles ne veulent suivre. J'en oy qui s'excusent de ne se pouvoir exprimer; & font contenance d'avoir la teste pleine de plusieurs belles choses, mais à faute d'eloquence, ne les pouvoir mettre en évidence : c'est une * baye. Sçavez-vous à mon advis que c'est que cela ? Ce sont des ombrages, qui leur viennent de quelques conceptions informes, qu'ils ne peuvent demesler & esclaircir au dedans, ny par consequent produire au dehors. Ils ne s'entendent pas encore eux-mesmes : & voyez-les un peu begayer sur le point de l'enfanter, vous jugez que leur travail n'est point à l'accouchement, mais à la conception, & qu'ils ne font que lescher encores cette matiere imparfaicte. De ma part, je tiens, & Socrates ordonne, que qui a dans l'esprit une vive imagination & claire, il la produira, soit en Bergamasque, soit par mines, s'il est muet :

[bb] *Verbáque pravisam rem non invita sequentur.*

Et comme disoit celuy-là, aussi Poëtiquement en sa prose, [cc] *cùm res ani-*

* *Baliverne, discours frivole.*

[bb] Voit-il nettement la chose, les mots propres à l'exprimer lui viendront sans peine. *Horat. De Arte Poët. vs.* 311.

[cc] Quand l'Esprit a une fois saisi la chose, les mots se présentent d'eux-mêmes. *Senec.* Controv. L. III. in Proœmio.

mum occupavere, verba ambiunt : & cet autre : [dd] *ipsæ res verba rapiunt.* Il ne sçait pas ablatif, conjunctif, substantif, ny la grammaire : ne faict pas son laquais, ou une harangere de Petit pont : * & si, vous entretiendront tout vostre soul, si vous en avez envie, & se deferreront aussi peu, à l'adventure, aux regles de leur langage, que le meilleur maistre és arts de France. Il ne sçait pas la rhetorique, ny pour avent-jeu capter la benevolence du candide lecteur, ny le luy chaut de le sçavoir. De vray, toute cette belle peinture s'efface aisément par le lustre d'une verité simple & naifve : Ces gentillesses ne servent que pour amuser le vulgaire, incapable de prendre la viande plus massive & plus ferme, comme Afer montre bien clairement chez (75) Tacitus. Les Ambassadeurs de Samos estoient venus à Cleomenes Roy de Sparte, preparez d'une belle & longue orai-

[dd] Les choses entraînent les paroles. *Cic. de Finib. L. III. c. 5.*

* *Et cependant, ils vous entretiendront,* &c.

(75) Dans un Dialogue intitulé, *De Causis corruptæ eloquentiæ*, dont l'Auteur n'est pas fort connu. Plusieurs Savans le donnent à Tacite, aussi-bien que Montagne, d'autres à Quintilien, &c. Voyez la Préface qui est au devant des *Oeuvres Posthumes de Mr. de Maucroix*, imprimées à Paris en 1710. On y trouve à la tête la Traduction de ce Dialogue.

son, pour l'esmouvoir à la guerre contre le Tyran Polycrates : apres qu'il les eut bien laissez dire, il leur respondit : (76) *Quant à vostre commencement, & exorde, il ne m'en souvient plus, ny par consequent du milieu; & quant à vostre conclusion, je n'en veux rien faire.* Voilà une bonne responce, ce me semble, & des harangueurs bien camus. Et quoy cet autre? Les Atheniens estoient à choisir de deux Architectes, à conduire une grande fabrique : le premier plus affeté, se presenta avec un beau discours premedité sur le subject de cette besoigne, & tiroit le jugement du Peuple à sa faveur : mais l'autre en trois mots : (77) *Seigneurs Atheniens, ce que cettuy a dict, je le feray.* Au fort de l'eloquence de Cicero, plusieurs en entroient en admiration, mais Caton n'en faisant que rire : *Nous avons*, (78)

---

(76) Plutarque dans les *Dits notables des Lacedemoniens.*

(77) Plutarque : *Instruction pour ceux qui manient affaires d'Estat* : ch. 4. vers la fin.

(78) Montagne donne un sens trop général à la reflexion de *Caton*; & peut-être l'a-t-il fait tout exprès. Caton ne se moquoit point de l'éloquence de Ciceron en général, mais de l'abus qu'il en fit dans le temps de son Consulat, un jour que plaidant pour Murena contre Caton, il se mit à tourner en ridicule les Principes les plus graves de la Philosophie Stoïcienne, d'une manière trop comi-

disoit-il, *un plaisant Consul*. Aille devant ou apres : une utile sentence , un beau trait est tousjours de saison. S'il n'est pas bien à ce qui va devant, ny à ce qui vient apres, il est bien en soy. Je ne suis pas de ceux qui pensent la bonne rithme faire le bon Poëme : laissez-luy allonger une courte syllabe s'il veut, (79) pour cela non force ; si les inventions y rient , si l'esprit & le jugement y ont bien faict leur office : voylà un bon Poëte, diray-je, mais un mauvais versificateur,

[ee] *Emuncta naris, durus componere versus.*

que , & par conséquent indigne du rang auguste qu'il occupoit alors. C'est ce qui lui attira cette réponse de Caton, plus piquante que tous les traits que Ciceron venoit de lancer contre ce grand homme, beaucoup plus Stoïcien par ses mœurs que par ses discours. Voyez *Plutarque* dans la Vie de Caton, ch. 6. de la Traduction d'Amyot.

(79) *N'importe.* C'est comme qui diroit, *Il ne faut pas s'opposer à cela*. L'expression est un peu bizarre, mais assez autorisée par le Principe même que Montagne inculque ici. ——— Après avoir écrit ceci, j'ai trouvé la même expression dans *Rabelais*, sur laquelle son Commentateur a fait une Note très-curieuse, où il cite ce passage de Montagne. *Cela non force*, dit Rabelais, Liv. III. ch. 2. p. 16. ce qui signifie selon le Commentateur, *Ce n'est pas une affaire, il n'importe, il n'y a pas de contrainte*. C'est une expression, *ajoûte-t-il*, Normande, Gasconne, & même Piemontoise. Dès-là ma critique tombe par terre. Je la conserve pourtant pour m'avertir de n'en plus faire de cette espece.

[ee] *Ses Vers sont durs, mais il a l'Esprit fin.* Horat. Sat. IV. L. I. vs. 8.

Qu'on face, dit Horace, perdre (80) à son ouvrage toutes ses coustures & mesures,

[ff] *Tempora certa modósque, & quod prius ordine verbum est,*
Posterius facias, præponens ultima primis,
Invenias etiam disjecti membra Poëtæ:

il ne se dementira point pour cela : les pieces mesmes en seront belles. C'est ce que respondit Menander, comme on le tansast, approchant le jour, auquel il avoit promis une Comedie, dequoy il n'y avoit encore mis la main : *Elle est* (81) *composée & preste, il ne reste qu'à y adjouster les vers.* Ayant les choses & la matiere disposée en l'ame, il mettoit en peu de compte le demeurant.

Depuis que Ronsard & du Bellay ont donné credit à nostre poësie Françoise, je ne vois si petit apprenti, qui n'enfle des mots, qui ne range les cadences à peu pres, comme eux : [gg] *Plus sonat*

L'Invention est la principale partie d'une piece, de Poësie.

(80) *A l'ouvrage d'un tel Poëte*, comme vous diriez *d'Ennius*, dont Horace a voulu parler en cet endroit.
[ff] Otez-en le nombre & la mesure en changeant l'ordre des mots, & vous y trouverez encore de bons morceaux de poësie. *Id. ibid.*
(81) Plutarque, dans son Traité intitulé, *Si les Atheniens ont été plus excellens en armes qu'en lettres*, ch. 4. de la Traduction d'Amyot.
[gg] Tout cela sonne plus qu'il ne vaut : *Senec. Epist.* 40.

quàm valet. Pour le vulgaire, il ne fut jamais tant de poëtes : Mais comme il leur a esté bien aisé de representer leurs rythmes, ils demeurent bien aussi court à imiter les riches descriptions de l'un, & les delicates inventions de l'autre.

<small>Un jeune homme bien né doit mépriser les subtilitez sophistiques.</small>

Voire mais (82) que fera-il, si on le presse de la subtilité sophistique de quelque syllogisme ? Le jambon fait boire, le boire desaltere, parquoi le jambon desaltere. Qu'il s'en mocque. Il est (83) plus subtil de s'en mocquer, que d'y respondre. Qu'il emprunte d'Aristippus cette plaisante contrefinesse : Pourquoy (84) le deslierai-je, puis que tout lié il m'empesche ? Quelqu'un proposoit contre Cleanthes des finesses dialectiques : à qui Chrysippus dit, (85) Jouëtoy de ces battelages avec les enfans, & ne destourne à cela les pensées serieuses d'un homme d'aage. Si ces sottes arguties, [hh] *contorta &*

___

(82) Mais que fera notre jeune Eleve, si on le presse, &c. ——— Montagne revient à son principal sujet, qu'il sembloit avoir entierement perdu de vuë.

(83) *Subtilius est contempsisse quàm solvere*, dit Seneque en parlant de ces vaines sophistiqueries. Epist. 49.

(84) *Diog. Laërce* dans la Vie d'Aristippe : L. II. Segm. 70.

(85) *Diog. Laërce* dans la Vie de Chrysippe : L. VII. Segm. 183.

[hh] Sophismes embarrassez, & épineux : *Cic.* Acad. Quæst. L. IV. c. 24.

aculeata sophismata, luy doivent perfuader une menfonge, cela eft dangereux : mais fi elles demeurent fans effect, & ne l'efmeuvent qu'à rire, je ne voy pas pourquoy il s'en doive donner garde. Il en eft de fi fots, qu'ils fe deftournent de leur voye un quart de lieuë, pour courir apres un beau mot : [ii] *aut qui non verba rebus aptant, fed res extrinfecùs arceffunt, quibus verba conveniant.* Et l'autre : [kk] *Qui alicujus verbi decore placentis vocentur ad id quod non propofuerant fcribere.* Je tors bien plus volontiers une belle fentence, pour la coudre fur moy, que je ne deftors mon fil, pour l'aller querir. Au rebours, c'eft aux paroles à fervir & à fuivre, & que le Gafcon y arrive, fi le François n'y peut aller. Je veux que les chofes furmontent, & qu'elles rempliffent de façon l'imagination de celui qui efcoute, qu'il n'aye aucune fouvenance des mots. Le parler que j'ayme, c'eft un parler fimple & naïf, tel fur le papier qu'à la bouche : un

[ii] Ou qui ne font pas quadrer les mots avec les chofes, mais vont chercher hors du fujet des chofes auxquelles les mots puiffent convenir. *Quintil.* L. VIII. c. 3.

[kk] Qui par l'attrait d'un mot qui leur plaît, s'engagent dans une matiere qu'ils n'avoient pas deffein de traiter. *Senec.* Epift. 59.

parler succulant & nerveux, court & serré, non tant delicat & peigné, comme vehement & brusque,

(11) *Hæc demum sapiet dictio, quæ feriet,*

plustost difficile qu'ennuyeux, estoigné d'affectation : desreglé, descousu, & hardy : (chaque loppin y face son corps) non pedantesque (86) non fratesque, non plaideresque, mais plustost soldatesque, comme Suetone appelle celuy de Julius Cesar : (87) Et si ne sens pas bien, pourquoy il l'en appelle.

Stile de Montagne éloigné de toute affectation.

J'ay volontiers imité cette debauche qui se voit en nostre jeunesse, au port de leurs vestemens. Un manteau en escharpe, la cape sur une espaule, un bas

[11] L'expression dont l'esprit sera frappé, lui plaira infailliblement. —— *Le Vers Latin est pris d'une espece d'Epitaphe de Lucain, que vous trouverez toute entiére dans le Suplement de la Bibliotheque Latine de Fabricius, p. 167. où il y a, Hæc verò sapiet dictio quæ feriet. Je dois cette citation à Mr. Barbeyrac.*

(86) *Non monacal.* Fratesque *de l'Italien* Frate *qui signifie Moine.*

(87) C'est dans sa Vie, cap. 55. au commencement. Mais *Montagne* a été trompé par les Editions vulgaires, où on lisoit : *Eloquentia militari; qua rerum æquavit,* &c. au lieu que, dans les dernieres & meilleures Editions, on lit aujourd'hui : *Eloquentiâ, militarique re, aut æquavit,* &c. Ainsi ce qui lui faisoit de la peine, disparoît avec la fausse leçon. *Mr. Barbeyrac m'a fourni aussi cette Remarque.*

mal tendu, qui repreſente une fierté deſdaigneuſe de ces paremens eſtrangers, & non-challante de l'art: mais je la trouve encore mieux employée en la forme du parler. Toute affectation, nommément en la gayeté & liberté Françoiſe, eſt maſadvenante au Courtiſan. Et en une Monarchie, tout Gentilhomme doit eſtre dreſſé au port d'un courtiſan. Parquoy nous faiſons bien de gauchir un peu le naïf & meſpriſant. Je n'ayme point de tiſſure, où les liaiſons & les couſtures paroiſſent: tout ainſi qu'en un beau corps, il ne faut qu'on y puiſſe compter les os & les veines. [mm] *Quæ veritati operam dat oratio, incompoſita ſit & ſimplex. — Quis accuratè loquitur, niſi qui vult putide loqui?* L'éloquence faict injure aux choſes, qui nous deſtourne à ſoy. Comme aux accouſtremens, c'eſt puſillanimité de ſe vouloir marquer par quelque façon particuliere & inuſitée: de meſme au langage, la recherche des fraſes nouvelles, & des mots peu cogneus, vient

---

[mm] Un diſcours deſtiné à repréſenter la verité, doit être ſimple, & ſans art. *Senec.* Epiſt. 40. Il n'y a que des gens affectez dans leur langage, qui s'aviſent de parler avec une entiere exactitude. *Id.* Epiſt. 75. *ab initio.*

d'une ambition scholastique & puerile. Peussé-je ne me servir que de ceux qui servent aux hales à Paris! Aristophanes le Grammairien n'y entendoit rien (88) de reprendre en Epicurus la simplicité de ses mots ; & la fin de son art oratoire, qui estoit, perspicuité de langage seulement. L'imitation du parler, par sa facilité, suit incontinent tout un peuple. L'imitation du juger, de l'inventer, ne va pas si viste. La plus part des lecteurs, pour avoir trouvé une pareille robbe, pensent tres faussement tenir un pareil corps. La force & les nerfs ne s'empruntent point : les atours & le manteau s'empruntent. La pluspart de ceux qui me hantent, parlent de mesmes les Essais : mais je ne sçay, s'ils pensent de mesmes. Les Atheniens (dit Platon) ont pour leur part, (89) le soing de l'abondance & elegance du parler, les Lacedemoniens de la briefveté, & ceux de Crete, de la fecondité des conceptions, plus

---

(88) *Diog. Laërce* dans la Vie d'Epicure, Liv. X. Segm. 13.

(89) Τὴν πόλιν ἅπαντες ἡμῶν Ἕλληνες ὑπολαμβάνουσιν ὡς φιλόλογός τέ ἐστι καὶ πολυλόγος. Λακεδαίμονα δὲ καὶ Κρήτην, τὴν μὲν βραχυλόγον, τὴν δὲ πολύνοιαν μᾶλλον ἢ πολυλογίαν ἀσκῆσαν. De Legibus, L. I. p. 582.

que du langage : ceux-cy sont les meilleurs. Zenon disoit qu'il avoit deux sortes de disciples : les uns (90) qu'il nommoit φιλολόγυς, curieux d'apprendre les choses, qui estoient ses mignons : les autres λογοφίλυς, qui n'avoyent soing que du langage. Ce n'est pas à dire que ce ne soit une belle & bonne chose que le bien dire : mais non pas si bonne qu'on la faict, & suis despit dequoy nostre vie s'embesoigne toute à cela. Je voudrois premierement bien sçavoir ma Langue, & celle de mes voisins, où j'ay plus ordinaire commerce.

C'est un bel & grand (91) agencement sans doute, que le Grec & Latin, mais on l'achepte trop cher. Je diray ici une façon d'en avoir meilleur marché que de coustume, qui a esté essayée en moy-mesmes : s'en servira qui voudra. Feu mon pere ayant faict toutes les recherches qu'homme peut faire, parmy les gens sçavans & d'entendement, d'une forme d'institution exquise, fut advisé de cet inconvenient, qui estoit

On peut apprendre le Grec & le Latin avec moins de peine qu'on ne fait ordinairement.

_____

(90) *Stobée*, Serm. 34.
(91) *Ornement. Adjancer*, dit Nicot : semble qu'on doive escrire *Agencer* pour *agencer*, c'est-à-dire, *faire gent, decorare, componere, concinnare. Adjancement, concinnitas.* C'est dans ce sens absolu que ce mot est employé par Montagne.

en usage : & luy disoit-on que cette longueur que nous mettions à apprendre les Langues qui ne leur coustoient rien, est la seule cause, pourquoy nous ne pouvons arriver à la grandeur d'ame & de cognoissance (92) des anciens Grecs & Romains. Je ne croy pas que c'en soit * la seule cause. Tant y a que l'expedient que mon pere y trouva, ce fut qu'en nourrice, & avant le premier desnouement de ma langue, il me donna en charge à un Allemand, qui depuis est mort fameux Medecin en France, du tout ignorant de nostre langue, & tres bien versé en la Latine.

Le Latin enseigné à Montagne avant le François, & avec quel succès.

Cettuy-y, qu'il avoit fait venir exprès, & qui estoit bien cherement gagé, m'avoit continuellement entre les bras. Il en eut aussi avec luy deux autres moindres en sçavoir, pour me suivre, & soulager le premier : ceux-cy ne m'entretenoient d'autre langue que Latine. Quant au reste de sa maison, c'estoit une regle

---

(92) Les anciens Grecs plus heureux ou plus sages que les Romains, n'apprenoient que leur Langue. Les Romains joignoient communément l'étude du Grec à celle du Latin, & tiroient presque toutes leurs idées des Livres Grecs. Leur Poësie & leur Philosophie, n'étoient guéres autre chose que des Traductions du Grec.

* Ce que Montagne n'a pas trouvé bon de dire ici, il le dit assez ouvertement ailleurs.

inviolable, que ny luy-mesme, ny ma mere, ny valet, ny chambriere, ne parloient en ma compagnie, qu'autant de mots de Latin, que chacun avoit appris pour jargonner avec moy. C'est merveille du fruict que chacun y fit: mon pere & ma mere y apprindrent assez de Latin pour l'entendre, & en acquirent à suffisance, pour s'en servir à la necessité, comme firent aussi les autres domestiques, qui estoient plus attachez à mon service. Somme, nous nous latinizames tant, qu'il en regorgea jusques à nos villages tout autour, où il y a encores, & ont pris pied par l'usage, plusieurs appellations Latines d'artisans & d'outils. Quant à moy, j'avois plus de six ans, avant que j'entendisse non plus de François ou de Perigordin, que d'Arabesque : & sans art, sans livre, sans grammaire ou precepte, sans fouet, & sans larmes, j'avois appris du Latin, tout aussi pur que mon maistre d'escole le sçavoit : car je ne le pouvois avoir meslé ny alteré. Si par essay on me vouloit donner un theme, à la mode des Colleges : on le donne aux autres en François, mais à moy il me le falloit donner en mauvais Latin, pour le tourner en bon. Et Nicolas Grouchi, qui a escript *de Comitiis Romanorum*, Guillaume Guerente, qui a commenté Aristote, George Bucanan, ce grand poëte Escossois, Marc Antoine Muret (93), (que la France & l'Italie recognoist pour le meilleur Orateur du temps) mes précepteurs domestiques, m'ont dit souvent, que j'avois ce langage en mon enfance, si prest & si à main, qu'ils craignoient à m'accoster. Bucanan, que je vis depuis à la suitte de feu Monsieur le Mareschal de Brissac, me dit, qu'il estoit après à escrire de l'institution des enfans, & qu'il prenoit l'exemplaire de la mienne : car il avoit lors en charge ce Comte de Brissac, que nous avons veu depuis si valeureux & si brave.

Montagne apprit le Grec comme en se jouant. Quant au Grec, duquel je n'ay quasi du tout point d'intelligence, mon pere desseigna me le faire apprendre par art. Mais d'une voye nouvelle, par forme d'esbat & d'exercice: nous pelotions nos declinaisons, à la maniere de ceux qui par certains jeux de tablier apprennent l'Arithmetique & la Geometrie. Car

(93) Dans la première Edition des Essais, laquelle fut faite à Bourdeaux en 1580. Montagne avoit dit, sans faire mention de Muret, *Et Nicolas Grouchi qui a escrit de* Comitiis Romanorum, *Guillaume Guerente, qui a commenté Aristote, George Bucanan ce grand Poëte Ecossois, qui m'ont été precepteurs, m'ont dit souvent,* &c.

entre autres choses, il avoit esté conseillé de me faire gouster la science & le devoir, par une volonté non forcée, & de mon propre desir; & d'eslever mon ame en toute douceur & liberté, sans rigueur & contrainte. Je dis jusques à telle superstition, que parce qu'aucuns tiennent, que cela trouble la cervelle tendre des enfans, de les esveiller le matin en sursaut, & de les arracher du sommeil (auquel ils sont plongez beaucoup plus que nous ne sommes) tout à coup, & par violence, il me faisoit esveiller par le son de quelque instrument, & ne fus jamais sans homme qui m'en servist. Cet exemple suffira pour en juger le reste, & pour recommander aussi & la prudence & l'affection d'un si bon pere: Auquel il ne se faut prendre, s'il n'a recueuilly aucuns fruits respondans à une si exquise culture. Deux choses en furent cause: en premier, le champ sterile & incommode. Car quoy que j'eusse la santé ferme & entiere, & quant & quant un naturel doux & traitable, j'estois parmy cela si poisant, mol & endormy, qu'on ne me pouvoit arracher de l'oisiveté, non pas * pour me faire jouer, Ce que je voyois,

* Mesme.

je le voyois bien ; & soubs cette complexion lourde, nourrissois des imaginations hardies, & des opinions au dessus de mon aage. L'esprit, je l'avois lent, & qui n'alloit qu'autant qu'on le menoit : l'apprehension tardive, l'invention lasche, & aprés tout, un incroyable defaut de memoire. De tout cela il n'est pas merveille, s'il ne sceut rien tirer qui vaille. Secondement, comme ceux que presse un furieux desir de guerison, se laissent aller à toute sorte de conseil, le bon homme, ayant extreme peur de faillir en chose qu'il avoit tant à cœur, se laissa enfin emporter à l'opinion commune, qui suit tousjours ceux qui vont devant, comme les gruës, & se rangea à la coustume, n'ayant plus autour de luy ceux qui luy avoient donné ces premieres (94) institutions, qu'il avoit apportées d'Italie : & m'envoya environ mes six ans au college de Guienne, tres-florissant pour lors, & le meilleur de France. Et là, il n'est possible de rien adjouster au soing qu'il eut, & à me choisir des precepteurs de chambre suffisans, & à toutes les autres circonstances de ma nourriture ; en laquelle il reserva plusieurs façons parti-

(94) Vuës.

culieres, contre l'usage des colleges: mais tant y a que c'estoit tousjours college. Mon Latin s'abastardit incontinent, duquel depuis par desacoustumance j'ay perdu tout usage. Et ne me servit cette mienne inaccoustumée institution, que de me faire enjamber d'arrivée aux premieres classes: Car à treize ans, que je sortis du college, j'avois achevé mon cours (qu'ils appellent) & à la verité sans aucun fruit, que je peusse à present mettre en compte.

La premier goust que j'eus aux Livres, il me vint du plaisir des fables de la *Metamorphose d'Ovide*. Car environ l'aage de sept ou huit ans, je me desrobois de tout autre plaisir, pour les lire: d'autant que cette langue estoit la mienne maternelle; & que c'estoit le plus aisé livre, que je conneusse, & le plus accommodé à la foiblesse de mon aage, à cause de la matiere: Car des *Lancelots du Lac*, des *Amadis*, des *Huons de Bordeaux*, & tels fatras de livres, à quoy l'enfance s'amuse, je n'en cognoissois pas seulement le nom, ny ne fais encore le corps, tant exacte estoit ma discipline. Je m'en rendois plus nonchalant à l'estude de mes autres leçons prescrites. Là il me vint singulierement à pro-

Comment Montagne commença à prendre du goût pour la lecture.

pos, d'avoir affaire à un homme d'entendement de precepteur, qui sceust dextrement conniver à cette mienne desbauche, & autres pareilles. Car par là, j'enfilay tout d'un train *Virgile* en l'Æneide, & puis *Terence*, & puis *Plaute*, & des Comedies Italiennes, leurré tousjours par la douceur du subject. S'il eust esté si fol de rompre ce train, j'estime que je n'eusse rapporté du College que la haine des livres, comme fait quasi toute nostre Noblesse. Il s'y gouverna ingenieusement, faisant semblant de n'en voir rien : Il aiguisoit ma faim, ne me laissant qu'à la desrobée gourmander ces Livres, & me tenant doucement en office pour les autres estudes de la regle. Car les principales parties que mon pere cherchoit à ceux à qui donnoit charge de moy, c'estoit la debonnaireté & facilité de complexion : Aussi n'avoit la mienne autre vice, que langueur & paresse. Le danger n'estoit pas que je fisse mal, mais que je ne fisse rien. Nul ne prognostiquoit que je deusse devenir mauvais, mais inutile : on y prevoyoit de la faineantise, non pas de la malice. Je sens qu'il en est advenu comme cela. Les plaintes qui me cornent aux oreilles, sont telles : Il est oisif ;

froid aux offices d'amitié, & de parenté : & aux offices publiques, trop particulier, trop desdaigneux. Les plus injurieux mesmes ne disent pas, Pourquoy a-il pris, pourquoy n'a-il payé? mais, Pourquoy ne quitte-il, pourquoy ne donne-il? Je recevrois à faveur, qu'on ne desirast en moy que tels effects de supererogation. Mais ils sont injustes, d'exiger ce que je ne doy pas, (95) plus rigoureusement beaucoup, qu'ils n'exigent d'eux ce qu'ils doivent. En m'y condamnant, ils effacent la gratification de l'action, & la gratitude qui m'en seroit deuë. (96) Là où le bien faire actif devroit plus peser de ma main, en consideration de ce que je n'en ay de passif nul qui soit. Je puis d'autant plus librement disposer de ma fortune, qu'elle est plus mienne : & de moy, que je suis plus mien. Toutesfois si j'estoy grand enlu-

(95) *Avec beaucoup plus de rigueur, qu'ils ne s'imposent à eux-mêmes la nécessité de payer ce qu'ils doivent.* Parce que ce Passage a été omis dans la derniere Traduction Angloise, j'ai crû qu'il étoit necessaire de l'expliquer.

(96) C'est-à-dire, *Au lieu que le bien faire actif devroit être d'un plus grand prix, venant de ma part, par la raison que nul bienfait passif ne peut être mis sur mon compte,* ou pour dire la même chose en d'autres termes, *par la raison que je n'ai jamais rien reçu de personne.*

mineur de mes actions, à l'adventure rembarrerois-je bien ces reproches ; & à quelques uns apprendrois, qu'ils ne sont pas si offensez que je ne face pas assez, que dequoy je puisse faire assez plus que je ne fay. Mon ame ne laissoit pourtant en mesme temps d'avoir à part soy des remuemens fermes, & (97) des jugemens seurs & ouverts autour des objects qu'elle cognoissoit: & les digeroit seule, sans aucune communication. Et entre autres choses je croy à la verité qu'elle eust esté du tout incapable de se rendre à la force & violence. Mettray-je en compte cette faculté de mon enfance, Une asseurance de visage, & souplesse de voix & de geste, à m'appliquer aux rolles que j'entreprenois ? Car avant l'aage,

[nn] *Alter*

(97) *Ces jugemens surs & ouverts* que Montagne formoit en lui-même sur les Objets dont il avoit quelque connoissance, nous expliquent ce qu'il faut entendre ici par des *remuemens fermes:* expression énergique, mais dure, & qui n'auroit pas été assez claire sans cette addition qui nous apprend en termes plus simples ce qu'emporte le mot figuré de *remuement*. Montagne n'avoit pas pris d'abord cette précaution : car dans l'Edition in 4to de 1588. il s'étoit contenté de dire, *Mon ame ne laissoit pourtant en même temps d'avoir à part soy des remuemens fermes, qu'elle digeroit seule, & sans aucune communication.*

[nn] A

[nn] (*Alter ab undecimo tum me vix ceperat annus:*)

j'ay souſtenu les premiers perſonnages, és Tragedies Latines de Bucanan, de Guerente, & de Muret, qui ſe repreſenterent en notre College de Guienne avec dignité. En cela, (98) Andreas Goveanus noſtre Principal, comme en toutes autres parties de ſa charge, fut ſans comparaiſon le plus grand Principal de France; & m'en tenoit-on maiſtre ouvrier. C'eſt un exercice, que je ne meſlouë point aux jeunes enfans de maiſon; & ay veux nos Princes s'y addonner depuis, en perſonne, à l'exemple d'aucuns des anciens, honneſtement & louablement. Il eſtoit loiſible, meſme d'en faire meſtier, aux gens d'honneur & (99) en Grece, [oo] *Ariſtoni tragico*

[nn] *A peine étois-je alors dans ma douzieme année.* Virg. Eclog. VIII. vſ. 39.

(98) *Bayle*, qui le nomme *André Govea*, remarque expreſſément, que cet habile homme ayant été appellé à Bourdeaux en 1534. pour y exercer la charge de Principal du College de Guienne, *il y remplit ſes devoirs avec une exactitude qui fut trés-utile à la jeuneſſe.* Voyez dans ſon Dictionaire l'Article ANDRÉ' GOVEA, en Latin *Goveanus*, oncle de ce Principal dont parle ici Montagne.

(99) *En Grece*, encore alors le *vrai ſiege de la Politeſſe.*

[oo] Il découvrit l'affaire à Ariſton, joueur de Tragedies. C'étoit un homme accommodé des

Tome I. Q

actori rem aperit : huic & genus & fortuna honesta erant : nec ars, quia nihil tale apud Græcos pudori est, ea deformabat. Car j'ay tousjours accusé d'impertinence, ceux qui condamnent ces esbatemens; & d'injustice, ceux qui refusent l'entrée de nos bonnes villes aux Comediens (100) qui le valent, & envient au Peuple ces plaisirs publiques. Les bonnes polices prennent soing d'assembler les Citoyens, & les r'allier, comme aux offices serieux de la devotion, aussi aux exercices & jeux. La societé & amitié s'en augmente, & puis on ne leur sçauroit conceder des passetemps plus reglez, que ceux qui se font en presence d'un chacun, & à la veuë mesme du Magistrat : & trouverois raisonnable que le Prince à ses despens en gratifiast quelquefois la Commune, d'une affection & bonté comme paternelle : & qu'aux villes populeuses il y eust des lieux destinez & disposez pour ces spectacles : (101) quelque divertisse-

---

biens de la fortune, & de bonne famille : qualitez qui n'étoient point deshonorées par son Art, parce que cet exercice n'a rien de honteux parmi les Grecs. *Tit. Liv.* L. XXIV. c. 24. num. 2. 3.

(100) *Qui meritent d'y être admis.*
(101) *Des amusemens qui servissent à détourner le Peuple de faire en secret des actions mauvaises en elles-mêmes.*

ment de pires actions & occultes. Pour revenir à mon propos, il n'y a tel, que d'allecher l'appetit & l'affection, autrement on ne fait que des asnes chargez de livres : on leur donne à coups de fouët en garde leur pochette pleine de Science : Laquelle pour bien faire, il ne faut pas seulement loger chez soy, il la faut espouser.

CHAPITRE XXVI.

C'est folie (1) de rapporter le vray & le faux à nostre suffisance.

CE n'est pas à l'advanture sans raison, que nous attribuons à simplesse & ignorance, la facilité de croire & de se laisser persuader : Car il me semble avoir appris autrefois, que la creance estoit comme une impression, qui se faisoit en nostre ame ; & à mesure qu'elle se trouvoit plus molle & de moindre resistance, il estoit plus aysé à y empreindre quelque chose. [a] *Ut necesse est*

---

(1) CHAP. XXVI. C'est-à-dire, *d'établir notre capacité pour la Mesure du Vrai & du Faux.*

[a] Comme il est necessaire qu'un des bassins de la balance soit poussé en bas par le poids qu'on y met dedans, il faut de même que notre Esprit se

lancem in librâ ponderibus impositis deprimi : sic animum perspicuis cedere. D'autant que l'ame est plus vuide, & sans contrepoids, elle se baisse plus facilement sous la charge de la premiere persuasion. Voylà pourquoy les enfans, le vulgaire, les femmes, & les malades sont plus sujets à estre menez par les oreilles. Mais aussi de l'autre part, c'est une sotte presomption, d'aller desdaignant & condamnant pour faux, ce qui ne nous semble pas vray-semblable : qui est un vice ordinaire de ceux qui pensent avoir quelque suffisance, outre la commune. J'en faisois ainsi autrefois, & si j'oyois parler ou des Esprits qui reviennent, ou du prognostique des choses futures, des enchantemens, des sorcelleries, ou faire quelque autre conte, où je ne peusse pas mordre,

[b*] *Somnia, terrores magicos, miracula,*
sagas,
Nocturnos lemures, portentáque Thessala :

il me venoit compassion du pauvre peu-

rende à l'évidence des choses. *Cic. Acad. Quæst.*
L. IV. (*qui inscribitur Lucullus*) c. 12.
 [b] De songes, de visions magiques, de miracles, de sorcieres, d'apparitions nocturnes, & d'autres effets prodigieux : *Horat. L. II. Epist.* 2.
vs. 208, 209.

ple abusé de ces folies. Et à present je treuve, que j'estois pour le moins autant à plaindre moy-mesme : Non que l'experience m'aye depuis rien faict voir, au dessus de mes premieres creances ; & si n'a pas tenu à ma curiosité : mais la raison m'a instruit, que de condamner ainsi resolument une chose pour fausse, & impossible, c'est se donner l'advantage d'avoir dans la teste, les bornes & limites de la volonté de Dieu, & de la puissance de nostre mere Nature : & qn'il n'y a point de plus notable folie au monde, que de les ramener à la mesure de nostre capacité & suffisance. Si nous appellons monstres ou miracles, ce où nostre raison ne peut aller, combien s'en presente-il continuellement à nostre veuë ? Considerons au travers de quels nuages, & comment à tastons on nous meine à la cognoissance de la pluspart des choses qui nous sont entre mains : certes nous trouverons, que c'est plustost accoustumance, que science, qui nous en oste l'estrangeté :

[c] *jam nemo fessus saturúsque videndi,*
Suspicere in cœli dignatur lucida templa :

[c] Fatiguez & rassasiez de la vuë du Ciel, nous ne daignons plus lever les yeux vers cette Voute toute brillante de lumiere. *Lucr.* L. II. vs. 1037,

& que ces choses-là, si elles nous estoyent presentées de nouveau, nous les trouverions autant ou plus incroyables qu'aucunes autres.

[d] *si nunc primùm mortalibus adsint*
Ex improviso, ceu sint objecta repentè,
Nil magis his rebus poterat mirabile dici,
Aut minus antè quod auderent fore credere
gentes.

Celuy qui n'avoit jamais veu de Riviere, à la premiere qu'il rencontra, il pensa que ce fust l'Ocean : & les choses qui sont à nostre cognoissance les plus grandes, nous les jugeons estre les extremes que Nature face en ce genre.

[e] *Scilicet & fluvius qui non est maximus,*
ei est
Qui non antè aliquem majorem vidit, & ingens

1038. —— Il y a dans *Lucrece* fessus satiate videndi : *Satiate* nom substantif à l'ablatif, de *Satias*, qui se trouve aussi dans *Terence* : *ubi satias cœpit fieri, commuto locum.* Eunuch. Act. V. sc. 6.

[d] Si présentement ces Objets se montroient tout-d'un-coup aux hommes comme venant d'être formez, rien ne pourroit leur paroître plus admirable ; & par avance ils n'auroient jamais pû se figurer rien de pareil. *Lucret.* Lib. II. vs. 1032. —— 1035.

[e] Un Fleuve médiocre paroît très-grand à qui n'en a point vû de plus grand. Il en est de même d'un Arbre, d'un Homme, & de tout autre Objet, quand ce sont les plus grands qu'on ait vûs de cette espece. *Id.* L. VI. vs. 674. —— 677.

*Arbor homóque videtur, & omnia de genere
omni*
*Maxima quæ vidit quisque, hæc ingentia fin-
git.*

[f] *Consuetudine oculorum assuescunt
animi, neque admirantur, neque requi-
runt rationes earum rerum, quas semper
vident.* La nouvelleté des choses nous
incite plus que leur grandeur, à en rechercher les causes. Il faut juger avec
plus de reverence de cette infinie puissance de nature, & plus de recognoissance de nostre ignorance & foiblesse.
Combien y a-il de choses peu vray-sem-
blables, tesmoignées par gens dignes
de foy, desquelles si nous ne pouvons
estre persuadez, au moins les faut-il laisser
en suspens : car de les condamner
impossibles, c'est se faire fort, par une
temeraire presomption, de sçavoir jusques où va la possibilité. Si l'on entendoit bien la difference qu'il y a entre
l'impossible & l'inusité ; & entre ce qui
est contre l'ordre du cours de nature,
& contre la commune opinion des hommes, en ne croyant pas temerairement,

[f] Nôtre Esprit familiarisé aux Objets de la
vuë, n'admire point les choses qu'il voit continuellement, & ne songe pas à en rechercher les
causes. *Cic. de Nat. Deor. L. II. c. 38.*

ny auſſi ne deſcroyant pas facilement, on obſerveroit la regle de (2) *Rien trop*, commandée par Chilon.

Quand on trouve dans Froiſſard, que le Comte de Froix ſceut en Bearn (3) la defaicte du Roy Jean de Caſtille à Juberoth, le lendemain qu'elle fut advenue, & les moyens (4) qu'il en allegue, on s'en peut moquer : & de ce meſme que nos Annales diſent, que le Pape Honorius le propre jour que le Roy Philippe Auguſte mourut à Mante, fit faire ſes funerailles publiques, & les manda faire par toute l'Italie : Car l'authorité de ces teſmoings (5) n'a pas à l'advanture aſſez de rang pour nous tenir en bride. Mais quoy ? ſi Plutarque outre pluſieurs exemples, qu'il allegue l'Antiquité, dit ſçavoir de certaine ſcience, que du temps de Domitian, la nouvelle de la bataille

───────────────

(2) Μηδὲν ἄγαν. *Ariſtote* dans ſa Rhetorique, L. II. c. 12. & *Pline* (Nat. Hiſt. L. VII. c. 32.) donnent ce mot à *Chilon*. Diogene Laërce le lui donne auſſi dans la Vie de Thalès, L. I. Segm. 41. mais il le donne enſuite à *Solon* dans la Vie de Solon, L. I. Segm. 63. On l'a donné encore à d'autres. Voyez les Obſervations de *Menage* ſur Diogene Laërce, Vie de Thalès, L. I. Segm. 41.

(3) En 1385.

(4) *Froiſſart*, Vol. III. c. 17. p. 63. &c. Le conte eſt fort long, & du dernier ridicule.

(5) *N'eſt peut-être pas aſſez conſiderable pour nous tenir en bride.*

perdue par Antonius en Allemagne (6) à plusieurs journées de là, fut publiée à Rome, & (7) semée par tout le monde le mesme jour qu'elle avoit esté perduë: & si Cesar tient (8), qu'il est souvent advenu que la renommée a devancé l'accident : dirons-nous pas que ces simples gens-là se sont laissez piper après le Vulgaire, pour n'estre pas clair-voyans comme nous ? Est-il rien plus delicat, plus net, & plus vif, que le jugement de Pline, quand il luy plaist de le mettre en jeu ? rien plus esloigné de vanité ? je laisse à part l'excellence de son sçavoir, duquel je fay moins de compte : en quelle partie de ces deux-là le surpassons-nous ? toutesfois il n'est si petit escolier, qui ne le convainque de mensonge, & qui ne luy vueille faire leçon sur le progrez des ouvrages de Nature.

Quand nous lisons dans Bouchet les miracles des reliques de Sainct Hilaire, passe : son credit n'est pas assez grand pour nous oster la licence d'y contredire : mais de condamner d'un train

(6) *A plus de huit cens quarante lieuës*, dit Plutarque dans la Vie de *Paulus Æmilius*.

(7) *Il n'y a personne de notre temps*, ajoute Plutarque, *qui ne sache cela*.

(8) César s'exprime ainsi lui-même : *Nam plerumque in novitate fama antecedit*. **De Bell. Civ. Lib. III. cap. 36.**

toutes pareilles histoires, me semble singuliere impudence. Ce grand Sainct Augustin tesmoigne avoir veu (9) sur les reliques Sainct Gervais & Protaise à Milan, un enfant aveugle (10) recouvrer la veuë : une femme à Carthage estre guerie d'un cancer (11) par le signe de la croix, qu'une femme nouvellement baptisée luy fit : Hesperius, un sien familier, avoir chassé les Esprits qui infestoient sa maison, (12) avec un peu

---

(9) *Sur les Reliques S. Gervais & Protaise* : c'est constamment ainsi qu'il y a dans les plus anciennes Editions, & non pas, comme dans les dernieres, *sur les Reliques de S. Gervais & Protaise*. J'ai conservé aussi un peu plus bas, *la Chasse S. Estienne* que je trouve dans toutes les anciennes Editions, & non, *la Chasse de S. Estienne*, qu'on a mis dans quelques-unes des dernieres Editions. Le *de* est sous-entendu dans ces deux expressions, conformément à l'ancien usage qui supprimoit fort souvent cet article, témoin *Pathelin* qui dit,

Je mourray de la mort Roland :

Et l'Auteur du Romain de la Rose,

La mort ne me greveroit mie
Si je mourois és bras m'amie,

pour dire, *de m'amie*. Ainsi on disoit, *La Bible Guyot*, pour dire, *de Guyot*: & l'on dit encore, *l'Hôtel-Dieu*, pour dire, *de Dieu*: & *les quatre Fils Aymon*, pour *d'Aymon*. Borel dans son *Tresor de Recherches Gauloises*, &c.

(10) Auguft. *de Civit. Dei*, L. XXII. c. 8.

(11) *Id. ibid.* Admonetur in somnis, ut in parte Foeminarum observanti ad baptisterium quæcumque illi baptizata primitus occurrisset, eundem locum signo Christi signaret : fecit, & confestim sanitas secuta est.

(12) Montagne est tombé ici dans une petite

de terre du Sepulchre de noſtre Seigneur: & cette terre depuis tranſportée à l'Egliſe, (13) un Paralytique en avoir eſté ſoudain guery: une femme en une proceſſion ayant touché à la Chaſſe Saint Eſtienne, d'un bouquet, (14) & de ce bouquet s'eſtant frottée les yeux, avoir recouvré la veuë (15) pieça perduë: & pluſieurs autres miracles, où il dit luy-meſmes avoir aſſez. Dequoy accuſerons-nous & luy & deux S. Eveſques

mépriſe. S. Auguſtin n'attribuë pas cette expulſion des mauvais Eſprits à ce peu de Terre du Sepulchre de Notre Seigneur qu'Heſperius avoit dans ſa Maiſon; ſelon S. Auguſtin, un de ſes Prêtres, étant allé offrir dans cette Maiſon à la priere d'Heſperius, le ſacrifice du Corps de Chriſt; & ayant prié Dieu avec beaucoup d'ardeur, de faire ceſſer ce déſordre, Dieu le fit ceſſer tout auſſi-tôt. *Unus (ex noſtris Presbyteris) obtulit ibi ſacrificium Corporis Chriſti, orans quantum potuit, ut ceſſaret illa vexatio: Deo protinùs miſerante, ceſſavit.* A l'égard de la Terre priſe du Sepulchre de Jeſus-Chriſt, Heſperius la gardoit ſuſpenduë dans la Chambre où il couchoit lui-même, pour ſe mettre à couvert des inſultes des Demons qui maltraitoient ſes Bêtes & ſes Eſclaves, *ne quid mali etiam ipſe pateretur*, dit expreſſement S. Auguſtin. La Terre du Saint Sepulchre l'avoit protegé contre ces malins Eſprits: mais ſon influence ne s'étoit point repanduë ſur le reſte de la Maiſon.

(13) *Id. ibid.*

(14) *Ibi caca mulier, ut ad Epiſcopum portantem (reliquias martyris Stephani) duceretur, oravit: flores quos ferebat, dedit: recepit, oculis admovit, protinus vidit.* Id. ibid.

(15) *Dès long-temps*, comme on a mis dans les dernieres Editions.

Aurelius & Maximus, qu'il appelle pour ſes (16) recors ? ſera-ce d'ignorance, ſimpleſſe, facilité, ou de malice & impoſture ? Eſt-il homme en noſtre ſiecle ſi impudent, qui penſe leur eſtre comparable, ſoit en vertu & pieté, ſoit en ſçavoir, jugement & ſuffiſance ? [g] *Qui ut rationem nullam afferrent, ipſa auctoritate me frangerent.* C'eſt une hardieſſe dangereuſe & de conſequence, outre l'abſurde temerité qu'elle traine quant & ſoy, de mepriſer ce que nous ne concevons pas. Car aprés que ſelon voſtre bel entendement, vous avez eſtably les limites de la verité & de la menſonge, & qu'il ſe treuve que vous avez neceſſairement à croire des choſes où il y a encores plus d'eſtrangeté qu'en ce que vous niez, vous vous eſtes desja obligé de les abandonner. Or ce qui me ſemble apporter autant de deſordre en nos conſciences en ces troubles où nous ſommes (17) de la Religion, c'eſt cette diſpenſation que

---

(16) Ou *témoins*. On appelle *Recors*, dit M. *de Caſeneuve* dans ſes *Origines Françoiſes*, ceux qui aſſiſtent les Sergens pour leur ſervir de témoins, du Verbe Latin *recordari* qui ſignifie *ſe ſouvenir*.

[g] Leſquels, quand même ils n'apporteroient aucune raiſon, me perſuaderoient par leur ſeule autorité. *Cic. Tuſc. Quæſt. L. I. c. 21.*

(17) *Au ſujet de la Religion.*

les Catholiques font de leur creance. Il leur semble faire bien les moderez & les entendus, quand ils quittent aux adversaires aucuns articles de ceux qui font en debat. Mais outre ce qu'ils ne voyent pas quel advantage c'est à celuy qui vous charge, de commencer à lui ceder, & vous tirer arriere, & combien cela l'anime à pourfuivre fa pointe: ces articles-là qu'ils choififfent pour les plus legers, font aucunefois tres-importans. Ou il faut fe fubmettre du tout à l'authorité de noftre police Ecclefiaftique, ou du tout s'en difpenfer: Ce n'eft pas à nous à eftablir la part que nous luy devons d'obeïffance. Et davantage, je le puis dire pour l'avoir effayé, ayant autrefois ufé de cette liberté de mon chois & triage particulier, mettant à nonchaloir certains points de l'obfervance de noftre Eglife, qui femblent avoir un vifage ou plus vain, ou plus eftrange, venant à en communiquer aux hommes fçavans, j'ay trouvé que ces chofes-là ont un fondement maffif & tres-folide: & que ce n'eft que beftife & ignorance, qui nous fait les recevoir avec moindre reverence que le refte. Que ne nous fouvient-il combien nous fentons de contradiction en noftre jugement mefmes? combien de choses nous servoyent hier d'articles de foy, qui nous sont fables aujourd'huy ? La gloire & la curiosité sont les fleaux de nostre ame. Cette-cy nous conduit à mettre le nez par tout, & celle-là nous defend de rien laisser irresolu & indecis.

⁂

CHAPITRE XXVII.

De l'Amitié.

COnsiderant la conduite de la besoigne d'un Peintre que j'ay, il m'a pris envie de l'ensuivre. Il choisit le plus bel endroit & milieu de chaque paroy, pour y loger un Tableau élabouré de toute sa suffisance ; & le vuide tout autour, il le remplit de crotesques : qui sont peintures fantasques, n'ayant grace qu'en la varieté & estrangeté. Que sont-ce icy aussi à la verité que crotesques & corps monstrueux, rappiecez de divers membres, sans certaine figure, n'ayants ordre, suitte, ny proportion que fortuite ?

[a] *Desinit in piscem mulier formosa supernè.*

(a) *Figure dont le haut est une belle Femme,*
Et le reste un Poisson. — Horat. *De Arte Poët.*
vs. 4.

Je vay bien jufques à ce fecond point, avec mon Peintre : mais je demeure court en l'autre, & meilleure partie : car ma fuffifance ne va pas fi avant, que d'ofer entreprendre un tableau riche, poly & formé felon l'art. Je me fuis advifé d'en emprunter un d'*Etienne de la Boëtie*, (1) qui honorera tout le refte de cette befoigne. C'eft un Difcours auquel il donna nom, *La Servitude volontaire*: mais ceux (2) qui l'ont ignoré, l'ont bien proprement depuis rebatifé, (3) *le Contre-un*. Il l'efcrivit par maniere d'effay, en fa premiere jeuneffe, à l'honneur de la liberté contre les tyrans. Il court pieça és mains des gens d'entendement, non fans bien grande & meritée recommandation : car il eft gentil, & plein ce qu'il eft poffible. Si y a-il bien à dire,

(1) Il n'eft pourtant pas ici : & Montagne nous dira à la fin de ce Chapitre les raifons qui l'ont empêché de l'y mettre. Mais comme cet Ouvrage eft fort rare, bien des gens ont été fâchez de ne le trouver pas dans l'Edition de Londres, & c'eft ce qui nous a déterminez à l'ajoûter au dernier Volume de celle-ci.

(2) *Qui n'ont pas fu qu'il avoit été défigné par ce titre.*

(3) C'eft-à-dire, fi je ne me trompe, *Contre le Gouvernement d'un Seul*, conformément à ce que dit Montagne fur la fin de ce Chapitre, *Que fi La Boëtie euft eu à choifir, il euft mieux aimé eftre né à Venife qu'à Sarlac.*

que ce ne soit le mieux qu'il p ust faire : & si en l'aage que je l'ay cogneu plus avancé, il eust pris un tel desseing que le mien, de mettre par escrit ses fantasies, nous verrions plusieurs choses rares, & qui nous approcheroient bien pres de l'honneur de l'Antiquité : car notamment en cette partie des dons de nature, je n'en cognois point qui luy soit comparable. Mais il n'est demeuré de luy que ce Discours, encore par rencontre, & croy qu'il ne le veit oncques depuis qu'il luy eschappa ; & quelques Memoires sur cet Edict de Janvier (4) fameux par nos guerres civiles, qui trouveront encores ailleurs peut-estre leur place. C'est tout ce que j'ay peu recouvrer de ses reliques (moy qu'il laissa d'une si amoureuse recommandation, (5) la mort entre les dents, par son testament, heritier de sa Bibliotheque, & de ses Papiers) outre (6) le Livret de ses Oeuvres que j'ay faict mettre en lumiere : Et si suis obligé particulierement à cette piece, d'autant

---

(4) Donné en 1562. sous le Regne de *Charles IX.* encore mineur.

(5) Voyez le *Discours sur la Mort d'Estienne de la Boëtie*, composé par *Montagne*, & publié à la fin de cette Edition.

(6) Imprimé à Paris chez *Frederic Morel* en 1571. J'en parlerai plus particulierement ailleurs.

qu'elle a servy de moyen à nostre premiere accointance. Car elle me fut montrée long espace avant que je l'eusse veu ; & me donna la premiere cognoissance de son nom, acheminant cette amitié, que nous avons nourrie, tant que Dieu a voulu, entre nous, si entiere & si parfaicte, que certainement il ne s'en lit guere de pareilles : & entre nos hommes il ne s'en voit aucune trace en usage. Il faut tant de rencontre à la bastir, que c'est beaucoup si la fortune y arrive une fois en trois siecles.

Il n'est rien à quoy il semble que Nature nous aye plus acheminées qu'à la societé. Et dit Aristote (7), que les bons Legislateurs ont eu plus de soing de l'amitié, que de la Justice. Or le dernier point de sa perfection est cettuy-cy. Car en general toutes celles que la volupté, ou le profit, le besoin publique ou privé, forge & nourrit, en sont d'autant moins belles & genereuses, & d'autant moins amitiez, qu'elles meslent autre cause & but & fruit en l'amitié qu'elle-mesme.

L'amitié est le fruit le plus parfait de la Societé.

(7) Καὶ οἱ Νομοθέται μᾶλλον περὶ αὐτὴν [φιλίαν] σπεδάζειν, ἢ τὴν δικαιοσύνην. *Ethic. Nicom.* L. VIII. c. 1. Je tiens cette citation de M. *Barbeyrac*.

L'Amitié ne convient pas proprement aux quatre sortes de liaisons distinguées par les Anciens.

Ny ces quatre especes anciennes, naturelle, sociale, hospitaliere, venerienne, particulierement n'y conviennent, ny conjointement. Des enfans aux peres, c'est plustost respect : L'amitié se nourrit de communication, qui ne peut se trouver entre eux, pour la trop grande disparité, & offenseroit à l'adventure les devoirs de nature : car ny toutes les secrettes pensées des peres ne se peuvent communiquer aux enfans, pour n'y engendrer une messeante privauté : ny les advertissemens & corrections, qui est un des premiers Offices d'amitié, ne se pourroient exercer des enfans au peres. Il s'est trouvé des Nations où par usage les enfans tuoyent leurs peres : & d'autres, où les peres tuoyent leurs enfans, pour éviter l'empeschement qu'ils se peuvent quelquesfois entreporter : & naturellement l'un depend de la ruine de l'autre. Il s'est trouvé des Philosophes desdaignans cette cousture naturelle, tesmoing Aristippus, (8) qui quand on le pressoit de l'affection qu'il devoit à ses enfans pour estre sortis de luy, il se mit à cracher, disant, que cela en estoit aussi bien sor-

---

(8) Diog. Laërce dans la *Vie d'Aristippe*, Liv. II. Segm. 81.

ty : que nous engendrions bien des poux & des vers. Et cet autre que Plutarque vouloit induire à s'accorder avec son frere : Je n'en fais pas, (9) dit-il, plus grand estat, pour estre sorty de mesme trou. C'est à la verité un beau nom, & plein de dilection que le nom de *frere*, & à cette cause en fismes-nous luy & moy (10) nostre alliance : mais ce meslange de biens, ces partages, & que la richesse de l'un soit la pauvreté de l'autre, cela detrempe merveilleuse-

(9) Dans le Traité de Plutarque intitulé *De l'Amitié fraternelle*, ch. 4. de la Traduction d'Amyot.

(10) C'est-à-dire, que suivant un usage établi du temps de Montagne, ils se donnerent l'un à l'autre le nom de *Frere*, qui devoit être la marque & le gage de l'amitié qu'ils contractoient ensemble. C'est sur un pareil fondement que Mademoiselle *de Gournay* se disoit *la fille d'alliance* de Montagne, & non pas, parce que Montagne avoit épousé la Mere de Mademoiselle de Gournay, comme je l'ai ouï soûtenir en bonne Compagnie. Il y a dans *Marot* plusieurs exemples de cette espece de galanterie, témoin entr'autres l'Epigramme intitulée, *De sa Mere par alliance*, où après avoir dit, que, s'il commence à grisonner ce ne peut être de vieillesse, parce que sa Mere est dans la fleur de son âge, il ajoûte,

Et n'est au monde un si beau teint,
Car le sien tous autres éteint,
De la voir faites-moy la grace,
Mais ne contemplez trop sa face :
Que d'aimer n'entriez en esmoy ;
Et que sa rigueur ne vous fasse
Vieillir de langueur comme moy.

ment & relasche cette soudure fraternelle. Les freres ayants à conduire le progrez de leur avancement, en mesme sentier & mesme train, il est force qu'ils se heurtent & choquent souvent. Davantage, la correspondance & relation qui engendre ces vrayes & parfaictes amitiez, pourquoy se trouvera-elle en ceux-cy ? Le pere & le fils peuvent estre de complexion entierement esloignée, & les freres aussi : C'est mon fils, c'est mon parent : mais c'est un homme farouche, un meschant, ou un sot. Et puis, à mesure que ce sont amitiez que la loy & l'obligation naturelle nous commande, il y a d'autant moins de nostre choix & liberté volontaire. Et nostre liberté volontaire n'a point de production qui soit plus proprement sienne, que celle de l'affection & amitié. Ce n'est pas que je n'aye essayé de ce costé-là, tout ce qui en peut estre, ayant eu le meilleur pere qui fut onques, & le plus indulgent, jusques à son extreme vieillesse : & estant d'une famille fameuse de pere en fils, & exemplaire en cette partie de la concorde fraternelle :

[b] *& ipse*
Notus in fratres animi paterni.

D'y comparer l'affection envers les femmes, quoy qu'elle naisse de nostre choix, on ne peut : ny la loger en ce rolle. Son feu, je le confesse,

[c] (*neque enim est Dea nescia nostri*
Quæ dulcem curis miscet amaritiem)

est plus actif, plus cuisant, & plus aspre. Mais c'est un feu temeraire & volage, ondoyant & divers, feu de fiebvre, subject à accez & remises, & qui ne nous tient qu'à un coing. En l'amitié, c'est une chaleur generale & universelle, temperée au demeurant & égal, une chaleur constante & rassize, toute douceur & pollissure, qui n'a rien d'aspre & de poignant. Qui plus est, en l'amour ce n'est qu'un desir forcené apres ce qui nous fuit.

[d] Come segue la lepre il cacciatore
Al freddo, al caldo, alla montagna, al lito,
Ne più l'estima poi, che presa vede,
E sol dietro a chi fugge affretta il piede :

[b] Et remarquable moi-même par une affection paternelle envers mes freres. *Horat.* Liv. II. Od. II. vs. 6.
[c] Car je ne suis point inconnu à la Déesse qui mêle une douce amertume aux chagrins qu'elle cause. *Catull.* Epigr. LXVI. vs. 17, 18.
[d] Semblable au Chasseur qui poursuit le Lievre malgré le froid & le chaud, sur les Montagnes

Auſſi-toſt qu'il entre aux termes de l'amitié, c'eſt à dire en la convenance des volontez, il s'afvanouiſt & s'alanguiſt : la jouïſſance le perd, comme ayant la fin corporelle & ſujette à ſatieté. L'amitié au rebours, eſt jouye à meſure qu'elle eſt deſirée, ne s'eſleve, ſe nourrit, ny ne prend accroiſſance qu'en la jouyſſance, comme eſtant ſpirituelle, & l'ame s'affinant par l'uſage. Sous cette parfaicte amitié, ces affections volages ont autrefois trouvé place chez moy, (11) affin que je ne parle de luy, qui n'en confeſſe que trop par ſes Vers. Ainſi ces deux paſſions ſont entrées chez moy en cognoiſſance l'une de l'autre, mais en comparaiſon jamais : la premiere maintenant ſa route d'un vol hautain & ſuperbe, & regardant deſdaigneuſement cette-cy paſſer ſes pointes bien loing au deſſous d'elle.

Mariage quelle ſorte de marché.

Quant au mariage, outre ce que c'eſt un marché qui n'a que l'entrée libre, ſa durée eſtant contrainte & forcée, dependant d'ailleurs que de noſtre vouloir, & marché qui ordinairement ſe

---

& dans les Plaines, & n'en fait aucun cas dès qu'il le voit pris, ne ſe hâtant de courir qu'après celui qui fuit. *Arioſto*, Cant. X. Stanz. 7.

(11) *Pour ne pas parler de mon ami* La Boëtie, *qui*, &c.

fait à autres fins, il y survient mille fusées estrangeres à desmeler parmy, suffisantes à rompre le fil & troubler le cours d'une vive affection : là où en l'amitié, il n'y a affaire ny commerce que d'elle-mesme.

Joint qu'à dire vray, la suffisance ordinaire des femmes n'est pas pour respondre à cette conference & communication, nourrisse de cette saincte cousture : ny leur ame ne semble assez ferme pour soustenir l'estreinte d'un neud si pressé, & si durable. Et certes sans cela, s'il se pouvoit dresser une telle accointance libre & volontaire, où non seulement les ames eussent cette entiere jouïssance, mais encore où les corps eussent part à l'alliance, où l'homme fust engagé tout entier, il est certain que l'amitié en seroit plus pleine & plus comble : mais ce Sexe par nul exemple n'y est encore peu arriver, & par les Escholes anciennes en est rejetté.

Femmes jugées incapables d'une parfaite amitié.

Et cette autre licence Grecque est justement abhorrée par nos mœurs : Laquelle pourtant, pour avoir selon leur usage, une si necessaire disparité d'aages, & difference d'offices entre les amants, ne respondoit non plus assez à la parfaicte union & convenance qu'icy

Amitié contre Nature, fort en usage parmi les Grecs : ce qu'en juge Montagne.

nous demandons. [e] *Quis est enim iste amor amicitiæ ? cur neque deformem adolescentem quisquam amat, neque formosum senem ?* Car la peinture mesme qu'en faict l'Academie ne me desadvoüera pas, comme je pense, de dire ainsi de sa part: Que cette premiere fureur, inspirée par le fils de Venus au cœur de l'amant, sur l'object de la fleur d'une tendre jeunesse, à laquelle ils permettent tous les insolents & passionnez efforts que peut produire une ardeur immoderée, estoit simplement fondée en une beauté externe : fausse image de la generation corporelle : Car (12) en l'Esprit elle ne pouvoit, duquel la montre estoit encore cachée ; qui n'estoit qu'en sa naissance, & avant l'aage de germer. Que si cette fureur saisissoit un bas courage, les moyens de sa poursuite c'estoient richesses, presents, faveur à l'avancement des dignitez ; & telle autre basse marchandise, qu'ils reprouvent. Si elle tomboit en un courage plus genereux, les entremises estoient

---

[e] Car que signifie cet amour d'amitié ? D'où vient que personne n'aime un jeune homme laid, ni un beau vieillard ? *Cic.* Tusc. Quæst. L. IV. c. 33.

(12) *Car elle ne pouvoit être fondée sur l'Esprit, dont la montre,* &c.

[f] Que

estoient genereuses de mesmes : Instructions philosophiques, enseignemens à reverer la religion, obeïr aux loix, mourir pour le bien de son païs, exemples de vaillance, prudence, justice : s'estudiant l'amant de se rendre acceptable par la bonne grace & beauté de son ame, celle de son corps estant pieça fanée : & esperant par cette societé mentale, establir un marché plus ferme & durable. Quand cette poursuite arrivoit à l'effect, en sa saison (car ce qu'ils ne requierent point en l'amant, qu'il apportast loysir & discretion en son entreprise ; ils requierent exactement en l'aymé : d'autant qu'il luy falloit juger d'une beauté interne, de difficile cognoissance, & abstruse descouverte) lors naissoit en l'aymé le desir d'une conception spirituelle, par l'entremise d'une spirituelle beauté. Cette-cy estoit ici principale : la corporelle, accidentale & seconde : tout le rebours de l'amant. A cette cause preferent-ils l'aymé, & verifient, que les Dieux aussi le preferent : & tansent grandement le Poëte Æschylus, d'avoir en l'amour d'Achilles & de Patroclus, donné la part de l'amant à Achilles, qui estoit en la premiere & imberbe verdeur de son adolefcence, & le plus beau des Grecs. Après cette communauté general, la maiftreffe & plus digne partie d'icelle, exerçant fes offices, & predominant: ils difent, qu'il en provenoit des fruicts tres-utiles au privé, & au Public: que c'eftoit la force des Pays, qui en recevoient l'ufage: & la principale defenfe de l'equité & de la liberté: Tefmoin les falutaires amours de Hermodius & d'Ariftogiton. Pourtant la nomment-ils facrée & divine, & n'eft, à leur compte, que la violence des tyrans, & lafcheté des peuples, qui lui foit adverfaire. Enfin, tout ce qu'on peut donner à la faveur de l'Academie, c'eft dire, que c'eftoit un amour fe terminant en amitié: chofe qui ne fe rapporte pas mal à la definition Stoïque de l'amour: [f] *Amorem conatum effe amicitiæ faciendæ ex pulchritudinis fpecie.*

Idée de l'amitié la plus accomplie.

Je reviens à ma defcription (13) de façon plus équitable & plus équable. [g] *Omninò amicitiæ, corroboratis*

---

[f] Que l'Amour eft un effort de faire naître l'amitié par l'éclat de la beauté. *Cic. Tufc. Quæft.* Liv. IV. c. 34.

(13) D'une efpece d'amitié plus jufte & plus égale, que celle dont il vient de parler.

[g] On ne peut juger de l'amitié qu'après que

jam, confirmatisque ingeniis & ætatibus, judicanda sunt. Au demeurant, ce que nous appellons ordinairement amis & amitiez, ce ne sont qu'accointances & familiaritez nouées par quelque occasion ou commodité, par le moyen de laquelle nos ames s'entretiennent. En l'amitié dequoy je parle, elles se meslent & confondent l'une en l'autre, d'un meslange si universel, qu'elles effacent, & ne retrouvent plus la cousture qui les a joinctes. Si on me presse de dire pourquoy je l'aymois, je sens que cela ne se peut exprimer, qu'en respondant : Parce que c'estoit luy, parce que c'estoit moy. Il y a au delà de tout mon discours, & de ce que j'en puis dire particulierement, je ne sçay qu'elle force inexplicable & fatale, mediatrice de cette union. Nous nous cherchions avant que de nous estre veus, & par des rapports que nous oyïons l'un de l'autre : qui faisoient en nostre affection plus d'effort, que ne porte la raison des rapports : je croy, par quelque ordonnance du Ciel. Nous nous embrassions par nos noms. Et à nostre premiere recontre, qui fut par

---

l'Esprit & l'âge sont parvenus à leur maturité. *Cic. de Amicitiâ*, ch. 20.

hazard en une grande feste & compagnie de ville, nous nous trouvasmes si pris, si cognus, si obligez entre nous, que rien dés lors ne nous fut si proche, que l'un à l'autre. Il escrivit une Satyre Latine excellente, qui est (14) publié : par laquelle il excuse & explique (15) la précipitation de nostre in-

(14) Dans le Recueil des Pieces Posthumes d'Estienne de la Boëtie, publié par Montagne, & imprimé à Paris, chez Frederic Morel, en 1571.
(15) C'est ce qu'il fait dès le commencement de cette Piece par une vingtaine de Vers qu'on ne sera peut-être pas fâché de voir ici.

Prudentum bona pars vulgò malè credula, nulli
Fidit amicitiæ, nisi quam exploraverit ætas,
Et vario casus luctantem exercuit usu.
At nos jungit amor paulo magis annuus, & qui
Nil tamen ad summum reliqui sibi fecit amorem :
Fortè inconsulto : sed nec fas dicere, nec sit
Quamvis morosè sapiens, cùm noverit ambos,
Et studia, & mores, qui nostri inquirat in annos
Fœderis, & tanto gratus non plaudat amori.
Nec metus in celebres ne nostrum nomen amicos
Invideant inferre, sinant modo Fata, nepotes.
Insita ferre negat Malum Cerasus, nec adoptat
Pruna Pyrus : . . . . . , ...
Arboribus mox idem aliis haud segnis adhæsit
Surculus, occulto naturæ fœdere : jámque
Turgentes coëunt oculi, & communibus ambo
Educunt fœtum studiis, viget advena ramus.
. . . .
Haud dispar vis est animorum : Hoc nulla revinctos.

telligence, si promptement parvenue à sa perfection. Ayant si peu à durer, & ayant si tard commencé (car nous estions tous deux hommes faicts : & luy plus de quelque année) elle n'avoit point à perdre temps ; & n'avoit à se regler au patron des amitiez molles & regulieres, ausquelles il faut tant de precautions de longue & prealable conversation.

Cette-cy n'a point d'autre idée que d'elle-mesme, & ne se peut rapporter qu'à soy. Ce n'est pas une speciale consideration, ny deux, ny trois, ny quatre, ny mille : c'est je ne sçay quelle quinte-essence de tout ce meslange, qui ayant saisi toute ma volonté, l'amena se plonger & se perdre dans la sienne, qui ayant saisi toute sa volonté, l'amena se plonger & se perdre en la mienne : d'une faim, d'une concurrence pareille. Je dis perdre à la verité, ne nous reservant rien qui nous fust propre, ny qui fust ou sien ou mien. Quand Lelius en presence des Consuls Romains, lesquels apres la condamnation de Ti-

En quoi se resout la vraye Amitié.

Tempora dissocient, hos nullâ adjunxeris arte.
Te, Montane; mihi casus sociavit in omnes
Et natura potens, & amoris gratior illex
Virtus.

berius Gracchus, poursuivoient tous ceux qui avoient été de son intelligence, vint à s'enquerir de Caius Blosius (qui estoit le principal de ses amis) combien il eust voulu faire pour luy, & qu'il eust respondu : (16) *Toutes choses.* Comment toutes choses ? suivit-il, & quoy, s'il t'eust commandé de mettre le feu en nos Temples ? *Il ne me l'eust jamais commandé*, repliqua Blosius. Mais s'il l'eust fait ? adjousta Lelius ? *J'y eusse obey*, respondit-il. S'il estoit si parfaictement amy de Gracchus, comme disent les histoires, il n'avoit que faire d'offenser les Consuls par cette derniere & hardie confession : & ne se devoit departir de l'asseurance qu'il avoit de la volonté de Gracchus. Mais tousfois ceux qui accusent cette responfe comme seditieuse, n'entendent pas bien ce mystere : & ne presupposent pas comme il est, qu'il tenoit la volonté de Gracchus en sa manche, & par puissance & par cognoissance. Ils estoient plus amis que citoyens, plus amis, qu'amis ou qu'ennemis de leur païs, qu'amis d'ambition & de trouble. S'estans par-

---

(16) Voyez *Plutarque*, dans la Vie de Tiberius, & de Caius Gracchus, ch. 5. & *Valere Maxime*, Liv. IV. c. 7. in exemplis Romanis, §. 1.

faittement commis, l'un à l'autre, ils tenoient parfaittement les renes de l'inclination l'un de l'autre : & faictes guider ce harnois, par la vertu & conduitte de la raison (comme aussi est-il du tout impossible de l'atteler sans cela) la responſe de Blosius est telle qu'elle devoit estre. Si leurs actions se demancherent, ils n'estoient ny amis, selon ma mesure, l'un de l'autre, ny amis à eux-mesmes. Au demeurant cette responſe ne sonne non plus que feroit la mienne, à qui s'enquerroit à moy de cette façon : Si vostre volonté vous commandoit de tuer vostre fille, la tueriez-vous ? & que je l'accordasse : car cela ne porte aucun tesmoignage de consentement à ce faire : parce que je ne suis point en doute de ma volonté, & toute aussi peu de celle d'un tel amy. Il n'est pas en la puissance de tous les discours du monde, de me desloger de la certitude, que j'ay des intentions & jugemens du mien : aucune de ses actions ne me sçauroit estre presentée quelque visage qu'elle eust, que je n'en trouvasse incontinent le ressort. Nos ames ont charité si uniment ensemble : elles se sont considerées d'une si ardente affection ; & de pareille effection descouvertes jusques au fin fond des entrailles l'une à l'autre : que non seulement je cognoissoy la sienne comme la mienne, mais je me fusse certainement plus volontiers fié à luy de moy, qu'à moy.

Idée des amitiez communes.

Qu'on ne me mette pas en ce rang ces autres amitiez communes : j'en ay autant de cognoissance qu'un autre, & des plus parfaictes de leur genre : Mais je ne conseille pas qu'on confonde leurs regles : on s'y tromperoit. Il faut marcher en ces autres amitiez, la bride à la main, avec prudence & precaution : la liaison n'est pas nouée en maniere, qu'on n'ait aucunement à s'en deffier. Aimez-le (disoit (17) Chilon) comme ayant quelque jour à le haïr, haïssez-le, comme ayant à l'aymer. Ce precepte qui est si abominable en cette souveraine & maistresse amitié, il est salubre en l'usage des amitiez ordinaires

———

(17) Dans *Aulugelle*, L. I. c. 3. Diogene Laërce donne ce mot à Bias, dans la Vie de ce Sage, L. I. Segm. 87. comme avoit fait Aristote dans sa Rhetorique, L. II. c. 13. où se trouve le second article, *Qu'il faut haïr une personne, comme si quelque jour on devoit l'aimer*, ce qui n'est point dans Diogene Laërce. Pour le premier article, *Qu'il faut aimer comme si l'on devoit haïr un jour*, *ita amare oportere, ut si aliquando esset osurus*, Ciceron dit qu'il ne sauroit se figurer qu'une telle parole soit sortie, comme on le croit, de la bouche de Bias, l'un des sept Sages. *De amicitiâ*, cap. 16.

& couſtumieres : A l'endroit deſquelles il faut employer le mot qu'Ariſtote avoit tres-familier, (18) *O mes amys, il n'y a nul amys.*

En ce noble commerce, les offices & les bienfaicts nourriſſiers des autres amitiez, ne meritent pas ſeulement d'eſtre mis en compte : cette confuſion ſi pleine de nos volontez en eſt cauſe : car tout ainſi que l'amitié que je me porte, ne reçoit point augmentation, pour le ſecours que je me donne au beſoin, quoy que dient les Stoïciens : & comme je ne me ſçay aucun gré du ſervice que je me fay : auſſi l'union de tels amis eſtant veritablement parfaicte, elle leur faict perdre le ſentiment de tels devoirs, & haïr & chaſſer d'entre eux, ces mots de diviſion & de difference, *bien-faict, obligation, recognoiſſance, priere, remerciment*, & leurs pareils. Tout eſtant par effect commun entre eux, volontez, penſemens, jugemens, biens, femmes, enfans, honneur & vie : & leur convenance n'eſtant qu'une ame en deux corps, (19) ſelon

Entre amis tout eſt commun.

---

(18) Ὦ φίλοι, ὐδεὶς φίλος : Diog. Laërt. in Vitâ Ariſtotelis, L. V. Segm. 21.

(19) Ἐρωτηθεὶς τί ἐςι φίλος ; ἔφη, Μία ψυχὴ δυσὶ σώμασιν ἐνοικῦσα. Id. ibid. Segm. 20.

la tres-propre definition d'Aristote, ils ne se peuvent ny presser ny donner rien. Voila pourquoy les faiseurs de loix, pour honnorer le mariage de quelque imaginaire ressemblance de cette divine liaison, defendent les donations entre le mary & la femme: Voulans inferer par là, que tout doit estre à chacun d'eux, & qu'ils n'ont rien à diviser & partir en semble.

Dans une amitié parfaite, c'est à celui qui reçoit que celui qui donne est obligé.

Si en l'amitié dequoy je parle, l'un pouvoit donner à l'autre, ce seroit celuy qui recevroit le bien-fait, qui obligeroit son compagnon. Car cherchant l'un & l'autre, plus que toute autre chose, de s'entre-bien faire, celuy qui en preste la matiere & l'occasion, est celuy-là qui faict le liberal, donnant ce contentement à son amy, d'effectuer en son endroit ce qu'il desire le plus. Quand le Philosophe Diogenes avoit faute d'argent, il disoit, (20) *qu'il le redemandoit à ses amis, non qu'il le demendoit.* Et pour montrer comment cela se pratique par effect, j'en reciteray un ancien (21) exemple singulier : *Eudami-*

(20. Diogene Laërce dans la Vie de *Diogene le Cynique*, L. VI. Segm. 46. Χρημάτων δεόμενος, ἀπαιτεῖν ἔλεγε τοὺς φίλους, οὐκ αἰτεῖν.

(21) Cet exemple tiré d'un Dialogue de Lu-

das Corinthien avoit deux amis, *Cha-rixenus* Sycionien, & *Aretheus* Corinthien : venant à mourir estant pauvre, & ses deux amis riches, il fit ainsi son testament : „ Je legue à *Aretheus* de „ nourrir ma mere, & l'entretenir en sa „ vieillesse : à *Charixenus* de marier ma „ fille, & luy donner le doüaire le plus „ grand qu'il pourra : & au cas que „ l'un d'eux vienne à defaillir, je subs- „ titue en sa part celuy qui survivra. Ceux qui premier virent ce testament, s'en mocquerent : mais ses heritiers en ayants esté advertis, l'accepterent avec un singulier contentement. Et l'un d'eux, Charixenus, estant trespassé cinq jours apres, la substitution estant ouverte en faveur d'Aretheus, il nourrit curieusement cette mere, & de cinq talens qu'il avoit en ses biens, il en donna les deux & demy en mariage à une sienne fille unique, & deux & demy pour le mariage de la fille d'Eudamidas, desquelles il fit les nopces en mesme jour.

Cet exemple est bien plein, si une *"Amitié parfaite & indivisible.*
cien intitulé *Toxaris*, n'est peut-être qu'une fiction sortie du cerveau de Lucien. Montagne a pû s'en douter, & ne pas laisser d'en faire usage, conformement à ce qu'il nous dit ailleurs, *En l'estude que je traite de nos mœurs & mouvemens, les temoignages fabuleux, pourveu qu'ils soient possibles, y servent comme les vrais.* L. I. c. 20. *vers la fin.*

condition en estoit à dire, qui est la multitude d'amis. Car cette parfaicte amitié, dequoy je parle, est indivisible : chacun se donne si entier à son amy, qu'il ne luy reste rien à departir ailleurs : au rebours il est marry qu'il ne soit double, triple, ou quadruple, & qu'il n'ait plusieurs ames & plusieurs volontez, pour les conferer toutes à ce subjet.

Amitiez ordinaires peuvent estre partagées entre plusieurs personnes.

Les amitiez communes on les peut départir : on peut aymer en cettuy-cy la beauté, en cet autre la facilité de ses mœurs, en l'autre la liberalité, en celuy-là la paternité, en cet autre la fraternité, ainsi du reste : mais cette amitié, qui possede l'ame, & la regente en toute souveraineté, il est impossible qu'elle soit double. Si deux en mesme temps demandoient à estre secourus, auquel courriez-vous ? S'ils requeroient de vous des offices contraires, quel ordre y trouveriez-vous ? Si l'un commettoit à vostre silence chose qui fust utile à l'autre de sçavoir, comment vous en demesleriez-vous ?

Amitié unique & principale denoue toutes autres obligations.

L'unique & principale amitié descoust toutes autres obligations. Le secret que j'ay juré ne deceller à un autre, je le puis sans parjure, communiquer à celuy, qui n'est pas autre, c'est moy.

C'est un assez grand miracle de se doubler : & n'en cognoissent pas la hauteur ceux qui parlent de se tripler. Rien n'est extreme, qui a son pareil. Et qui presupposera que de deux j'en aime autant l'un que l'autre, & qu'ils s'entr'aiment, & m'aiment autant que je les aime : il multiplie en confrairie, la chose la plus une & unie, & dequoy une seule est encore la plus rare à trouver au monde. Le demeurant de cette histoire convient tres-bien à ce que je disois : car Eulamidas donne pour grace & pour faveur à ses amis de les employer à son besoin : il les laisse heritiers de cette sienne liberalité, qui consiste à leur mettre en main les moyens de luy bienfaire. Et sans doute, la force de l'amitié se montre bien plus richement en son fait, qu'en celuy d'Aretheus. Somme, ce sont effets inimaginables, à qui n'en a gousté : & qui me font honorer à merveille la responce de ce jeune soldat, à Cyrus, s'enquerant à luy, (22) pour combien il voudroit donner un cheval, par le moyen duquel il venoit de gaigner le prix de la course : & s'il le voudroit eschanger à un Royaume : *Non certes, Sire : mais bien le lairrois*

(22) *Cyropædie*, L. VIII. ch. 3. §. 11, 12.

je volontiers, pour en acquerir un amy, si je trouvois homme digne de telle alliance. Il ne disoit pas mal, *si je trouvois.* Car on trouve facilement des hommes propres à une superficielle accointance : mais en cette-cy, en laquelle on negocie du fin fonds de son courage, (23) qui ne fait rien de reste, il est besoin, que touts les ressorts soyent nets & seurs parfaictement.

Ce qui convient aux Confederations.
Aux Confederations, qui ne tiennent que par un bout, on n'a à prouvoir qu'aux imperfections, qui particulierement interessent ce bout-là. Il ne peut chaloir de quelle Religion soit mon Medecin, & mon Advocat ; cette consideration n'a rien de commun, avec les offices de l'amitié, qu'ils me doivent.

Aux accointances domestiques.
Et en l'accointance domestique, que dressent avec moy ceux qui me servent, j'en fay de mesmes : & m'enquiers peu d'un laquay, s'il est chaste, je cherche s'il est diligent : & ne crains pas tant un muletier joueur qu'imbecille : ny un cuisinier jureur, qu'ignorant. (Je ne me mesle pas de dire ce qu'il faut faire au monde : d'autres assez s'en meslent : mais ce que j'y fay,

(23) C'est-à-dire, *Sans exception, ni restriction quelconque.*

[h] *Mihi sic usus est: Tibi, ut opus est facto, face.*)

A la familiarité de la table, j'associe le plaisant, non le prudent: au lict, la beauté avant la bonté: & en la societé du discours, la suffisance, voire sans la preud'hommie; pareillement ailleurs. Tout ainsi que (24) cil qui fut rencontré à chevauchons sur un baston, se jouant avec ses enfans, pria l'homme qui l'y surprit, de n'en rien dire, jusques à ce qu'il fust pere luy-mesme, estimant que la passion qui luy naistroit lors en l'ame, se rendroit juge équitable d'une telle action : je souhaiterois aussi parler à des gens qui eussent essayé ce que je dis : mais sçachant combien c'est chose esloignée du commun usage qu'une telle amitié, & combien elle est rare, je ne m'attens pas d'en trouver aucun bon juge. Car les discours mesmes que l'Antiquité nous a laissé

___

[h] C'est ainsi que j'en use. Pour toi, prens le parti qui t'accommode le mieux. *Terent.* Heautont. Act. I. Sc. I. vs. 28.

(24) Ou *celui*, comme on a mis dans les dernieres Editions. *Cil* est un joli mot, qu'on auroit dû conserver quand ce n'eût été qu'à cause des services qu'il pouvoit rendre à la Poësie. —— Au reste, c'est *Agesilaus* qui fut trouvé se jouant ainsi avec ses Enfans. *Plutarque*, Vie d'Agesilaus, c. 9. de la Traduction d'Amyot.

sur ce subject, me semblent lasches au prix du sentiment que j'en ay : Et en ce poinct les effects surpassent les preceptes mesmes de la Philosophie.

[i] *Nil ego contulerim jucundo sanus amico.*

L'ancien Menander disoit (25) celuy-là heureux, qui avoit peu rencontrer seulement *l'ombre d'un amy* : il avoit certes raison de le dire, mesmes s'il en avoit tasté. Car à la verité si je compare tout le reste de ma vie, quoy qu'avec la grace de Dieu je l'aye passée douce, aisée, & sauf la perte d'un tel amy, exempte d'affliction poisante, pleine de tranquillité d'esprit, ayant pris en payement mes commoditez naturelles & originelles, sans en rechercher d'autres : si je la compare, dis-je, toute, aux quatre années, qu'il m'a esté donné de jouyr de la douce compagnie & societé de ce personnage, ce n'est que fumée, ce n'est qu'une nuict obscure & ennuyeuse. Depuis le jour que je perdis,

[k] *quem semper acerbum,*
Semper honoratum (sic Di voluistis) habebo.

[i] Je ne trouverai rien de comparable à un agreable ami tant que je serai en mon bon sens. Horat. L. I. Sat. V. vs. 44.

(25) Plutarque dans son Traité, *De l'amitié fraternelle*, ch. 3.

[k] Jour qui sera toûjours triste pour moi, &

je ne fay que trainer languiſſant : & les plaiſirs meſmes qui s'offrent à moy, au lieu de me conſoler, me redoublent le regret de ſa perte. Nous eſtions à moitié de tout : il me ſemble que je luy deſrobe ſa part,

[l] *Nec fas eſſe ullâ me voluptate hîc frui*
   Decrevi, tantiſper dum ille abeſt meus parti-
      ceps.

J'eſtois desja ſi faict & accouſtumé à eſtre deuxieſme par tout, qu'il me ſemble n'eſtre plus qu'à demy.

[m] *Illam meæ ſi partem anima tulit*
      Maturior vis, quid moror alterâ,
      Nec charus aquè nec ſuperſtes
      Integer ? Ille dies utramque
   Duxit ruinam.

Il n'eſt action ou imagination, où je

que toûjours (puiſque tel a été, ô Dieux, votre bon plaiſir) j'honorerai d'un tendre reſpect. *Æneid.* L. V. *vſ.* 49, 50.
[l] Et je ne penſe pas qu'il me ſoit permis de jouïr d'aucun plaiſir tandis qu'il eſt ſéparé de moi, lui qui étoit mon ajoint en toutes choſes. *Terent. Heautont.* Act. I. Sc. I. *vſ.* 97, 98. —— *Montagne a fait quelque petit changement aux paroles de Terence, pour pouvoir les appliquer à ſon ſujet.*
[m] Un ſort prématuré m'ayant ravi cette douce moitié de mon ame, pourquoi ſurvit en moi l'autre moitié ſéparée de celle qui m'étoit beaucoup plus chére ? Ce jour nous a été funeſte à tous deux. *Horat.* L. II. Od. XVII. *vſ.* 5, &c.

ne le trouve à dire, (26) comme si eust-il bien faict à moy: car de mesme qu'il me surpassoit d'une distance infinie en toute autre suffisance & vertu, aussi faisoit-il au devoir de l'amitié.

[n] *Quis desiderio sit pudor aut modus*
  Tam chari capitis?
[o] *O misero frater adempte mihi!*
  Omnia tecum unà perierunt gaudia nostra,
  Qua tuus in vitâ dulcis alebat amor.
  Tu mea, tu moriens fregisti commoda frater,
  Tecum unà tota est nostra sepulta anima,
  Cujus ego interitu totâ de mente fugavi
  Hæc studia, atque omnes delicias animi.
  Alloquar? audiero numquam tua verba
    loquentem?
  Numquam ego te vitâ, frater amabilior,
  Aspiciam posthac? at certè semper amabo.

(26) *Comme il n'auroit pas manqué de faire à mon égard.*

[n] Puis-je rougir de pleurer, puis-je trop regretter un si cher ami? *Horat.* L. I. Od. XXIV. vs. 1, 2.

[o] O mon Frere, que je suis malheureux de t'avoir perdu! Tous mes plaisirs, doux fruits de ton amitié pendant ta vie, se sont évanouïs avec toi. Par ta mort tu as dissipé mon bonheur. Mon ame est toute ensevelie avec toi. Ton trepas m'a rendu insensible aux douceurs des Muses, & à tous les amusemens de l'Esprit. Ne pourrai-je donc plus t'entretenir? Ne t'entendrai-je plus parler? Ah mon Frere, qui m'es plus cher que la vie, je ne te verrai plus: mais certainement je t'aimerai toûjours. *Catull.* Eclog. LXVI. vs. 20 — 26. — Eclog. LXIII. vs. 9, 10, 11.

Mais oyons un peu parler ce garſon de ſeize ans.

» Parce que j'ay trouvé que cet Ou-
» vrage a eſté depuis mis en lumiere,
» & à mauvaiſe fin, par ceux qui cher-
» chent à troubler & changer l'eſtat de
» noſtre police, ſans ſe ſoucier s'ils l'a-
» menderont, qu'ils ont meſlé à d'autres
» eſcrits de leur farine, je me ſuis dé-
» dit de le loger icy. Et affin que la
» memoire de l'Autheur n'en ſoit inte-
» reſſée en l'endroit de ceux qui n'ont
» peu cognoiſtre de prés ſes opinions &
» ſes actions, je les adviſe que ce ſubject
» fut traicté par luy en ſon enfance,
» par maniere d'exercitation ſeulement,
» comme ſubject vulgaire & tracaſſé en
» mil endroit des Livres. Je ne fay nul
» doute qu'il ne creuſt ce qu'il eſcrivoit:
» car il eſtoit aſſez conſcientieux, pour
» ne mentir pas meſmes en ſe jouant:
» & ſçay davantage que s'il euſt eu à
» choiſir, il euſt mieux aymé eſtre nay à
» Veniſe qu'à Sarlat; & avec raiſon.
» Mais il avoit un' autre maxime ſou-
» verainement empreinte en ſon ame,
» d'obeyr & de ſe ſoubmettre tres-reli-
» gieuſement aux loix, ſous leſquelles
» il eſtoit nay. Il ne fut jamais un meil-
» leur Citoyen, ny plus affectionné au

» repos de son Païs, ny plus ennemy
» des remuëments & nouvelletez de son
» temps : il eust bien plustost employé
» sa suffisance à les esteindre, qu'à leur
» fournir dequoy les emouvoir davan-
» tage : il avoit son esprit moulé au pa-
» tron d'autres siecles que ceux-cy. Or
» en eschange de cet Ouvrage serieux
» j'en substitueray un autre, produit
» en cette mesme saison de son aage,
» plus gaillard & plus enjoué.

Fin du premier Tome.

www.ingramcontent.com/pod-product-compliance
Lightning Source LLC
Chambersburg PA
CBHW071900230426
43671CB00010B/1411